ro
ro
ro

rororo

«Der WM-Titel war der Höhepunkt und der Abschluss einer Reformbewegung, die 20 Jahre zuvor begonnen hatte. Anfang der nuller Jahre hatte Fußball-Deutschland gelernt, im Raum zu verteidigen und zu pressen. Ende des Jahrzehnts kam schnelles Konterspiel dazu. Jürgen Klopp erweiterte das Repertoire um das Gegenpressing. Der letzte Schritt war schließlich das Ballbesitzspiel, das die Nationalmannschaft von Bayern München übernahm. Keines der Einzelelemente war originär deutsch. Doch gerade das ist typisch, denn die Geschichte der deutschen Fußballtaktik folgt oft einem ähnlichen Muster: Ein Visionär im Ausland revolutioniert die Fußballtaktik, und ein deutscher Trainer greift das auf. In Sachen Fußball war Deutschland immer ein Remix-Künstler: Man nahm ausländische Ideen und reicherte sie mit eigenen Spezialitäten an. Fertig war der deutsche Fußball.»

Tobias Escher beschäftigt sich rund um die Uhr mit Fußball. Er ist Mitbegründer des Taktikblogs *Spielverlagerung.de*, das zahlreiche Auszeichnungen erhalten hat. Als freier Journalist schreibt Escher ebenfalls für *Zeit Online*, *11 Freunde* und erarbeitet Taktikanalysen für das *ZDF*. Das *Medium-Magazin* wählte ihn 2013 unter die besten zehn Sportjournalisten Deutschlands.

TOBIAS ESCHER

VOM LIBERO ZUR DOPPELSECHS

Eine Taktikgeschichte des deutschen Fußballs

Rowohlt Taschenbuch Verlag

7. Auflage Oktober 2021

Originalausgabe
Veröffentlicht im Rowohlt Taschenbuch Verlag,
Reinbek bei Hamburg, Mai 2016

Umschlaggestaltung ZERO Werbeagentur, München
Umschlagabbildung FinePic, München
Innengestaltung Daniel Sauthoff
Satz FF Scala Serif PostScript (InDesign)
Gesamtherstellung CPI books GmbH, Leck, Germany
ISBN 978 3 499 63138 2

Inhalt

«Wer Taktik ablehnt und sie faulen Zauber nennt, hat sie am meisten nötig.»

SEPP HERBERGER

Vorwort

Eigentlich war mir nur langweilig. Also dachte ich mir im September 2010, warum die Zeit nicht mit Schreiben füllen? Wenige Wochen zuvor hatte ich mir *Revolutionen auf dem Rasen* von Jonathan Wilson gekauft, ein großartiges Buch über die Geschichte der Fußballtaktik. Der Brite Michael Cox hatte etwa zu dieser Zeit die Internetseite *ZonalMarking.net* ins Leben gerufen; ein Blog, auf dem er Fußballspiele auf taktische Besonderheiten hin analysiert. Ich wollte wie Cox ebenfalls taktische Analysen anbieten, nur auf Deutsch. Ein Jahr später tat ich mich mit vier anderen Taktikprofis zusammen, und gemeinsam brachten wir die Seite *Spielverlagerung.de* auf den Weg.

Niemand von uns rechnete damit, dass die Seite Erfolg haben würde. Eigentlich wollten wir nur unserem Hobby nachgehen. Wir: ein Haufen Nerds, die Fußball lieben, die bei Spielen nicht die Frisur von Cristiano Ronaldo kommentieren, sondern beobachten, wie sich der Mittelfeldspieler bewegt und welche Formation der Trainer wählt. Es ist die fundamentale

Frage nach dem «Warum», die uns beschäftigt: Warum wird der Fußball so gespielt, wie er gespielt wird? In Anlehnung an Albert Einstein könnte man sagen: Der Fußballgott würfelt nicht.

Offenbar haben wir einen Nerv getroffen. Unsere Analysen zu großen Spielen wie Deutschland gegen Brasilien bei der WM 2014 wurden von 100 000 Menschen gelesen. Michael Cox arbeitet mittlerweile unter anderem für die *BBC* und den *Guardian*. Wir Spielverlagerung-Jungs schreiben regelmäßig für große Zeitungen und Zeitschriften. Jedes Online-Magazin hat nun seine eigene Taktikecke, das ZDF zeigt in seinem *Aktuellen Sportstudio* eine 3D-Taktikanalyse.

War Fußballtaktik früher ein Nischenthema, gehört es heute wie selbstverständlich in das Repertoire von Fußballbegeisterten. Das war nicht immer so. Lange Jahre interessierten sich weder Fans noch Sportjournalisten für die Formationen und Strategien der Mannschaften. Niederlagen wurden mit mangelnder Kampfstärke erklärt, Siege mit dem Willen der Spieler. Es gibt zahlreiche Bücher zur Geschichte des deutschen Fußballs, die Fußballtaktik findet allenfalls in Randbemerkungen und Fußnoten Platz.

Dieses Buch ist der Versuch, eine Geschichte der Fußballtaktik in Deutschland zu schreiben. Sie beginnt Ende des 19. Jahrhunderts, als englische Kaufleute den runden Ball nach Deutschland brachten, und endet im Jahr 2014, als Deutschland zum vierten Mal Fußballweltmeister wurde.

Den Begriff Fußballtaktik interpretiere ich recht breit: Es geht um all die Dinge, die sich auf einem Fußballplatz abspielen und die von Trainern oder Spielern im Voraus geplant werden. Welche Strategie wählt ein Team? Möchte es den Ball haben oder spielt es auf Konter? In welche Räume bewegen sich die Spieler – und warum tun sie das? Wie haben sich die einzelnen Positionen entwickelt? Warum spielte 1975 jede Mannschaft mit einem Libero und wieso gab es ihn bei der WM 2014 nicht mehr, sondern stattdessen eine Doppelsechs?

Der frühere Bayern-Trainer Dettmar Cramer sagte einst: «Im Spiel gibt es eigentlich nur zwei Probleme: Das sind Raum und Zeit.» Die Fußballtaktik versucht seit eh und je, diese zwei Probleme zu bändigen. Wie stellen sich die Spieler auf dem Feld auf, um den Raum optimal zu nutzen? Wann hat welcher Spieler wo zu stehen? Und wie schafft man es, den Gegner so unter Druck zu setzen, dass dieser möglichst wenig Zeit am Ball hat? In der Vergangenheit haben innovative Trainer immer neue Ideen entwickelt, Raum und Zeit im Fußballspiel zu nutzen. Dieses Buch beschreibt ihre Ideen.

Sie werden schnell feststellen, dass Taktik für mich mehr ist als Zahlenspiele wie 2-3-5, 4-2-4 oder 4-2-3-1. Pep Guardiola verspottet solche Zahlenreihen gerne als Telefonnummern. In der Tat verraten sie wenig über die Art, wie ein Team Fußball spielt. Der Stil einer Mannschaft lässt sich nicht aus solchen Nummernfolgen ableiten. Hinter einem 4-2-3-1 kann sich sowohl Klopps «Heavy-Metal»-Konterfußball verstecken wie auch ein ruhiges Ballbesitzspiel der Marke Louis van Gaal. Sie werden in diesem Buch immer wieder Zahlenkombinationen finden; ich versuche aber stets, sie mit Leben zu füllen.

Autoren mit Taktikbegeisterung wird oft vorgeworfen, Fußball zu sezieren wie ein Schachcomputer ein Schachspiel. Dabei seien es doch die Menschen, die Spieler und Trainer, die Fußball zu dem machen, was er ist. Aber der Blick auf das eine schließt den Blick auf das andere nicht aus. Große Trainer formten die Fußballtaktik und machten den deutschen Fußball zu dem, was er heute ist. Diese Trainer waren – wie jeder Mensch – Kinder ihrer Zeit. Nur wer ihre Biographien und Hintergründe kennt, versteht, warum sie welche Art von Fußball spielen ließen.

Über hundert Jahre Fußballgeschichte bringen einen Autor an seine Grenzen. Es gibt daher manche Auslassungen und Lücken. Der ostdeutsche Fußball ist nicht mein Fachgebiet, er wird daher nur am Rande behandelt. Der Frauenfußball findet ebenso wenig Erwähnung wie das Spiel der Amateure und der Arbeiterverbände. Es geht hauptsächlich um die großen Teams, die die taktische Entwicklung dominiert und vorangetrieben haben.

Wie recherchiert man eine Taktikgeschichte? Ich habe über hundert Fußballspiele der deutschen Historie ausgewertet, vom WM-Finale 1954 bis zum WM-Finale 2014. Für die Zeit vor 1970 beziehe ich mich hauptsächlich auf Bücher und Zeitschriften, weil Filmmaterial rar ist. Eine der wichtigsten Quellen war die Fußballzeitschrift *kicker*, die seit 1920 fast ohne Unterbrechung erscheint. Vor allem die frühen Ausgaben sind eine Fundgrube für taktisches Wissen.

Wichtig ist mir, dass mit diesem Buch die Entwicklung des deutschen Fußballs deutlich wird, aber auch dessen Kontinuitäten. Denn einerseits hat sich die Taktik verändert: vom 2-3-5 zum 4-4-2, vom Fürther Flachpass zum Tiki Taka, vom Libero zur Doppelsechs. Doch viele Diskussionen, die wir heute führen, sind so alt wie der Fußball selbst. Wenn Sie den ein oder anderen «Aha!»-Moment während des Lesens dieses Buches haben, habe ich alles richtig gemacht.

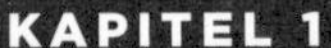

KAPITEL 1

Die englische Krankheit

Vom Chaos zum geordneten Spiel (1870–1918)

Ein Importschlager aus England

«Es war, als ob mich störte, was da herum- und mir im Wege lag; wenn es irgendwie zum Befördern geeignet erschien, erhielt es einen Tritt.» So beschrieb Josef «Sepp» Herberger, wie er als kleiner Junge zum Fußball kam. Der organisierte Fußballsport ist relativ jung – das Fußballspiel jedoch ist jahrtausendealt: Mensch sieht etwas Rundes, Mensch tritt zu. Schon im alten China und bei den südamerikanischen Maya-Völkern entwickelten sich erste Formen des Fußballspiels.

Die Geschichte des modernen Fußballs beginnt in Großbritannien. Mitte des 19. Jahrhunderts entdeckten englische Privatschulen den Sport für sich. Er diente als Mittel, die Jugendlichen zu körperlicher Ertüchtigung zu erziehen. Ein Lehrer warf einen Ball in die Mitte, die Schüler hechteten hinterher. Sie traten nach dem Ball, kickten ihn wild durch die Gegend, manche nahmen ihn sogar in die Hand. Schnell wurde es die liebste Tätigkeit der Jugendlichen, gegen runde, aus Schweineblasen gefertigte Bälle zu treten.

Einen Ball mit dem Fuß zu spielen war keine neue Idee. In England wurde jedoch zum ersten Mal in der Geschichte das Chaos gebändigt. Die Lehrer und Schüler dachten sich gemeinsam Regeln aus. Wie groß soll das Spielfeld sein? Wer darf den Ball mit der Hand aufnehmen und wer nicht? Wie werden die Punkte gezählt? Zunächst hatte jede Schule ihr eigenes Regelwerk. Es gab aber immer mehr Streitereien. Um Wettkämpfe zwischen den Schulen zu ermöglichen, wurde schließlich ein Verband gegründet und ein einheitliches Regelwerk festgelegt.

Zunächst war Fußball nur ein Sport für die privilegierten Schüler der englischen Privatschulen. Schnell entdeckte jedoch auch die Arbeiterschaft das Spiel. Die beginnende Industrialisierung trieb Bauern und Kleingrundbesitzer in die Städte. Der «Factory Act», ein Gesetz aus dem Jahr 1850, regelte die Arbeitszeiten der Fabrikarbeiter. Plötzlich hatten Tausende Menschen zur selben Zeit Feierabend – und suchten nach einer Beschäftigung. Fußballspielen wurde schnell zur liebsten Freizeitbeschäftigung.

Die Kaufleute wiederum exportierten den Fußball in die ganze Welt. So fand er auch den Weg ins deutsche Kaiserreich. In den siebziger Jahren des 19. Jahrhunderts kickten die ersten Deutschen gegen einen Ball. Die englischen Handelsreisenden inspirierten deutsche Kollegen und brachten ihnen die Regeln bei.

Englische Privatschulen und deutsche Handelsschulen waren die ersten Orte in Deutschland, an denen Fußball gespielt wurde. Pionierarbeit soll der Braunschweiger Studienrat Konrad Koch geleistet haben. Er war vermutlich der erste deutsche Lehrer, der seine Schüler Fußball spielen ließ – an einem gehobenen Gymnasium.

Der Fußball hat seine Ursprünge in Deutschland also nicht, wie so viele glauben, in der Arbeiterschaft, sondern in der gehobenen Mittelschicht. Die frühen Hochburgen des Fußballs waren Handelsstädte mit Kontakten nach England wie Hannover und Hamburg und Studentenstädte wie Karlsruhe, Dresden und Berlin. International reisende Kaufleute und Studenten, darunter auffallend viele Juden, waren die Gründer der ersten Fußballvereine. Die Arbeiterschaft, die zahlenmäßig größte Gesellschaftsschicht, konnte sich die teuren Utensilien wie Fußbälle und Trikots nicht leisten. Es dauerte bis zum Ende des 19. Jahrhunderts, bis englische Errungenschaften wie Arbeitszeitgesetze und Lohnerhöhungen für Fabrikarbeiter ihren Weg ins Deutsche Reich fanden. Den Adeligen wiederum galt der Fußball als zu schmutzig. So fand er seinen Platz zunächst nur in einer kleinen Gruppe der Gesellschaft.

In den ersten Jahren maßen sich die neugegründeten Vereine in Freundschaftsspielen. Eine übergeordnete Liga gab es genauso wenig wie professionelles Training. Das Spiel selbst war wild, es fehlten noch immer feste Strukturen. Wer den Ball hatte, versuchte so viele Gegenspieler wie möglich auszutanzen. Ein organisiertes Zusammenspiel, eine übergeordnete Strategie oder eine feste Formation gab es nicht. Teilweise rauften sich alle Spieler um den Ball, keiften sich an, traten nach dem Spielgerät. Fußball war in dieser Zeit in erster Linie ein Sport für Dribbler. Es war verpönt, den Ball nach vorne zu schießen oder zu passen. Bis zum Ende des 19. Jahrhunderts blieb der Pass nach vorne bei vielen Spielen in Deutschland sogar verboten. In England dagegen hatte man schon 1867 eine Abseitsregel eingeführt, die den Vertikalpass erlaubte. Sie funktionierte exakt so wie die heutige Abseitsregel. Einziger

Unterschied: Nicht ein Verteidiger, sondern zwei mussten zwischen Angreifer und gegnerischem Tor stehen, damit ein Angreifer nicht im Abseits stand.

Breite und Tiefe

An dieser Stelle seien einige Grundbegriffe erklärt, die immer wieder auftauchen werden: Das Spiel in die Breite bezeichnet Pässe auf die Außen. Hierbei soll die gesamte Breite des Fußballplatzes genutzt werden. Das Spiel in die Tiefe bezeichnet den Versuch, den Ball nach vorne vor das gegnerische Tor zu spielen. Das Spielfeld lässt sich also in zwei Achsen einteilen: die Vertikale und die Horizontale. Die Horizontale verläuft von Seite zu Seite, die Vertikale von Tor zu Tor. Ein Vertikalpass bezeichnet folglich einen Pass, der nach vorne in Richtung gegnerisches Tor gespielt wird.

Erst zur Jahrhundertwende gab es Bestrebungen, Fußball auch im Deutschen Reich zu institutionalisieren. Die einzelnen Vereine schlossen sich zu regionalen Verbänden zusammen, die Meisterschaften ausspielten. Es dauerte bis ins Jahr 1900, ehe ein überregionaler deutscher Fußballverband, der Deutsche Fußball Bund (DFB), gegründet wurde. Der DFB legte ein einheitliches Regelwerk fest, das sich stark an den englischen Regeln orientierte. Der Pass nach vorne wurde endgültig erlaubt, die Abseitsregel von den Engländern übernommen. Die erste offizielle Deutsche Meisterschaft fand im Jahr 1903 statt, und der VfB Leipzig ging als erster Deutscher Meister in die Geschichte ein.

Die Verbandsgründung ermöglichte einen geregelten

Spielbetrieb mit festen Regeln und nationalen Wettbewerben. Dennoch schlug dem Sport und den Spielern viel Ablehnung entgegen. Gerade den Turnern, der einflussreichsten Sportbewegung um die Jahrhundertwende, blieb der Fußball suspekt. Fußball, so empörten sie sich, fördere mit seinem Konkurrenzdenken Zwietracht. Turnen hingegen wurde nicht als Wettbewerb, sondern der Ästhetik und der Leibeserziehung wegen betrieben. Das Ziel der Turner war es nicht, die anderen zu übertrumpfen, sondern eine turnerische Bewegung möglichst exakt nachzuahmen.

Zwischen Turnern und Fußballern brach bald ein Verteilungskampf um die Sportplätze aus. Richtige Fußballplätze gab es kaum. Sie waren nicht vorgesehen in den Städten, die durch die Industrialisierung aus allen Nähten platzten. Oft blieben nur die Exerzierplätze des Militärs als Orte für sportliche Betätigung. Die Turnerschaft reklamierte diese Plätze für sich, der Fußball musste oft improvisieren. Die deutschen Fußballpioniere spielten nicht auf Rasen, sondern meist auf staubigen Sandplätzen oder matschigen Wiesen. In den ersten Jahren konnte es selbst bei Meisterschaftsspielen passieren, dass mitten auf dem Fußballplatz ein Baum stand. Die Fußballer mussten nehmen, was sie bekamen.

Mit der Gründung des DFB änderte sich die Stimmung unter den Fußballern, man wünschte sich mehr Akzeptanz. Der Fußballsport sollte vom Rande der Gesellschaft den Weg in deren Mitte finden, so die gängige Forderung. Das Deutsche Reich war jedoch stark nationalistisch ausgerichtet. Fußball dagegen hatte den Ruf, ein Sport für in England vernarrte Internationalisten zu sein; zu jener Zeit war das eine Beleidigung für einen Bürger des Deutschen Reichs. Der Professor und Turnlehrer Karl Planck beschimpfte den Fußball in seinem Pamphlet «Fußlümmelei» als «englische Krankheit». Die Fußballer fragte er: «Müßt ihr denn immer und überall die gehorsamen Affen des Auslands bleiben?»

Eine Heimat beim Militär

Um breitere Gesellschaftsschichten anzusprechen, musste der deutsche Fußball sich von seinen englischen Wurzeln entfernen. Immer öfter hob der DFB in seinen Verlautbarungen und auf seinen Verbandstagen die positiven Elemente des Fußballs für das deutsche Volk hervor. Man betonte den Gemeinschafts- und den Kampfaspekt des Sports. Fußball, so die Argumentation, stärke den Gemeinschaftssinn und fördere die Wehrhaftigkeit der deutschen Jugend.

Ein entscheidender Schritt war, die englischen Begriffe aus dem Fußballvokabular zu tilgen. Der Studienrat Konrad Koch höchstpersönlich machte sich an die Übersetzung. Sein Vorschlag, den «Team captain» fortan «Fußballkaiser» zu nennen, setzte sich zwar nicht durch. Die meisten seiner anderen Wortschöpfungen hingegen schon. Noch heute nutzen wir Begriffe wie «Abseits», «Strafstoß», «Schiedsrichter», «Mittelstürmer» oder «Schuss». Die Eindeutschung der Fußballsprache besänftigte viele nationalistische Kritiker. In der Schweiz und in Österreich sah man indes keine Veranlassung, die englischen Begriffe einzudeutschen. Dort sagt man noch heute «Corner» zu einer Ecke, «Offside» zu einer Abseitsstellung und «Penalty» zu einem Strafstoß.

Der größte Entwicklungssprung gelang dem jungen Sport,

als er beim Militär Fuß fasste. Der DFB war besonders in den Jahren vor dem Ersten Weltkrieg bestrebt, eine gute Beziehung zum Militär aufzubauen, auch um die umkämpften Exerzierplätze nutzen zu dürfen. 1911 trat der DFB dem Jungdeutschlandbund bei, der das Ziel hatte, die Jugend zu militarisieren. Einen weiteren Schub bekam die Fußballbewegung, als die preußische Armee den Fußball offiziell in die Ausbildung für Offiziere aufnahm. Plötzlich kamen Gesellschaftsschichten mit dem Sport in Kontakt, die vorher mit dem Spiel nichts am Hut hatten. Der Sohn des Kaisers, Kronprinz Wilhelm von Preußen, gehörte zu den Adligen, die beim Militär Fußball lieben lernten. Er stiftete den Kronprinzenpokal, der früheste Vorläufer des heutigen DFB-Pokals. Ein Sport, den auch der Kronprinz betrieb – das ließ kaisertreue Nationalisten aufhorchen.

Die enge Beziehung zwischen dem deutschen Fußball und dem Militär beeinflusste auch die Art, wie die Deutschen Fußball spielten. Die Fußballkultur vermischte sich mit der Militärkultur. Der Sport wurde nun als quasimilitärische Auseinandersetzung gesehen, als Kampf zwischen zwei rivalisierenden Mannschaften. Man übernahm auch zahlreiche militärische Begriffe, um einzelne Spielzüge zu benennen. Noch heute reden wir über Strategie und Taktik – ursprünglich Militärvokabular –, wenn wir über Fußball reden. Auch die Bezeichnung der Mannschaftsteile «Abwehr» und «Angriff» stammen aus dem militärischen Sprachgebrauch, genauso die Worte «offensiv» und «defensiv».

Teilweise werden diese Begriffe auch im Englischen verwendet. Im Deutschen ist die Zahl der martialischen Fußballbegriffe aber ungleich höher. Erfolgreiche Stürmer sind Bomber oder Sturmtanks, ein Mittelfeldspieler schlägt Flanken, ein

Verteidiger setzt zur Blutgrätsche an. Bis in die sechziger Jahre hinein war es üblich, Fußballfans als Schlachtenbummler zu bezeichnen.

Strategie versus Taktik

Die Unterscheidung zwischen Strategie und Taktik stammt aus dem Militär. «Taktik ist die Lehre vom Gebrauch der Streitkräfte im Gefechte, Strategie ist die Lehre vom Gebrauch der einzelnen Gefechte zum Zweck des Krieges», schrieb Militärtheoretiker Carl von Clausewitz. Im Fußball bezeichnet die Strategie übergeordnete Fragen, die ein Trainer über längere Zeit prägt: Ist es ihm wichtiger, dass sein Team Tore schießt, oder soll es Tore verhindern? Will ein Team den Ball haben oder spielt es stärker auf Konter?

Die Taktik bezeichnet die einzelnen Elemente, die genutzt werden, um die Strategie umzusetzen. Das Konterspiel ist beispielsweise ein strategisches Element. Der lange Ball, um schnell das Mittelfeld zu überbrücken, wäre ein dazu passendes taktisches Element.

Der Fürther Flachpass

Neben dem Militär beeinflusste auch die Leichtathletik den deutschen Fußball. Leichtathletik war wie Fußball und Turnen fester Bestandteil der militärischen Ausbildung. Wegen des Mangels an ausgebildeten Fußballtrainern übernahmen oft

Leichtathletikexperten das Training für die Ballsportler. So gelangten Übungen wie der Dauerlauf und Sprints früh in den deutschen Fußball. In anderen Ländern bestand das Training daraus, dass man ein bisschen den Ball herumbolzte. Im Deutschen Reich trainierten semiprofessionelle Fußballteams zwar früh die Kondition, nicht aber das Fußballspiel an sich. Etwas anderes hatten die Leichtathletiktrainer nicht gelernt.

Auch taktisches Training fand nicht statt. Es fehlten die Fachleute, die ein solches Training hätten anleiten können. Für die Aufstellung war der Kapitän zuständig. Die meisten Teams spielten ohne echte taktische Vorgaben. Dribbling blieb das höchste Gut im deutschen Fußball. Wer sich beweisen wollte, musste seinen Gegenspieler im direkten Zweikampf bezwingen. Im Zweikampf, so die weitverbreitete Annahme in dieser Zeit, zeige sich, aus welchem Blut ein Fußballer gemacht ist. Der Fußball war fest in der Hand der Spieler. Trainer waren nur dazu da, die Kondition zu verbessern.

Es brauchte einen Engländer, um neue Impulse in den Sport zu bringen. William Townley war einer der ersten richtigen Fußballtrainer in Deutschland. Wer Townley war und wie sein Leben verlief, weiß heute niemand mehr. Der Trainer war zu jener Zeit der unwichtigste Teil eines Fußballteams. Niemand dachte daran, Townleys Biographie aufzuschreiben. Aus seinem Leben sind nur Bruchstücke überliefert. Was bekannt ist: Townley war in seiner Jugend ein guter Fußballspieler, kämpfte in England um die Meisterschaft. Als Trainer fand er jedoch im Mutterland des Fußballs keine Anstellung, deswegen ging er nach Mitteleuropa, wo er zunächst in Prag arbeitete.

Walther Bensemann holte ihn später nach Süddeutschland. Bensemann war ein Wegbereiter des deutschen Fußballs. Er hatte eine typische Biographie für einen frühen Fußballaktivisten: Bensemann war ein Kaufmann, wuchs auf in einer jüdischen Familie und sah im Fußball die Chance, die Völker im friedlichen Wettkampf zu vereinen. Er hielt an seinen internationalistischen Idealen fest, auch als der Fußball in Deutschland immer militärischer und nationalistischer wurde. Nach dem Ersten Weltkrieg gründete er den *kicker*.

Bensemann war zeitlebens ein Anhänger des schottischen Fußballs. Ende des 19. Jahrhunderts entwickelte der schottische Fußball eine eigene Ausrichtung, die sich vom englischen Spiel unterschied. In England war – ähnlich wie in Deutschland – der Ballkünstler König. Einzelaktionen bestimmten das Spiel. Wenn ein Spieler mit seinem Dribbling nicht am Gegenspieler vorbeikam, sollte er den Ball hoch und weit nach vorne bolzen. Ziel war es, den Ball möglichst nah ans gegnerische Tor zu schießen. Diese Art des Spiels wurde als englisches «Kick 'n' Rush» bekannt (übersetzt: Schießen und Hinterherrennen). Die Schotten entwickelten einen Gegenentwurf zu diesem Spiel. Sie setzten vor allem auf Kombinationsspiel: Die Spieler passten sich den Ball zu, bereiteten einen Spielzug gemeinsam vor. Statt den Ball nur nach vorne zu bolzen, spielten sie auch mal quer oder nach hinten. Dabei versuchten sie stets, den Ball flach zu halten. So konnten sie genauere Pässe spielen als ihre englischen Kollegen, die den Ball oft blind nach vorne bolzten. Ihr Spiel wurde bekannt als «schottischer Flachpass».

Bensemann hatte sich bei einer seiner Reisen nach Großbritannien in das schottische Spiel verliebt. Er hoffte, dass Townley den «schottischen Flachpass» nach Karlsruhe bringen könne, und vermittelte ihm 1909 eine Anstellung beim Karlsruher FV, einer der zahlreichen süddeutschen Vereine, an deren Gründung Bensemann beteiligt war. Townley brachte den Spielern dort bei, den Ball flach zu halten, und trainierte mit ihnen Passformen, damit sie ihre Technik verbesserten. Sein Leitsatz war: «Stoppen, schauen, passen.» Das war zu jener Zeit im deutschen Fußball revolutionär. Die Spieler schauten selten hoch, sondern nur auf den Ball. Townley lehrte die Karlsruher, nach einem freistehenden Mitspieler zu schauen. Er stellte seine Mannschaft zudem auf eine 2-3-5-Formation um: zwei Verteidiger, drei Mittelfeldspieler, fünf Stürmer. Diese Formation, Formationen überhaupt waren im Kaiserreich unbekannt, in Großbritannien jedoch weit verbreitet. Er bändigte damit das Chaos auf dem Feld und brachte seiner Mannschaft taktische Ordnung bei. Townleys Arbeit trug schnell Früchte. 1910 gewann der Karlsruher FV die deutsche Meisterschaft.

Formation

Die Formation bezeichnet die Anordnung der Spieler auf einem Feld. Die Formation einer Mannschaft ist in drei Teile gegliedert: die Abwehr, das Mittelfeld und der Angriff. Die Abwehrspieler bilden die Verteidigungslinie, die Angreifer die vorderste Linie. Die Mittelfeldspieler sind die Verbindungsebene dazwischen. In einer 2-3-5-Formation stehen zwei Abwehrspieler, drei Mittelfeldspieler und fünf Angreifer auf dem Feld. Eine Formation ist ein taktisches Mittel. Für sich genommen, verrät sie nichts über die Strategie einer Mannschaft. Erst im Zusammenspiel mit anderen taktischen Mitteln (wie dem Flachpass-Spiel) wird klar, welche strategische Richtung eine Mannschaft verfolgt.

Seine beste Arbeit leistete Townley jedoch in Fürth. Die ortsansässige Spielvereinigung sicherte sich von 1911 an seine Dienste. Er legte das Fundament für eine neue Ära des Fürther Fußballs: Den letzten Titel vor dem Ersten Weltkrieg 1914 gewann die Spielvereinigung. Einige Jahre nach Kriegsende, 1926, kehrte Townley nach Fürth zurück und holte mit der Mannschaft erneut die Meisterschaft. In Anspielung an den «schottischen Flachpass» taufte man das Fürther Spiel «Fürther Flachpass».

Townley hatte Pionierarbeit geleistet. Andere deutsche Mannschaften stellten ebenfalls britische Trainer an. Sie erhofften sich einen ähnlichen Modernisierungsschub. Selbst der DFB dachte in den Jahren vor dem Ersten Weltkrieg darüber nach, mit Jack Reynolds einen Engländer als Nationaltrainer zu beschäftigen. Doch der Krieg machte den Plänen einen Strich durch die Rechnung. Engländer, die sich im Deutschen Reich aufhielten, wurden während des Kriegs interniert. Die meisten verließen rechtzeitig das Land. Der deutsche Fußball verlor auf diese Weise seine besten Trainer.

«Elf Freunde müsst ihr sein»

Der deutsche Fußball verlor während des Ersten Weltkriegs ebenfalls einige gute Spieler, im Verlauf des Kriegs gewann er dennoch auch eine Menge neue. Tatsächlich etablierte der Krieg Fußball endgültig in Deutschland. Die immer wieder festgefahrenen Frontlinien sorgten dafür, dass Soldaten, die nicht gerade Wache standen, viel Freizeit hatten, die sie mit

Sport füllten. Hinter jeder Frontlinie hob das Militär zahllose Fußballplätze aus dem Boden. Bevölkerungsschichten, die vorher kaum mit dem Fußball in Kontakt kamen, traten plötzlich jeden Tag gegen den Ball. Viele neue Spieler begeisterten sich für den Sport. Trainer gab es allerdings keine. Im Gegenteil: Der plötzliche Boom führte dazu, dass es einen echten Mangel an Fachmännern gab.

Richard Girulatis war kein Mann, der sich mit solchen Bedingungen abfinden wollte. Girulatis, geboren 1878, wuchs als Sohn eines Schmieds in Berlin auf. Trotz seiner Herkunft aus der Arbeiterklasse entfachte seine Liebe zum damals bürgerlich geprägten Fußball sehr früh. Zeit seines Lebens interessierte sich Girulatis für die Theorie des Spiels – und eckte gerne an. Während der NS-Diktatur geriet er einmal mit der Gestapo aneinander, da er aus Opposition zum Nazi-Regime keine Hakenkreuz-Fahne hisste. Girulatis liebte die Diskussion und hasste festgefahrene Prinzipien.

Ein Studienaufenthalt in den USA zu Beginn des Jahrhunderts veränderte Girulatis' Denken nachhaltig. Er begutachtete das professionelle, wissenschaftlich fundierte Training im College-Sport der Amerikaner. Girulatis wunderte sich, warum es in Deutschland kein professionelles Training, geschweige denn hauptberufliche Trainer gab. Man müsse doch auch im deutschen Sport systematisch trainieren können, wie es im Basketball und Baseball der Fall war, dachte sich Girulatis. Er hatte dabei vor allem seinen liebsten Sport im Kopf: den Fußball.

Zurück in Deutschland traf Girulatis um das Jahr 1910 auf Townley. Er sah, wie Townley in Karlsruhe und in Fürth mit systematischem Training und einem taktischen Konzept Spitzenteams formte. Girulatis war angefixt und wollte sich als

Trainer beweisen. In Berlin setzte er seine Ideen bei Tennis Borussia um. Seine bescheidenen Erfolge sorgten dafür, dass der DFB sich für ihn interessierte. Doch der Krieg beendete jäh die Pläne, für Girulatis einen Posten beim DFB zu schaffen.

Einfluss auf die taktische Entwicklung des deutschen Fußballs nahm Girulatis daher erst nach dem Krieg. Er veröffentlichte 1920 das erste erfolgreiche deutsche Buch zur Fußballtheorie. Das Vorwort liest sich wie eine Abrechnung mit dem deutschen Fußball. Große Fußballnationen wie England wollen wegen der schwachen Leistungen nicht in Länderspielen gegen Deutschland antreten, schreibt er zu Beginn des rund hundert Seiten langen Werkes. Sogar das «kleine Dänemark» habe mit der gleichen Begründung Länderspiele abgesagt. «Man sucht vergebens nach der Ursache dieser Erscheinung. Vergebens? Sie ist wohl zu finden, wenn wir uns mehr als bisher in die Theorie des Fußballspiels vertiefen würden. Das haben wir bis heute trotz der uns Deutschen innewohnenden Neigung zur gründlichen Forschung versäumt.»

Was Girulatis auf den folgenden Seiten als Antwort auf das Problem präsentiert, ist der erste Entwurf einer spezifisch deutschen Fußballphilosophie. Schon auf den ersten Seiten betont er den gemeinschaftlichen Kampf als Grundlage eines jeden Fußballspiels: «Der Gemeinschaftskampf (...) stellt an jeden Beteiligten als allererste Forderung die Pflicht, sich einzuordnen (...) und zum Wohle dieses Ganzen zu kämpfen.» Auch bei Girulatis finden sich viele Anleihen ans Militär. Er übernahm die Idee, dass Fußball ein Gemeinschafts- und Kampfsport ist. Die Kameradschaft unter den Spielern war die Grundlage seiner Fußballphilosophie. Er drückte sie in einem Satz aus: «Elf Freunde müsst ihr sein.»

Taktisch skizzierte Girulatis einen Fußball, der sich auf

das damals übliche 2-3-5-System stützte. Entscheidender Akteur bei ihm war der Mittelläufer, der zentrale Mittelfeldspieler des Systems. Er solle das Spiel dirigieren und dem Team auf dem Feld Anweisungen geben. Die anderen Spieler müssten sich dem «Willen eines Führers» unterordnen. Hiermit war der Mittelläufer, bezeichnenderweise nicht aber der Trainer gemeint; es ist eine frühe Manifestation der deutschen Eigenart, im Zweifel den Führungsspieler über den Trainer zu stellen.

Mittelläufer

Der Mittelläufer war das Herzstück des in den zwanziger Jahren üblichen 2-3-5-Systems. Das Mittelfeld, die 3 des 2-3-5, war zu jener Zeit auch als Läuferreihe bekannt. Der Name stammte von der Idee, dass die Läufer sowohl angreifen als auch verteidigen mussten – und daher mehr liefen als ihre Mitspieler. Der Mittelläufer war der zentrale Spieler der Läuferreihe und ordnete aus dem Zentrum das Spiel. Bei ihm liefen die Fäden des Spiels zusammen. In Deutschland war es bis in die dreißiger Jahre hinein üblich, dass der Mittelläufer auch die Funktion des Mannschaftskapitäns (und manchmal auch des Trainers) übernahm.

In Detailfragen sieht man sehr deutlich, woher Girulatis seine Ideen bezog: von Townley. Namentlich erwähnt er in seinem Buch den schottischen Meister Celtic Glasgow, den er 1914 besuchte und spielen sah. Der Verein führte «Spiele vor, die als das Vollendetste bezeichnet werden müssen, was auf diesem Gebiete überhaupt bis dahin gesehen wurde». Er forderte, dass deutsche Teams technisch ähnlich perfekt agieren müssten wie die Schotten. Seine Idee, flaches Kombinationsspiel in Dreiecken trainieren zu lassen, trägt eindeutig die Handschrift von Townley.

Der DFB sorgte dafür, dass Girulatis' Ideen nicht nur graue Theorie blieben. Die Landesverbände stellten nach dem Krieg Regionaltrainer an, die wiederum Vereinstrainer ausbildeten. Girulatis' Buch wurde als Lektüre zu den theoretischen Lehrgängen gereicht. Zudem drehte der DFB einen Lehrfilm mit Girulatis. Der Film zeigte den Spielern, wie man richtig passt und schießt. Girulatis selbst arbeitete nicht für den DFB, denn er übernahm an der Deutschen Hochschule für Leibesübungen den Posten als Dozent für den Bereich Fußball. Hier sollte er spätere Trainer wie Otto Nerz und Sepp Herberger beeinflussen. Girulatis war der erste deutsche Trainer, der intensiv über Fußball nachdachte. Seine Ideen verbreiteten sich und bildeten die Grundlage für die Beschäftigung mit Fußballtaktik in Deutschland.

Townley und Girulatis schafften es, dass in Deutschland Fußball nicht nur gespielt, sondern auch analysiert wurde. Sie hinterließen mit ihrer Arbeit Spuren. Beide fanden Schüler und Nachahmer. Ihre Methoden sollten die Grundlage bilden für den Fußball, der in den zwanziger und dreißiger Jahren gespielt wurde. Townleys Erbe war besonders in Süddeutschland groß.

KAPITEL 2

Flach spielen, hoch gewinnen

Die süddeutsche Flachpass-Schule (1918–1926)

Der Einfluss Österreichs und Ungarns

8000 Menschen kamen am 22. Juli 1919 in den «Zabo». Der «Zabo» war damals das Stadion des 1. FC Nürnberg, wobei Stadion zu viel gesagt ist: Eine instabile Holztribüne ragte ein paar Kilometer außerhalb Nürnbergs in die Luft. Die Zuschauer störte das nicht. Sie waren gekommen, um ihren Lieblingsclub lautstark anzufeuern. Es war ein großes Ereignis für Nürnberg: Ein ausländischer Club besuchte die Stadt. Nürnberg traf auf den MTK Budapest.

Die Nürnberger waren amtierender süddeutscher Meister und galten neben der SpVgg Fürth als herausragende Adresse des deutschen Fußballs. Auf den ersten Blick schienen die Verhältnisse eindeutig: Die Budapester reisten mit Pappkartons statt Koffern an. Mit Fußball ließ sich in Ungarn kein Geld verdienen.

Als der Schiedsrichter die Partie anpfiff, wurde den Zuschauern schnell klar: Das waren keine Landstreicher, das waren Ballkünstler! Budapest passte sich den Ball nach Belieben zu, die Nürnberger liefen wie die Schuljungen hinterher. Das Passen und Zuspielen pausierte Budapest nur, um mit Tricks und Finten ihre Gastgeber zu düpieren. Pass, Dribbling, Pass, Pass, Tor – Nürnberg kam praktisch nicht an den Ball.

Die Clubverantwortlichen waren entsetzt – sie hatten mit einem klaren Sieg gerechnet und nicht mit einem 0:3-Debakel. Eine Schmach für einen stolzen Fußballverein. Für den 1. FC Nürnberg gab es darauf nur eine denkbare Antwort: Er kaufte den Gegnern Spieler ab. Und der mit Abstand beste war Alfréd Schaffer.

Schaffers Wechsel zu Nürnberg sollte den deutschen Fußball nachhaltig verändern. Bevor Schaffer nach Nürnberg kam, scherte sich der deutsche Fußball nicht um Stilfragen. Danach war plötzlich ganz Süddeutschland im Bann des ungarischen Spielstils, und Fußballdeutschland fing an zu philosophieren: Wie soll der deutsche Fußball überhaupt aussehen?

Ausgangspunkt für diese Entwicklung war der Fußballboom, der Anfang der zwanziger Jahre einsetzte. Die Soldaten brachten ihre Fußballeuphorie von der Front mit nach Hause und trugen ihn in die Mitte der Gesellschaft. Hatte der DFB 1913 noch 161613 Mitglieder, wuchs diese Zahl bis 1920 auf 755703. Die Begeisterung entflammte nicht nur im Breiten-, sondern auch im Spitzenfußball, wo sich die Zuschauerzahlen vervielfachten.

Die Strukturen in den Verbänden und Vereinen waren auf diesen Aufschwung kaum vorbereitet. Spitzenfußball wurde in Großbritannien gespielt; in Deutschland war es schwer, überhaupt Trainer für die Mannschaften zu finden. Neben William Townley und Richard Girulatis gab es so gut wie keine reinen Fußballtrainer. Die meisten Vereine und selbst der DFB hielten es nicht einmal für nötig, einen Trainer anzustellen. Fußball in Deutschland, das war nach wie vor ein Hort der Praktiker. Man ging raus auf den Rasen, bolzte den Ball ein wenig herum, machte sich aber keine Gedanken um Aufstellung, Taktik oder Spielideen.

Aber dann kam Schaffer. Schaffer hatte sein Handwerk beim MTK Budapest gelernt. Wien und Budapest waren nach dem Krieg die führenden Kräfte des kontinentalen, wenn nicht sogar das europäischen Fußballs. Die hiesigen Clubs waren zu dieser Zeit die Keimzelle eines neuen Fußballstils. Sie entwickelten den schottischen Flachpass weiter zur ersten Form des Ballbesitzspiels.

Initialzünder dieser Bewegung war der Österreicher Hugo Meisl – wider Willen, könnte man fast sagen. Meisl wuchs in Wien auf. Die Stadt bildete vor dem Ersten Weltkrieg das Zentrum des österreichisch-ungarischen Fußballs. Die Erfolgsgeschichte Fußball entwickelte sich im südlichen Nachbarland ganz anders als in Deutschland. Nicht das Militär, sondern die Kaffeehäuser Wiens waren die Steigbügelhalter für den Aufstieg des Sports. Dort debattierte, stritt und philosophierte das Bildungsbürgertum über theoretische und praktische Fragen des Fußballs. Immer mit dabei: Hugo Meisl. Als andernorts noch über den Berufsfußball gestritten wurde, machte er Nägel mit Köpfen und etablierte in Wien eine Profi-Liga. Später war er maßgeblich an der Entstehung des Mitropa Cups beteiligt, des ersten europäischen Pokalwettbewerbs. Meisl war der Fußballwelt immer einen Schritt voraus.

Meisl hatte die Vision, den österreichischen Fußball nach englischen Maßstäben zu professionalisieren. Er schwärmte von der formvollendeten Ballbehandlung der englischen Spieler und ihrem dynamischen «Kick 'n' Rush». Tatsächlich sorgte seine Arbeit dann aber dafür, dass Österreich und auch Ungarn nicht zur Zweigstelle des englischen Fußballs, sondern zum philosophischen Gegenentwurf avancierten.

Als Verbandschef und Leiter des österreichischen Nationalteams holte Meisl mit Jimmy Hogan einen relativ unbekannten Engländer noch vor dem Krieg in die Doppelmonarchie. Hogan war ein Vertreter der schottischen Schule, die auf flache Pässe und Spielwitz setzte. Er baute dieses Fundament zu einem taktisch innovativen Flachpass-Stil aus. Seine Spieler mussten das Passen trainieren, bis es in Fleisch und Blut überging.

Schon vor dem Ersten Weltkrieg schuf Hogan beim österreichischen Verband und als Trainer des MTK Budapest die Grundlagen für die rasante Entwicklung des österreichischen und ungarischen Fußballs. Das Wiener «Scheiberlspiel», wie das elegante Passen des Balls getauft wurde, kann als frühester Vorläufer des Ballbesitzspiels moderner Schule gesehen werden. Das Passen war nicht nur Mittel zum Zweck, sondern Inhalt des Spiels; statt schnell den Torerfolg zu suchen, spielten sich die Wiener den Ball erst einmal zu. Der Gegner sollte sich dabei verausgaben, den schnellen Passfolgen der Österreicher hinterherzuhetzen.

Um den Ball möglichst gut in den eigenen Reihen laufen zu lassen, ließ sich der zentrale Stürmer im 2-3-5 fallen. Er sollte eine Überzahl im Mittelfeld herstellen. Österreich spielte praktisch mit einem zusätzlichen Mittelfeldspieler. Diese taktische Rolle wurde bekannt als «falsche Neun». Die Neun war zu jener Zeit die gängige Rückennummer des zentralen Stürmers. Seine Rolle war insofern «falsch», als dass er nicht wie ein klassischer Neuner im Strafraum auf Torchancen lauerte, sondern aus dem Mittelfeld heraus agierte. Die «falsche Neun», von der wir noch heute oft sprechen, ist also schon fast hundert Jahre alt.

Nummern als Position

Im 2-3-5-System wurden die Rückennummern nach Positionen verteilt. Die beiden Verteidiger hatten immer die Rückennummern 2 und 3, die drei Mittelfeldspieler die Nummern 4 bis 6, die Stürmer liefen von links nach rechts mit den Nummern 7 bis 11 auf. Noch heute werden manche Positionen mit Rückennummern bezeichnet. Ein Neuner ist ein Mittelstürmer, ein Sechser ein Mittelfeldspieler, der vor der Abwehr spielt.

Nürnberger Meisterschule

Schaffer brachte das «Scheiberlspiel» nach Nürnberg. Der gebürtige Ungar galt als schlampiges Genie. Niemand war ihm technisch annähernd ebenbürtig, keiner spielte so gewitzt. Sein Lebensstil war hingegen weitaus weniger filigran als seine Pässe und Dribblings, sodass er immer ein wenig Geld gebrauchen konnte. Er spielte stets für den Verein, der ihm am meisten bieten konnte – an Geld, versteht sich. «Komme mit 1000 Freuden, stopp, Monatsgage 2000 Schilling», soll er Ende der zwanziger Jahre an den Verein Austria Wien telegraphiert haben. Austria antwortete: «Kommen Sie mit 2000 Freuden, stopp, Monatsgage 1000 Schilling». Austria Wien war nur eine der vielen Auslandsstationen, die Schaffer im Laufe seiner Karriere in fünf Länder führen sollten. Er war ein Wandervogel, von dem der europäische Fußball später noch mehr hervorbringen sollte.

Seine erste Auslandsstation war der 1. FC Nürnberg. Er blieb dort nur ein Jahr, aber die Zeit genügte, um die Ideen seines Extrainers Jimmy Hogan zu verbreiten. Schaffer übernahm als neuer Kapitän das Training. Die Nürnberger lernten unter ihm das «Scheiberlspiel». Der Ball wurde nicht hoch und lang nach vorne gebolzt, sondern flach und zielgenau zum Mitspieler gepasst; statt Schüssen und Flanken zeigten die Nürnberger nun Ballstafetten und Tricks. Sie gingen noch weiter als Lokalrivale Fürth mit Townleys «Stoppen, schauen, passen». Der Pass war nicht Mittel zum Zweck, sondern Selbstzweck. Schaffer selbst war bekannt dafür, möglichst viele Gegenspieler zu umdribbeln, ehe er einem seiner Kollegen den Ball für den Torschuss überließ. So etwas Profanes, wie den Ball auf das Tor zu schießen, war unter der Würde eines Schaffer.

Die Einführung seines innovativen Stils war die eine große Leistung Schaffers in Nürnberg. Die zweite, nicht minder wichtige war die Entdeckung von Hans Kalb. Kalb spielte als Stürmer in der Reserve der Nürnberger, als Schaffer kam. «Guter Spieler – falsche Position», stellte Schaffer kurz angebunden fest und formte Kalb zum Mittelläufer um. Er erkannte, dass Kalb zu langsam war für die Stürmerposition – Kalb wog fast 100 Kilogramm. Geistig hingegen war er wesentlich schneller. Er erahnte Passmöglichkeiten, die seine Mitspieler übersahen. In privaten Trainingseinheiten brachte Schaffer seinem Schützling alles bei, was er über das Flachpass-Spiel wusste. Kalb war nun als Mittelläufer für den Spielaufbau zuständig. Nach dem Weggang Schaffers ließ Kalb dessen taktisches System in Nürnberg weiterleben.

Die Nürnberger waren schon vorher ein gutes Team, durch Schaffer und Kalb wurden sie zum deutschen Serienmeister. Von den ersten acht deutschen Meisterschaften nach dem Ersten Weltkrieg gewann Nürnberg fünf. Die Zuschauer schwärmten von ihrem formvollendeten Passspiel. Nürnbergs Interpretation des 2-3-5-Systems wurde bekannt als «Drei-Innen-Spiel». Nicht nur der Mittelstürmer ließ sich als «falsche Neun» zurückfallen. Alle drei zentralen Stürmer des Fünf-Stürmer-Systems unterstützten das Mittelfeld. Die beiden Halbstürmer, also die Stürmer zwischen Außen- und Mittelstürmer, rückten in die Mitte ein, um dort mit dem zentralen Mittelstürmer ein feines Passspiel aufzuziehen. Zusammen mit Mittelläufer Hans Kalb bildeten die drei zentralen Stürmer eine Vier-Mann-Achse, in der sie sich den Ball hin und her passten. Sie ließen einfach Ball und Gegner laufen. Aufgrund der technischen Stärke der Nürnberger Spieler war es dem Gegner selten möglich, ihnen den Ball abzunehmen. Doch nicht nur technisch, sondern auch körperlich waren die Nürnberger ihren Kollegen überlegen – die meisten Spieler waren so schwer wie Kalb. Sie verbanden spielerische Finesse mit körperlicher Kraft. Nürnbergs Torhüter Heinrich Stuhlfauth fasste das Nürnberger Spiel in einem Satz zusammen: «Es wird flach gespielt und hoch gewonnen!»

Der Erfolg gab Nürnberg recht, auch wenn sich schnell erste Kritiker zu Wort meldeten, die das «Drei-Innen-Spiel» als «langweilige Rumpasserei» bezeichneten. Auch andere Vereine übernahmen den Stil und sorgten dafür, dass Süddeutschland in den zwanziger Jahren als Hochburg des Flachpasses galt.

William Townley hatte auf diese Entwicklung nach dem Krieg einen großen Einfluss. Sein «Stoppen, schauen, passen» war zwar taktisch weniger ausgereift, das Passspiel war hier anders als bei der Donauschule nicht Selbstzweck. Doch

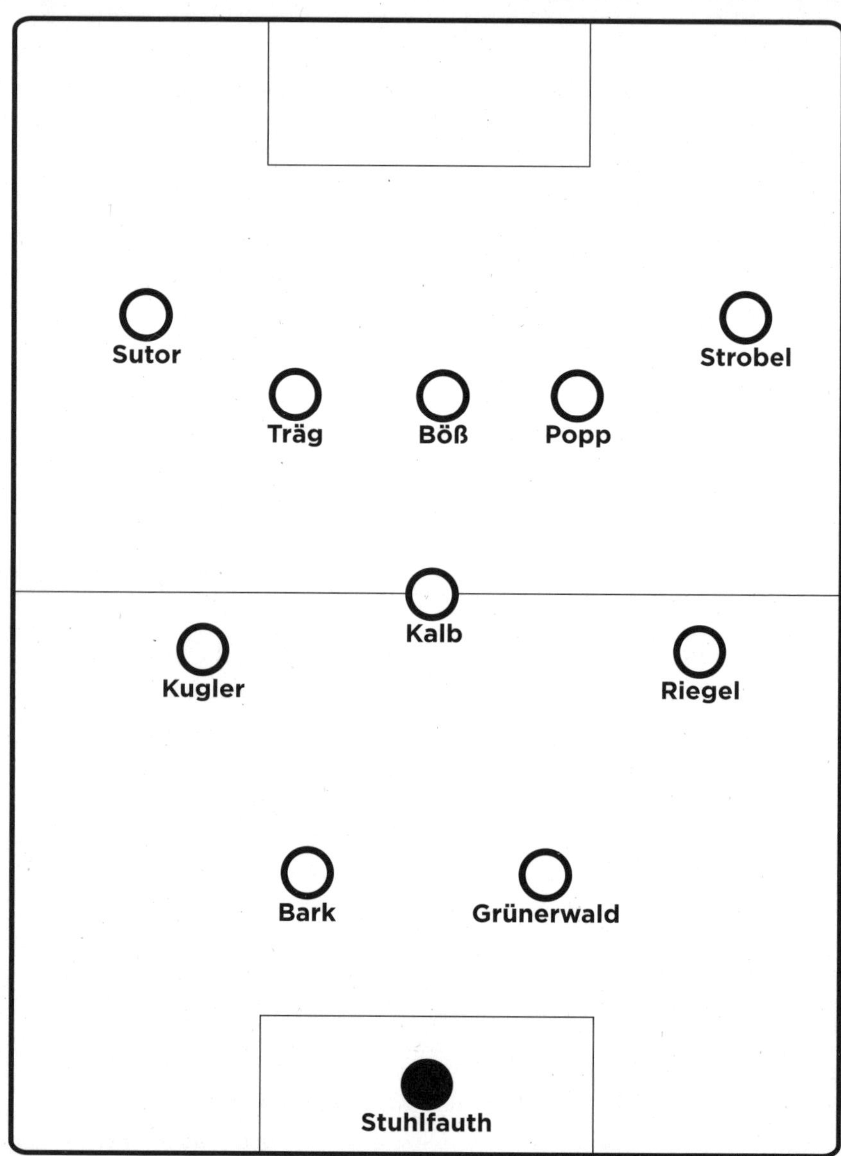

Nürnbergs Meister-Mannschaft aus dem Jahr 1922.

beiden Systemen war der Fokus auf den flachen Pass gemein. Townley führte mit seinem System nicht nur den FV Karlsruhe und den SpVgg Fürth an die Spitze des deutschen Fußballs. In seinen Wanderjahren nach dem Krieg trainierte er auch den FC Bayern München, Waldhof Mannheim, den FC Konstanz, Victoria Hamburg, den FSV Frankfurt und den SV Darmstadt. Vielerorts blieb er nur kurz. Meist genügte das aber, um seine Ideen vom flachen Passspiel zu verbreiten.

Jimmy Hogan, der Trainer Schaffers in Budapest und der geistige Vater des kontinentalen Flachpass-Fußballs, war ebenfalls kurze Zeit in Deutschland tätig. Als Trainerausbilder arbeitete er einige Monate beim mitteldeutschen Regionalverband, ehe er 1926 als Trainer beim Dresdner SC anheuerte. Die Dresdner entwickelten seine Ideen weiter und waren in den dreißiger Jahren eines der Spitzenteams in Deutschland. Ein gewisser Helmut Schön, später noch eine wichtige Figur in der deutschen Fußballgeschichte, kam als Dresdner Spieler erstmals in Verbindung mit Hogans Ideal des «schönen Passspiels».

Der Schalker Kreisel

Der FC Schalke 04 wurde Ende der zwanziger Jahre zum westdeutschen Außenposten des flachen Passspiels. Aus Schaffers und Townleys ursprünglicher Philosophie «Stoppen, passen, schauen» entfernte Schalke das «Stoppen» und ersetzte es durch «Freilaufen». Die Ballannahme sparten sich die Schalker Angreifer, sodass der Ball enorm schnell durch die

Reihen lief. Ein Journalist schrieb, weder Ball noch der Gegner bekommen bei Schalke-Spielen Ruhe, sie lassen die Kugel einfach immer weiter kreiseln. Der Begriff «Schalker Kreisel» war geboren. Die Schalker gelten als erstes deutsches Team, das mit nur einem Kontakt den Ball weiterleitete. Heute würde man ihren Spielstil als «One-Touch-Football» bezeichnen.

Wie diese Art des Fußballspiels ihren Weg in die Tiefen des Ruhrgebiets fand, ist nicht eindeutig geklärt. Oft werden die Brüder Hans und Fred Ballmann als Urväter dieses Stils bezeichnet. Ihr Name war Programm: Als ihre berufliche Karriere sie nach England führte, verbrachten sie dort die meiste Zeit mit Fußballspielen – und lernten vermutlich modernes Techniktraining und das schottische Flachpass-Spiel kennen. Ein weiterer Name, der für den Erfolg von Schalke steht, ist Hans «Bumbes» Schmidt. Er spielte unter Townley in Fürth und zwischen 1922 und 1928 in der Wundermannschaft aus Nürnberg – die Verbindung zum süddeutschen Spiel war beim gebürtigen Fürther definitiv vorhanden. Als Trainer fiel er vor allem durch sein autoritäres Gehabe und seine Liebe zum Konditionstraining auf. Er trainierte die Schalker auf dem Höhepunkt ihres Erfolges zwischen 1933 und 1938. Dass ausgerechnet ein Townley-Schüler auf Schalke wirkte, war vermutlich ein Grund für die Entwicklung des Kreisels.

Vielleicht entstand der Schalker Kreisel auch einfach von selbst. Kein Club vereinte damals derart viele Techniker und Passkünstler wie Schalke. Die Angreifer Ernst Kuzorra und Fritz Szepan überragten die ohnehin spielstarke Mannschaft. Beide kamen als Kinder von Bergarbeitern mit jungen Jahren ins Ruhrgebiet. Ihre Freizeit verbrachten sie auf den Straßen, stets mit einem Ball am Fuß. Diese Bolzplatz-Mentalität bewahrten sie sich während ihrer Zeit beim FC Schalke. Kuzorra und Szepan waren nicht Teil des Clubs – sie waren der Club. Szepan betonte später gerne: «Wir hatten immer einen Trainer, aber die Aufstellung habe ich gemacht.» Schalke gehörte bereits seit den späten Zwanzigern zu den Top-Adressen des deutschen Fußballs, Titel holten sie allerdings erst während der NS-Zeit. Zwischen 1933 und 1942 gewannen sie gleich sechs Meisterschaften.

Nach der kleinen Spielrevolution Schaffers in Nürnberg und der Geburt des Schalker Kreisels in Gelsenkirchen war der deutsche Fußball der zwanziger und frühen dreißiger Jahre fest im Griff der süddeutschen Fußballschule mit seinen zahlreichen Flachpässen. Nürnberg, Fürth und später Schalke waren die Spitzenteams des deutschen Fußballs. In den Jahren der Weimarer Republik schien es so, als entwickle sich Deutschland neben Österreich und Ungarn zum dritten großen Vertreter der kontinentalen Flachpass-Schule, auch wenn das Niveau in Deutschland nicht annähernd so hoch wie in Ungarn oder Österreich war. Dort maßen sich die Spieler in nationalen Profiligen oder bei Auslandsreisen mit internationalen Top-Clubs.

Hierzulande beherrschten die Regionalverbände den Fußballbetrieb, die Vereine mussten sich über Ausscheidungskämpfe in Provinzligen zunächst für Regional- und dann für die Reichsmeisterschaft qualifizieren – kein Umfeld, das zu Hochleistungen anspornte. Gehälter zahlten die Vereine nur unter der Hand, der DFB verbot das Berufsspielertum. Die Fußballer mussten einem geregelten Job nachgehen und konnten sich nicht vollkommen auf den Sport konzentrieren, wie dies in den Spitzennationen der Fußballwelt der Fall war. So fand in Deutschland selbst bei Top-Vereinen das Training nur unregelmäßig statt. Abseits der Spitzenclubs weigerten sich viele Vereine noch immer, feste Trainer anzustellen, vor allem in West- und in Norddeutschland. Wer dagegen aufbegehrte, spürte die harte Hand der Fußballverbände. So sperrte der westdeutsche Verband den FC Schalke für die Saison 1930/31, weil die Schalker Spieler verbotene Zahlungen angenommen hatten.

An der wachsenden Popularität des Sports änderte das jedoch nichts. Der Fußball war plötzlich nicht mehr die «englische Krankheit» oder ein Sport von Außenseitern, er wurde zum Kulturgut. Doch hinter den Kulissen tobte der erbitterte Streit, welche Art von Fußball der bessere ist: das flache Passspiel österreichischer und schottischer Prägung, das vor allem in Süddeutschland gespielt wurde, oder der preußische Stil, der sich am englischen Kick 'n' Rush orientierte? Dieser sollte sich Anfang der dreißiger Jahre zur dominierenden Gegenbewegung entwickeln.

KAPITEL 3

Der preußische Husaren-Stil

Otto Nerz und das WM-System (1926–1936)

Endlich ein Trainer für die Nationalmannschaft

Wenn ein Karikaturist einen typischen Oberstudienrat zeichnen müsste, dürfte er so aussehen wie Otto Nerz. Mit seinen Geheimratsecken und seiner winzigen Brille sah er nicht wie ein Sportler aus, sondern wie ein Geschichtslehrer. Nerz begann seine Fußballerkarriere beim VfR Mannheim, zog nach dem Ersten Weltkrieg aber nach Berlin. Dort absolvierte er ein Sportstudium an der Hochschule für Leibesübungen und traf auf Richard Girulatis, der zu jener Zeit die Ausbildung im Bereich Fußball an der Hochschule leitete. Die beiden freundeten sich an und inspirierten sich gegenseitig mit ihren Einfällen. Nerz stellte Disziplin und Ordnung über alles und war wesentlich grimmiger als der lebensfrohe Girulatis. Nach seiner Karriere als Spieler studierte er den Fußball wie ein wissenschaftliches Phänomen. Doch Nerz war nicht nur ein Arbeitsfanatiker und Pedant. Viele Zeitgenossen beschreiben ihn als hochintelligenten Mann, der tief in die Materie Fußball eintauchte. Nerz wurde nach Girulatis der zweite große deutsche

Fußballtheoretiker. Zusammen mit dem Autor Carl Koppehl veröffentlichte er 1926 ein siebenbändiges Werk über Fußball. Nicht wenige Ideen stammten von Girulatis. Nerz und Girulatis einte die glühende Verehrung für den englischen Fußball.

Nerz saugte Informationen auf und ging ständig auf Reisen, um sich weiterzubilden. Besonders nach Großbritannien fuhr er in den zwanziger und dreißiger Jahren oft. Dort sah er sich so viele Fußballspiele an, wie sich in seinen engen Zeitplan quetschen ließen. Als er auf einer seiner zahlreichen Studienreisen von seinen Begleitern gezwungen wurde, einen Urlaubstag ohne Fußball einzulegen, schrieb er einen griesgrämigen Brief in die Heimat: «Training am Strand, Golf, Tennis, Billard – lauter Dinge, die ich gar nicht leiden mag.»

Während Girulatis in den Zwanzigern nur als Theoretiker auftrat, gelang es Nerz, den deutschen Fußball auch praktisch nach englischen Maßstäben zu formen. Seine Spielidee klaubte Nerz sich aus Versatzstücken der englischen Top-Teams zusammen. Sie unterschied sich fundamental vom süddeutschen Stil. Das Nürnberger Drei-Innen-Spiel mit den vielen Pässen beschimpfte er als «impotente Spielerei». Im *kicker* schrieb er: «Meine Beobachtungen im Spitzenfußball der ganzen Welt haben mir klargemacht, daß Kraft und Härte unumgänglich notwendige Eigenschaften guten Fußballs sind. Ohne sie: Dekadenz!»

Nerz sah im Fußball keinen Platz für taktische Spielereien wie der falschen Neun. Stattdessen setzte er sich für ein Spiel mit einem weit vorne agierenden Mittelstürmer ein, der von zwei Außenstürmern mit Flanken gefüttert werden sollte. Positionswechsel und Raumdeckung, zwei Eckpfeiler der süddeutschen Schule, gehörten nicht zu seinem Spielstil. Die Spieler mussten stur ihre Positionen halten und ihre Gegenspieler unter allen Umständen eng decken. In Deutschland wurde diese Art des Fußballs als «Husaren-Stil» bekannt. Der Hamburger SV hatte diese Spielweise in Deutschland als erster Verein erfolgreich angewandt. Sie wurden 1923 und 1928 deutscher Meister.

Auch Nerz feierte mit diesem System beachtliche Erfolge. Er führte die Mannschaft von Tennis Borussia Berlin 1925 auf den zweiten Platz der Berliner Staffel, was aufgrund des überschaubaren Talents des Teams ein großer Erfolg war. Hauptberuflich übernahm Nerz zur selben Zeit den Posten seines Mentors Girulatis und arbeitete als Dozent für Fußball an der Hochschule für Leibesübungen. Er erarbeitete sich als Fachmann ein großes Renommee, weil er sowohl in der Theorie als auch in der Praxis weitreichende Kenntnisse besaß.

Der Aufbau der Nationalmannschaft

Dass der DFB ebenfalls in Berlin saß, kam Nerz' weiterer Karriere zugute. Seine Beziehung zu DFB-Präsident Felix Linnemann ermöglichte ihm in den zwanziger und dreißiger Jahren, massiven Einfluss auf die Entwicklung des deutschen Fußballs zu nehmen. Linnemann, ein Kriminalbeamter, war mindestens so pedantisch wie Nerz, allerdings ungleich geschickter im Umgang mit Menschen. Obwohl er als eher durchschnittlich begabter Fußballspieler nur auf lokaler Ebene spielte, arbeitete er sich in der Verbandsstruktur des DFB schnell nach oben. 1925 übernahm er den DFB-Vorsitz.

Linnemann war ein Konservativer und eiserner Verfechter

des Amateurismus. Dennoch erkannte er, dass der DFB sich modernen Entwicklungen nicht gänzlich verschließen durfte. Als Erstes plante er deshalb, die Nationalmannschaft zu stärken. Aus heutiger Sicht kann man es fast nicht glauben, doch die Zeiten, in denen die DFB-Elf 40 Millionen Deutsche vor den TV-Schirm lockte, hätten damals nicht ferner sein können – und das nicht nur wegen der fehlenden Fernseher. Die Nationalmannschaft interessierte zu jener Zeit nur sehr leidensfähige Fans. Von den ersten fünfzig Länderspielen zwischen 1901 und 1925 gewann Deutschland gerade einmal dreizehn. Selbst die Spieler waren nicht unbedingt erpicht darauf, für ihr Heimatland aufzulaufen. Eine Länderspielreise bedeutete stundenlange Zugfahrten in der dritten Klasse und Übernachtungen in miefigen Hotels. Der 1. FC Nürnberg beschwerte sich in seiner Hochphase mehrfach beim DFB, dass seinen Spielern Reisen mit der Nationalmannschaft nicht zuzumuten seien. Der Kompromiss war, dass die Nürnberger Spieler nicht mehr als zwei Länderspiele pro Saison bestreiten sollten. Das führte letztlich zu einem großen Streit. Mangels Dokumentation wusste niemand so genau, wie oft welcher Spieler bereits im Kader der Nationalelf stand. Glühender Einsatz für das Vaterland sieht anders aus.

Die Nationalmannschaft führte zu dieser Zeit die alte deutsche Tradition fort, ohne Trainer zu arbeiten. Nominiert wurden die Spieler nach einem Proporzprinzip: Jeder Regionalverband schickte eine bestimmte Anzahl an Spielern zur Nationalelf. Die Funktionäre der Regionalverbände bestimmten zugleich die Aufstellung des Teams. So standen fast nie die elf besten deutschen Spieler auf dem Platz. Nicht selten durfte ein drittklassiger Spieler aus der preußischen Provinz das Nationaltrikot tragen, dem Proporzprinzip sei Dank. Von einer einheitlichen Taktik oder gar Spielphilosophie konnte unter diesen Umständen keine Rede sein. Dass die Väter des Fußballs, die Engländer, nicht gegen ein derart leistungsschwaches Land antreten wollten, wunderte niemanden. Dass aber selbst Dänemark Länderspiele mit dem Hinweis auf das niedrige Niveau absagte, war beschämend.

Linnemann wollte das ändern und wagte etwas Undenkbares: Er überging die mächtigen Regionalverbände und stellte 1925 eigenmächtig einen Nationaltrainer an. Seine Wahl fiel auf seinen Berliner Bekannten Otto Nerz. Zwar musste Linnemann im unweigerlich folgenden Streit den Regionalverbänden zugestehen, dass sie weiter die Hoheit über die Nominierungspolitik behalten dürfen. Er rang ihnen jedoch den Kompromiss ab, dass Nerz das Training und die taktische Ausrichtung vorgeben durfte. Ab 1930 konnte Nerz zudem die Aufstellung selbst bestimmen.

Nerz hatte das große Glück, dass er in den ersten zwei Jahren seiner Tätigkeit gerade einmal sieben Länderspiele leiten musste. Da der DFB Spiele gegen Nationen mit Berufsfußballern aus ideologischen Gründen verbot, verringerte sich der Kreis potenzieller Gegner massiv. Der internationalen Isolation des DFB sei Dank konnte Nerz zunächst den Unterbau des DFB reformieren und wurde nicht an Ergebnissen gemessen. Es meckerte angesichts mangelnder Länderspielerfahrung kaum jemand, als Deutschland bei den Olympischen Spielen 1928 im Viertelfinale mit 1:4 sang- und klanglos gegen den späteren Olympiasieger Uruguay ausschied.

Nerz erarbeitete ab 1925 einen Plan, der den deutschen Fußball international konkurrenzfähig machen sollte. Er ordnete Sichtungslehrgänge an, zu denen er potenzielle Nationalspieler einlud. Das verringerte die Abhängigkeit von den Regionalverbänden. Oft nominierten deren Vertreter völlig unbekannte und zum Teil wenig talentierte Spieler. Das war nun nicht mehr möglich, da Nerz detailliert Buch führte über Stärken und Schwächen der deutschen Fußballelite. Vor Länderspielen hielt der DFB mehrtägige Lehrgänge ab, bei denen Nerz den Spielern seine taktischen Ideen vermittelte. Diese hatten sich seit seiner Berliner Zeit nicht geändert: Spiel über die Flügel, Manndeckung, striktes Einhalten der Positionen. Damit seine Ideen den Weg in die hintersten Winkel Deutschlands fanden, stellte der DFB Wandertrainer an. Diese konnten von den Vereinen engagiert werden, um ein professionelles Training durchzuführen. In Zeiten akuter Trainerarmut nahmen auch nominell gut aufgestellte Clubs diesen Dienst wahr. Nerz wurde mit seinen Maßnahmen zum ersten Reformer des deutschen Fußballs und setzte Maßstäbe für kommende Nationaltrainer. Eine gute Organisation als Grundpfeiler des Erfolgs könnte noch heute als Motto der Nationalmannschaft durchgehen.

Eine neue Abseitsregel und das WM-System

In jener Zeit entdeckte Nerz auf einer seiner zahlreichen Reisen nach England, dass dort eine taktische Revolution im Gange war. Die Veränderung lässt sich ziemlich genau auf das Jahr 1925 datieren. Der Grund war eine Entscheidung der britisch dominierten Regelkommission der Fifa. Wegen der immer niedrigeren Anzahl an Toren pro Spiel befürchtete die englische Liga, die Zuschauer würden weg- und damit die Einnahmen ausbleiben. «Es müssen wieder mehr Tore fallen», beschlossen die Offiziellen, und so einigte man sich darauf, die Abseitsregel zu modifizieren: Mussten vorher zwei Gegenspieler hinter dem Angreifer postiert sein, damit dieser im Abseits stand, genügte nun einer. Deutschland übernahm als Fifa-Mitglied die neue Abseitsregel.

Eigentlich änderte sich in der Abseitsregel nur ein Wort, aus «zwei» wurde «einer». Doch die Folgen für den Fußball waren riesig. Im 2-3-5-System war (zumindest außerhalb von Nerz' Wirkungskreis) die Raumdeckung üblich. Das machte in der Verteidigung durchaus Sinn; ein Verteidiger stand etwas höher und suchte den direkten Zweikampf mit dem ballführenden Stürmer, der andere Verteidiger agierte dahinter als

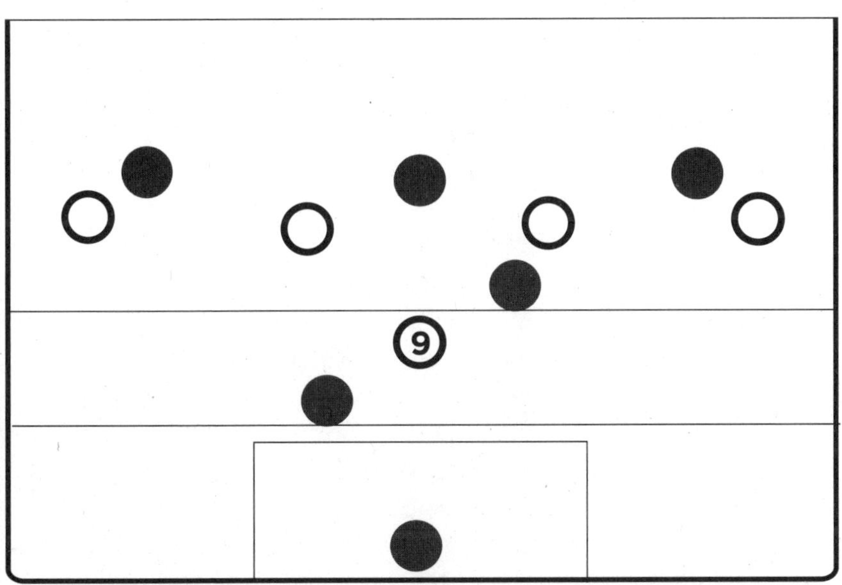

Die Änderung der Abseitsregel. Vor der Änderung stand die Nummer 9 im Abseits. Seit der Änderung steht die Nummer 9 nicht mehr im Abseits.

Abfangjäger ohne direkten Gegenspieler. Er deckte den Raum und verhinderte, dass der Gegner den Ball in die Tiefe spielen konnte. Wenn ein Angreifer im Raum zwischen den beiden Verteidigern stand, war er nach den alten Regeln im Abseits. Das erleichterte die Defensivarbeit, denn es ermöglichte dem verteidigenden Team, ständig einen raumdeckenden Verteidiger als Absicherung in der Tiefe zu postieren. Nach der neuen Regel war dies nicht mehr möglich.

Der Erste, der das Potenzial dieser Regeländerung erkannte, war der Engländer Herbert Chapman. Als Spieler war er ein bulliger Verteidiger, als Trainer machte er sich ebenfalls als Defensivpapst einen Namen. Zur Zeit der Regeländerung war Chapman beim FC Arsenal in London tätig. Chapman war ein gewiefter Taktiker. Er entwickelte ein System, das auf die neue Abseitsregel zugeschnitten war: Er zog den Mittelläufer zurück, den zentralen Mittelfeldspieler der 3 im 2-3-5-System, und stärkte damit die Abwehr. Zudem ließ er die beiden Innenstürmer tiefer spielen. Sie sollten das Loch im Mittelfeldzentrum schließen, das der fehlende Mittelläufer hinterließ. Aus dem 2-3-5 wurde ein 3-2-2-3. Malt man dieses System auf eine Taktiktafel, ergibt sich die Form eines W und die eines M – das WM-System war geboren. Das Ziel war es, hinten sicher zu stehen und vorne mit schnellen, langen Pässen hinter die Abwehr zu gelangen; Steilpässe waren im Fußball jener Zeit eine echte Innovation.

Chapman eilte mit seinem WM-System von Erfolg zu Erfolg. Zeitgleich erkannten zwar andere Trainer das Potenzial des Systems, in England setzte es jedoch keiner so gewissenhaft um wie er. Chapmans Mischung aus einem steilen Spiel in die Spitze und einer stabilen Defensive sollte das Vorbild für eine ganze Generation von Trainern werden.

Unter ihnen waren auch zwei Trainer aus Deutschland: Richard Girulatis und Otto Nerz. Girulatis war wohl der Erste, der in Deutschland das WM-System einführte, auch wenn die Quellen kein wirklich verlässliches Bild liefern. Bekannt ist, dass Hertha BSC 1930 das erste deutsche Team war, das erfolgreich auf das WM-System umstellte. Schon 1928 fiel Hertha mit einer neuen Taktik auf: Sie spielten mit einer Abseitsfalle. Alle Abwehrspieler rückten im entscheidenden Moment nach vorne und ließen die Stürmer im Abseits stehen. Zwar stellten sie im Finale um die deutsche Meisterschaft den HSV laut *kicker* insgesamt 25 mal (!) ins Abseits. In den entscheidenden Situationen pfiff der Schiedsrichter jedoch nicht. Hertha verlor das Finale mit 2:5 gegen den Hamburger SV.

Abseitsfalle

Eine Abseitsfalle bezeichnet den Versuch einer Abwehr, die gegnerischen Stürmer ins Abseits zu stellen. Dazu rücken sämtliche Verteidiger kollektiv nach vorne. Der Stürmer soll überrascht und ins Abseits gestellt werden. Nachdem einige Teams in den dreißiger Jahren bereits mit einer Abseitsfalle experimentiert hatten, wurde sie erst in den sechziger und siebziger Jahren wieder populär.

Den Titel gewannen sie erst zwei Jahre später, als sie die Abseitsfalle gegen das WM-System eintauschten. Die Umstellung auf das neue System war der fehlende Mosaikstein, der den Herthanern 1930 und 1931 die ersehnten Titel bescherte. Der Historiker Erik Eggers schreibt, dass Girulatis 1929, im Jahr vor der Meisterschaft, Trainer bei der Hertha war; die offizielle

DFB-Chronik weist ihn als Meistertrainer aus. Wann genau Girulatis die Hertha trainierte und ob er das Team bei beiden Meisterschaften betreute, ist also unklar; die Angaben widersprechen sich hier. Angesichts seiner Liebe zum englischen Fußball und seiner Nähe zu Otto Nerz scheint es aber schlicht logisch, dass Girulatis der erste deutsche Vereinstrainer war, der auf das WM-System setzte.

Raumdeckung vs. Manndeckung

Raumdeckung bezeichnet eine Art der Verteidigung, bei der die Abwehrspieler nicht den gegnerischen Spieler abdecken, sondern sich im Raum verschieben. Jeder Spieler bekommt einen Raum zugewiesen, den er zu bewachen hat. In einer Manndeckung hingegen klebt ein Verteidiger an den Fersen seines Gegenspielers, egal wo dieser hinläuft – wie Sepp Herberger sagte: «Du folgst deinem Gegenspieler notfalls aufs Klo!» Heutzutage wird meist eine Mischform der Mann- und Raumdeckung praktiziert, wie später im Buch noch gezeigt wird.

Der Siegeszug der preußischen Fußballschule

Der bekannteste deutsche Vertreter des neuen Systems sollte Otto Nerz werden. Niemand musste den Nationaltrainer zweimal überreden, ein defensives System zu übernehmen, das auf Flügelspiel und Manndeckung baute. Nerz intensivierte Anfang der dreißiger Jahre die Sichtungs- und Schulungslehrgänge für die Nationalmannschaften. Er brachte seinem Team das WM-System an der Taktiktafel näher, auf dem Trainingsplatz wurde hingegen Kondition und Kraft trainiert. Die erste Fußballweltmeisterschaft 1930 in Uruguay wollten sich die Deutschen nicht leisten. Den hohen Kosten für die Überreise nach Südamerika stand aus Sicht des DFB nur ein geringer Nutzen gegenüber. Nerz war jedoch fest entschlossen, der Welt bei der WM 1934 zu beweisen, dass auch die Deutschen Fußball spielen konnten.

Bei der Umsetzung seiner Philosophie hatte Nerz aber ein großes Problem: den FC Schalke 04. Dieser war Anfang der dreißiger Jahre die Speerspitze im deutschen Fußball – und er spielte ganz und gar nicht so, wie Nerz sich das vorstellte. Nerz graute davor, dass die Schalker Passkünstler und Individualisten seine Taktik verwässern könnten. Mit Schalkes Stürmer-Star Ernst Kuzorra hatte er sich schon 1932 überworfen; er kam nicht damit zurecht, dass dieser in typischer Ruhrgebiets-Manier offen und ungeschminkt seine Meinung kundtat. Widerworte ertrug Nerz nur schwer.

Schalkes Spielmacher Fritz Szepan kam zwar noch zu Einsätzen in der Nationalmannschaft, allerdings setzte ihn Nerz weder in der Läuferreihe noch als Stürmer ein. Während der WM 1934 musste Szepan, sehr zu seinem Missfallen, in der Abwehr auflaufen. Nerz hatte damit die Umstellung auf das WM-System abgeschlossen. Den Mittelläufer gab es nicht mehr, dieser agierte als dritter, zentraler Verteidiger in der Abwehr. In Deutschland wurde dieser dritte Verteidiger als «Stopper» bekannt, in Anlehnung an den defensiven Gedanken hinter dieser Umstellung – der dritte Verteidiger sollte den

Gegner stoppen. Nerz stellte Szepan auf die Stopperposition und verbot ihm, weiter als bis zur Mittellinie vorzustoßen. Da sich die Spiele zu jener Zeit fast nur um die Strafräume abspielten, bedeutete dieses Verbot in der Praxis, dass Szepan sich nicht am Kombinationsspiel beteiligen konnte. Einen der technisch stärksten Spieler der deutschen Fußballgeschichte in der Abwehr aufzustellen – das konnte nur Nerz einfallen. Es war seine Art zu verhindern, dass die deutsche Mannschaft den Ball kreiseln lässt, so wie es Szepans Schalker taten.

Der Stopper

Der Stopper ist eine taktische Rolle, die sich aus dem Mittelläufer entwickelte. Als Chapman das WM-System erfand, zog er den Mittelläufer in die Abwehr zurück. Es spielten so fortan drei statt zwei Verteidiger in der Abwehr. Der Stopper übernahm im WM-System die zentrale Rolle in der Verteidigung. Er sollte im Zentrum die Angriffe des Gegners «stoppen».

Nerz sorgte mit Szepans Degradierung in die Verteidigung und mit seiner Nominierungspolitik dafür, dass seine Vision vom flügellastigen, schnellen Fußball umgesetzt wurde. Er holte größtenteils großgewachsene, kräftige Spieler in die Mannschaft, die sich dem Trainer fügten. Nerz' Strategie war kampf- und flankenbetont: Die Spieler in der Abwehr- und in der Läuferreihe sollten starr ihre Positionen halten. Nerz war nicht gewillt, zugunsten von Flexibilität sein stabiles System zu verwässern.

Eine Ausnahme musste er jedoch machen: Im Mittelsturm

gab es keine Alternative zum 19-jährigen, aufmüpfigen Edmund Conen. Der Mittelstürmer wurde zum Problemfall und fügte sich als Einziger nicht dem taktischen Mantra des Coachs, die Positionen starr zu halten. Als Conen in der Halbzeitpause der WM-Achtelfinal-Partie gegen Belgien wieder einmal einen taktischen Disput mit Nerz ausfocht, resignierte der Trainer: «Machen Sie doch, was Sie wollen!» Conen drehte auf und erzielte in der zweiten Halbzeit den ersten «lupenreinen» Hattrick der WM-Geschichte. Im nächsten Spiel gegen Schweden sollte er allerdings wieder seine Position halten.

Trotz der kleinen Startschwierigkeiten gegen Belgien bewiesen die folgenden Spiele, dass Nerz' System funktionierte. Deutschland trat nur mit Amateuren an und ging daher als Außenseiter in die WM. Im Verlaufe des Turniers überzeugte die Mannschaft jedoch mit Defensivstärke und Kampfkraft. Nach Siegen über Belgien und Schweden gelangte man bis ins Halbfinale, das man mit 1:3 nur knapp gegen die Favoriten aus der Tschechoslowakei verlor. Verschuldet hatte dies vor allem Torhüter Willibald Kreß, der mehrfach patzte. Kreß machte danach nie mehr ein Länderspiel. Gott mag Fehler vergeben, Otto Nerz jedoch nicht.

Erst im Spiel um Platz 3 wich Nerz leicht von seiner harten Defensivlinie ab. Gegner Österreich hatte unter Meisl und Hogan in den Jahren zuvor den Flachpass perfektioniert. Die Österreicher waren als Wunderteam bekannt und dementsprechend die haushohen Favoriten, auch wenn ihre «falsche Neun», Matthias Sindelar, verletzt fehlte. Dass sie 1934 nicht Weltmeister wurden, lag maßgeblich daran, dass der Schiedsrichter Gastgeber Italien im Halbfinale massiv bevorteilte. Unter anderem übersah der Schiedsrichter das brutale Foul, durch das Sindelar verletzt ausschied. Heute sprechen

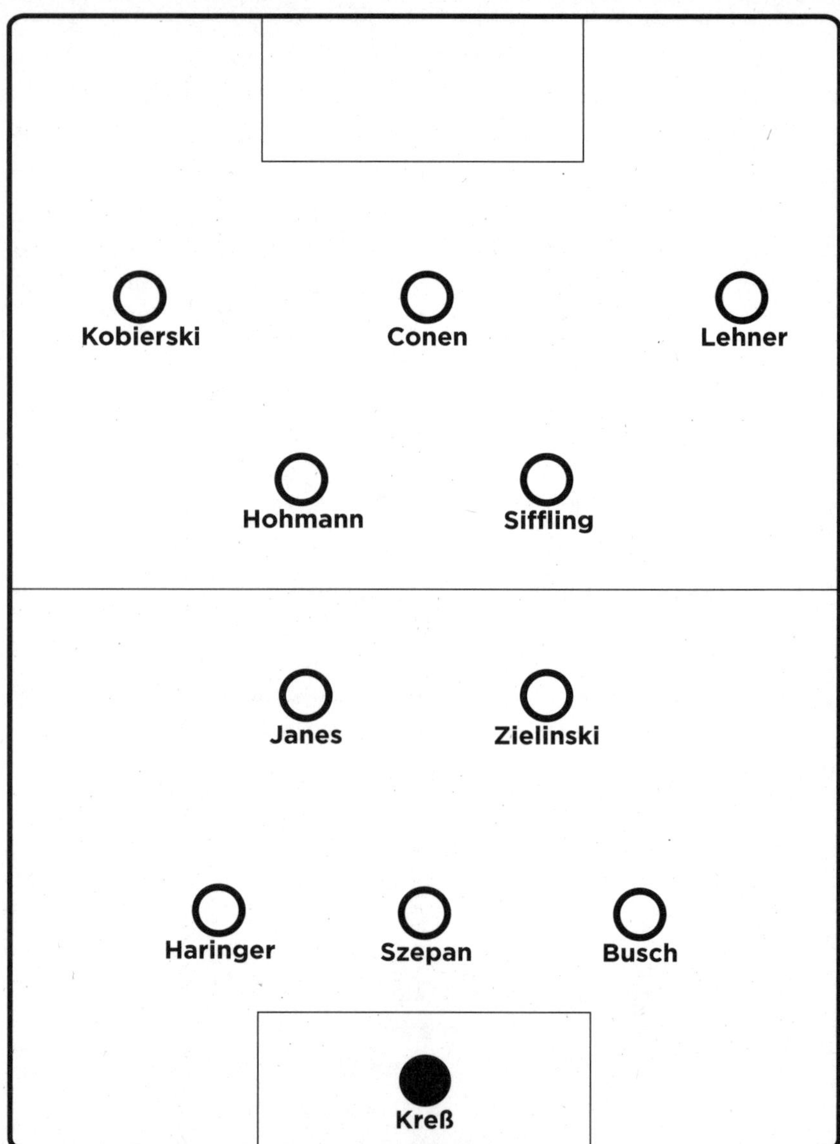

Das WM-System im 3-2-2-3, wie es Deutschland während der WM 1934 spielte.

zahllose Indizien dafür, dass das faschistische Regime den italienischen WM-Sieg durch Bestechung der Schiedsrichter erkauft hat.

Im Spiel um Platz 3 gegen Österreich setzte Nerz Kapitän Szepan erstmals in der Läuferreihe ein. Er musste zwar noch Deckungsaufgaben erfüllen, durfte jedoch endlich auch die Mittellinie überqueren. Deutschland agierte somit leicht offensiver, baute aber immer noch sehr auf Kampfkraft und Flügelangriffe – und gewann damit sensationell 3:2. Es war ein Sieg von Nerz' preußischer Fußballschule über den österreichischen Flachpass.

Deutschlands Fußballöffentlichkeit feierte den Erfolg mehr als euphorisch. Viele sahen darin den Beweis der Stärke des Amateurismus. Mehrere Kommentatoren im *kicker* betonten, dass Nerz' taktisches Konzept den deutschen Triumph erst ermöglichte. Kampfstärke gepaart mit eisernem Willen hätten Deutschland so weit gebracht. Nerz pries die Stärke des WM-Systems und seiner spezifischen Auslegung des Systems. Er konnte darauf in Zukunft immer verweisen, wenn er mal wieder öffentlich die süddeutsche Schule kritisierte.

Dass sich die süddeutsche Schule auf dem absteigenden Ast befand, ließ sich auch ohne Nerz' Triumphgeheule erkennen. Das Finale um die deutsche Meisterschaft 1934 wenige Wochen nach der WM sollte die letzte Sternstunde der Flachpass-Schule werden. Auf der einen Seite war der FC Schalke, der mit seinem Kreisel gegen alles stand, was Nerz am Fußball schätzte. Ihnen gegenüber stand der 1. FC Nürnberg, der Altmeister des Flachpass-Spiels, wieder einmal trainiert vom ungarischen Hogan-Schüler Alfréd Schaffer. Schalke setzte sich letztlich mit 2:1 durch. Auf dem Platz stand mit Szepan nur ein einziger Spieler, der bei der WM 1934 dabei gewesen war.

Es war das letzte Ausrufezeichen, das die süddeutsche Schule setzte. Schalke war in den dreißiger Jahren wesentlich pragmatischer eingestellt als in den Sturm-und-Drang-Jahren Ende der zwanziger, Anfang der dreißiger Jahre. Die Nazi-Propaganda hob vor allem den «unbändigen Kampfeswillen» der Schalker hervor. Sicherlich bogen sich die Nazis die Wahrheit hier etwas zurecht. Doch selbst unpolitische Sportberichte belegen, dass die Anzahl der flachen Pässe im Schalker Spiel nach 1934 rapide abnahm.

Der 1. FC Nürnberg hatte seine beste Zeit da schon längst hinter sich – wie die meisten Spitzenclubs aus Süddeutschland. In der Weimarer Republik stellte die süddeutsche Liga in sieben von dreizehn Saisons den Meister. Nach der Machtergreifung der Nationalsozialisten kam nur noch ein Meistertitel hinzu, 1936 für den 1. FC Nürnberg. Fußballdeutschland entwickelte sich in eine andere Richtung.

Die Gründe waren vielfältig. Es lässt sich nicht leugnen, dass das WM-System dem 2-3-5-System, auf das die süddeutsche Schule baute, überlegen war. Das WM-System stärkte die Abwehr und ermöglichte effektive Manndeckungen, die gut zu der in Deutschland vorherrschenden Vorstellung von Fußball als Kampfsport passte. Die drei Verteidiger des 3-2-2-3 nahmen die gegnerischen Außenstürmer und den Mittelstürmer auf, die Läuferreihe davor deckte die gegnerischen Innenstürmer. Das Spiel auf Abseits mit den zwei versetzt agierenden Verteidigern im 2-3-5-System war nach der Änderung der Abseitsregel nicht mehr möglich. Zudem erhöhte sich durch die neue Abseitsregel die Geschwindigkeit des Fußballs, es konnte mit wesentlich mehr Risiko in die Spitze gepasst werden. Es war nicht mehr unbedingt nötig, sich im Mittelfeld geduldig den Ball zuzuspielen und auf die Chance zum Durchbruch zu warten. Mit einem Verteidiger mehr wiederum ließen sich diese Bälle hinter die Abwehr leichter verteidigen, die Gefahr, ausgekontert zu werden, verringerte sich.

Die Nationalsozialisten verändern auch den Fußball

Nach der Machtergreifung der Nationalsozialisten mussten wichtige Protagonisten der süddeutschen Schule aus Deutschland fliehen. Auch der Fußball war nicht von antisemitischen Eingriffen und Maßnahmen ausgenommen. Tatsächlich waren nicht wenige Protagonisten des Flachpass-Spiels jüdischer Abstimmung: der Wiener Hugo Meisl ebenso wie der Trainer Richard Kohn und Publizist Walther Bensemann, der im *kicker* stets das süddeutsche Spiel verteidigte. Schon vor der Machtergreifung der Nationalsozialisten 1933 gab es antisemitische Hetze in Fußballkreisen, beispielsweise während einer Kampagne gegen den Trainer Jen Konrád. Der Ungar war ein weiterer Schüler Hogans aus dessen Zeiten beim MTK Budapest und Anfang der dreißiger Jahre Coach des 1. FC Nürnberg. «Der 1. Fußballclub Nürnberg geht am Juden zugrunde», titelte das berüchtigte nationalsozialistische Hetzblatt *Der Stürmer* 1932 und stachelte damit seine Leser gegen den Trainer auf. Konrád musste Deutschland fluchtartig verlassen.

Nach der Machtergreifung beeilten sich die Vereine, ihre jüdischen Mitglieder auszuschließen. Die meisten taten das, noch ehe die Nazi-Gesetzgebung sie dazu zwang. Wie in vielen Bereichen der deutschen Gesellschaft zerstörten die

Nazis auch im Fußball ein Stück Vielfalt. Beim DFB dagegen herrschte nach 1933 personelle Kontinuität. Otto Nerz, Felix Linnemann und sämtliche andere Protagonisten des DFB arrangierten sich mit dem neuen System. Sie traten nach und nach in die NSDAP ein und arbeiteten weiter an ihrer Vision des deutschen Fußballs.

In der Weimarer Republik schien es für kurze Zeit möglich, dass Deutschland mit Ungarn und Österreich eine kontinentaleuropäische Fußballachse bilden könnte, eine Hochburg des flachen Passspiels. Auch wenn diese Entwicklung nach 1933 endete, waren Townley und Schaffer wichtige Vorreiter des Trainerberufs in Deutschland. Nachdem zu Beginn der Weimarer Republik Trainer und geordnetes Training noch die Ausnahme waren, leisteten sich ab 1930 praktisch alle großen Vereine einen festangestellten Coach. Im Duell «preußischer» gegen «süddeutscher» Stil konnte sich jedoch der preußische Fußballstil durchsetzen, auch weil der DFB Nerz bei der Umsetzung seiner Vorhaben bedingungslos unterstützte. Originär deutsch war keine der beiden Philosophien; wie so oft in der Geschichte des deutschen Fußballs bediente man sich an Ideen aus dem Ausland. Bis ins «Dritte Reich» hinein gab es nicht den einen deutschen Stil, sondern der Fußball war von regionalen Ausrichtungen geprägt, deren Unterschiede oftmals zur ideologischen Grundsatzfrage aufgeblasen wurden. Damit sich diese unterschiedlichen Ideen zu einer deutschen Fußballphilosophie vermengen konnten, bedurfte es des Wirkens eines Mannes: Sepp Herberger.

KAPITEL 4

Der «Wirbel» des Sepp Herberger

Die Geburt eines deutschen Fußballstils (1936–1945)

Aus dem Armenviertel zur Nationalmannschaft

Mannheim, kurz nach der Jahrhundertwende. Smog aus den Fabriken legt sich über die Spiegelsiedlung. Backsteinhaus reiht sich an Backsteinhaus. In diesem unwirtlichen Teil Mannheims wohnen die Arbeiter der Stadt. Eine Gruppe Halbwüchsiger versammelt sich auf der Straße. Mit Kreide malen sie Tore auf das Kopfsteinpflaster, ein abgewetzter Tennisball dient als Ball; einen echten Fußball kann sich in der Arbeitersiedlung niemand leisten. Die Jungs fangen an zu kicken, treten das Spielgerät von einem Kreidestrich zum anderen. Abseits der Gruppe steht ein kleiner Junge. Die Großen lassen ihn nicht mitmachen, dabei will er doch nur eins: Fußballspielen. Trotzig, wie er ist, gibt er nicht auf. Er bastelt sich aus alten Stofffetzen einen eigenen Ball, trainiert, spielt mit und gegen sich selbst. Irgendwann ist er so gut, dass die großen Jungs ihn mitspielen lassen. Sein Name: Joseph «Sepp» Herberger.

Jahrzehnte später sollte Herberger der Architekt des Wunders von Bern werden. Es war beileibe nicht das einzige Wunder in seinem langen Leben. Es war bereits mehr als erstaunlich, dass ein Arbeiterkind wie Herberger zum Nationaltrainer aufstieg. Herberger wuchs in Armut auf. Sein Vater verstarb früh. Seine Mutter ernährte die siebenköpfige Familie mit ihrer kleinen Witwenrente und zahllosen Gelegenheitsjobs. Für teure Utensilien wie Fußbälle oder Sportschuhe fehlte das Geld. Herberger hielt das nicht davon ab, gegen alles zu treten, was auch nur im Ansatz rund war: Dosen, Steine, selbstgebastelte Stoffknäuel.

Erst als Teenager fiel Herberger ein echter Fußball vor die Füße. In der Spiegelsiedlung konnte sich niemand einen Ball leisten, und die Kinder Mannheims, die es konnten, spielten nicht mit den Kindern aus der Spiegelsiedlung. Doch Herberger war ein so talentierter Fußballer, dass er trotz seiner bescheidenen Herkunft in den bürgerlichen Vereinen Mannheims mitkicken durfte. Er mauserte sich zu einem guten Spieler, der bald überregionale Bekanntheit erlangte. Er kickte mal mehr, mal weniger erfolgreich für verschiedene Mannheimer Lokalmannschaften. Herberger war als Einzelgänger bekannt, als jemand, der lieber selbst aufs Tor schoss, als den besser postierten Mitspieler zu bedienen. Nach dem Ersten Weltkrieg, den Herberger an der Westfront erlebte, durfte er sogar dreimal für die Nationalmannschaft auflaufen. Dass er nicht mehr Spiele für Deutschland machte, lag an einem Skandal aus dem Jahre 1921. Damals wechselte er innerhalb Mannheims den Verein. Sein neuer Club hatte ihm eine brandneue Einbauküche spendiert, die sich Arbeiterkind Herberger nie hätte leisten können. Das war gemäß dem damaligen Amateurparagraphen verboten. Herberger wurde zunächst lebenslänglich für den Fußball gesperrt. Später reduzierte der DFB die Sperre auf ein Jahr. Er überging den «Sünder» Herberger in der Folge jedoch lange Zeit bei Länderspielnominierungen.

Noch während seiner Spielerkarriere zog Herberger Mitte der zwanziger Jahre nach Berlin. Zu dieser Zeit war er bereits mit dem späteren DFB-Trainer Otto Nerz bekannt, der ebenfalls einige Jahre in Mannheim gespielt hatte, sowie mit dem späteren DFB-Präsidenten Felix Linnemann. Diese Kontakte erwiesen sich nach seiner aktiven Karriere als Glücksbringer: Herberger wollte nie etwas anderes als Fußball spielen. Er machte sich gar keine Gedanken darüber, wie es nach seiner Spielerkarriere weitergehen sollte. Nerz überredete ihn, Trainer zu werden – der einzige Job, der für den fußballverrückten Herberger akzeptabel war. Gemeinsam mit Linnemann sorgte Nerz dafür, dass Herberger auch ohne Abitur die Prüfung zum Fußballtrainer und später das Diplom als Sportwissenschaftler ablegen konnte.

Herberger hat es weit gebracht: vom Arbeiterkind zum Fußballstar und Akademiker. Doch sein Weg war noch nicht zu Ende. Als Trainer entwickelte er einen fast schon unheimlichen Ehrgeiz – genau wie damals, als die anderen Jungs ihn in der Spiegelkolonie nicht mitspielen ließen. Herberger arbeitete zunächst als Trainer für den westdeutschen Fußballverband, ehe dieser im Zuge der nationalsozialistischen Machtübernahme aufgelöst wurde. Sein alter Freund Otto Nerz stellte ihn daraufhin als Assistenztrainer in der Nationalmannschaft an. Begierig sog Herberger das Wissen seines Förderers auf: Nerz' Trainingsmethoden, seine Reisen nach England, seine Auseinandersetzungen mit den mächtigen Landesverbänden.

Herberger bewunderte, wie Nerz sich immer mehr Kompetenzen für die Nationalmannschaft erstritt. Nach und nach bröckelte die Freundschaft der beiden Alphatiere jedoch. Herberger entwickelte eigene Theorien, die nicht zu Nerz' Fußballphilosophie passten. Nerz war berüchtigt dafür, die Spieler mit Dauerläufen konditionell in Schuss zu bringen. Er gehörte noch zu jenen Trainern, die keinen Unterschied sahen zwischen einem guten Fußball- und einem guten Leichtathletiktraining. Der Ball wurde aus der Trainingsarbeit gänzlich verbannt. Taktiktraining fand neben dem Platz an der Tafel statt. Das war zu jener Zeit keineswegs eine Seltenheit, galt es doch als erwiesen, dass eine möglichst lange balllose Zeit den «Ballhunger» während des Spiels stärke. In seinen Aufzeichnungen verspottete Herberger Nerz' Methoden als «Training nach Art des Kasernenhofes». Der Begriff war nicht unpassend: Gelegentlich überließ Nerz der SA das Kommando über das Training, die die Nationalmannschaft mit militärischen Übungen drillte.

Wie es sich für einen ehrgeizigen Menschen gehört, wollte Herberger natürlich alles anders machen als sein Chef. Die Spieler würden unter ihm mehr mit dem Ball arbeiten, dachte er. Deswegen war er selbst als kleiner Junge Fußballer geworden, und nicht, um Runden um den Platz zu drehen. Ein gutes Passspiel gehöre zum Fußball genauso dazu wie das kämpferische Element, fand er. Gleichzeitig wollte er keine stundenlangen, ermüdenden Vorträge an der Taktiktafel halten. Nerz, von vielen Spielern «Professor» genannt, war berüchtigt für seine langen Vorträge. Herberger dagegen war es wichtig, dass er seine Fußballphilosophie in einfache, greifbare Sätze verpacken konnte, die jeder versteht – egal ob Arbeiterkind oder Oberstudienrat. Noch heute kennt man seine Sprüche wie «Der Ball ist rund» oder «Ein Spiel dauert 90 Minuten». Mit diesen nichtssagenden Sätzen speiste er jedoch nur die Journalisten ab. Den Spielern gab er simple, prägnante Richtlinien an die Hand, zum Beispiel: «Man muss immer einen Mann Überzahl nahe dem Ball haben.» Seine liebste Weisheit: «Der Ball hat die beste Kondition.» Diese Maßgabe sollte seine Spieler dazu anhalten, den Ball möglichst oft zu passen.

Die Differenzen zwischen Herberger und Nerz waren auch taktischer Natur. Einig waren sich Nerz und Herberger, dass dem WM-System die Zukunft gehörte. Das 2-3-5, immer noch weit verbreitet in Süddeutschland, war ihnen zu durchlässig in der Verteidigung. Herberger mochte Nerz' starre Vorgaben jedoch nicht. Die Spieler hatten unter Nerz die Positionen zu halten, ein Ausscheren gab es nicht. Die strenge Einteilung in Angreifer und Verteidiger empfand Herberger als falsch. Auf den Straßen der Spiegelkolonie gab es früher keine festen Positionen. Wieso sollte man diesen freien Stil nicht auch auf dem großen Feld leben können? Wenn die eigene Mannschaft den Ball hat, sollten alle Spieler zu Angreifern werden. Und wenn der Gegner den Ball hat, sollten alle Spieler Verteidiger sein. Das war für Herberger das Spiel der Zukunft.

Diese Konflikte brodelten lange unterschwellig in der Zusammenarbeit zwischen Nerz und Herberger. 1936 brachen sie offen aus. Bei den Olympischen Spielen in Berlin ging Deutschland als Mitfavorit ins Fußballturnier. In der zweiten Runde traf Nerz' Team auf Norwegen, zu jener Zeit ein Fußballzwerg, noch kleiner als heute. Die Parteibonzen waren sich eines Sieges derart sicher, dass sie Adolf Hitler höchstpersönlich ins Stadion einluden. Doch die deutsche Mannschaft verlor vor den Augen Hitlers mit 0:2. Es war das erste und das letzte Fußballspiel, das Hitler je sah.

Herberger sorgt für «Wirbel»

Es begannen unruhige Zeiten beim DFB. Die Ära Nerz schien beendet. Bis heute ist unklar, wie die Entmachtung von Otto Nerz im Detail verlief. Offiziell war Nerz noch bis 1938 Nationaltrainer, de facto hatte Herberger aber nach 1936 das Training und später auch die Aufstellung der Mannschaft übernommen. Hinter den Kulissen tobte ein Machtkampf zwischen den beiden Trainern, deren methodische Differenzen immer deutlicher wurden. Hier das Bürgerkind Nerz, der Kondition und Disziplin über alles stellte; dort der praxisorientierte Arbeitersohn Herberger, der taktisch und spielerisch neue Wege gehen wollte.

Nach und nach erkämpfte sich Herberger die Kompetenzen seines früheren Förderers und Chefs. Als erster Höhepunkt der Ära Herberger gilt das Länderspiel gegen Dänemark im Mai 1937. Die deutsche Nationalmannschaft gewann mit 8:0 und ging als «Breslau-Elf» in die deutsche Fußballgeschichte ein. Lange Zeit galt die «Breslau-Elf» als beste Nationalmannschaft der Länderspielgeschichte. Herberger selbst bezeichnete sie als die fußballerisch glanzvollste Mannschaft, die er je trainiert hat – noch vor den WM-Siegern von 1954.

In der Partie gegen Dänemark zeigte sich erstmals die Philosophie, die Herberger als Trainer verfolgte: Wie Nerz baute er auf Manndeckung und das WM-System. Er verbannte das kämpferische Element nicht, forderte aber im Angriff mehr Kreativität. Herberger baute seine Mannschaften stets um einen genialen Kopf, einen Spielmacher, um den sich das Spielgeschehen gruppierte. Dieser Spielmacher war die rechte Hand Herbergers auf dem Platz. Eine Autorität neben der Trainerautorität – genau das wollte Nerz immer vermeiden. 1937 war Herbergers rechte Hand Fritz Szepan; jener geniale Schalke-Spieler, den Nerz wenige Jahre zuvor noch in der Abwehr versauern ließ. Herberger stellte ihn hinter den Spitzen auf.

Die übrigen Angreifer sollten ständig die Positionen tauschen, um sich der Manndeckung des Gegners zu entziehen. Ein Rechtsaußen konnte jederzeit auch im Zentrum auftauchen. Der Mittelstürmer übernahm dann seine Position. Die fünf Angreifer tauschten in der Horizontalen die Position. Herberger taufte seine Spielidee «Wirbel»: flexible Positionswechsel, die den Gegner überraschen und verwirren sollten. Angreifer, die nur im Strafraum auf den Torerfolg lauerten, waren Herberger ein Graus. Jeder Spieler musste sich am Kombinationsspiel beteiligen, auch der Mittelstürmer. So hatte Mittelstürmer Otto Siffling den Auftrag, sich ständig freizulaufen, auf die Flügel auszuweichen oder zurückzufallen. Er war das Herz des Angriffs und erzielte gegen Dänemark fünf Tore.

Offiziell war die Breslau-Elf eine Koproduktion von Nerz und Herberger. Faktisch trug sie vor allem Herbergers Handschrift – im wahrsten Sinne des Wortes. Nerz übergab Herberger vor dem Spiel einen Zettel mit der Aufstellung. Herberger schüttelte mit dem Kopf, strich drei Namen durch und schrieb drei neue auf. Nerz beugte sich. Deutschland lief in Herbergers Aufstellung auf das Feld. Den Funktionären entging das nicht, und Herbergers Traum ging in Erfüllung: Ab 1938 war er alleiniger Nationaltrainer.

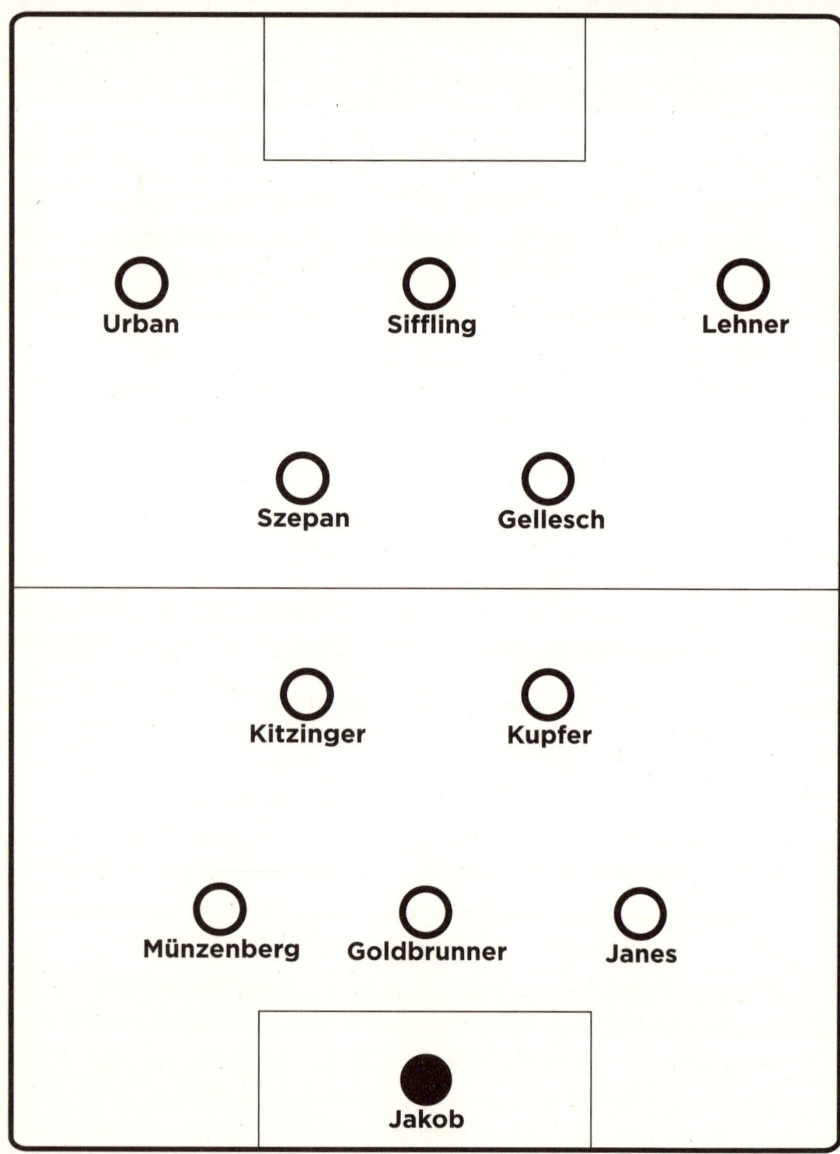

Die «Breslau-Elf», die Dänemark 1937 mit 8:0 besiegte.

Blitzkrieg auf dem Fußballplatz

Herbergers Traum vom Wirbel wurde jedoch jäh ein Ende gesetzt. Schuld war die politische Realität. Wenige Monate vor der Weltmeisterschaft 1938 erfolgte der «Anschluss» Österreichs an das «Deutsche Reich». Eigentlich hatten sich sowohl Österreich als auch Deutschland für die WM qualifiziert. Doch die nationalsozialistische Führung befahl, nach dem Anschluss dürfe nur eine deutsche Nationalmannschaft antreten. Herberger sollte ein großdeutsches Team aufs Feld führen – und zwar mit der Aufteilung 6:5 oder 5:6, also sechs Reichsdeutsche und fünf Österreicher oder umgekehrt. Herberger tobte, meckerte, wollte sich nicht fügen. «Leben Sie auf dem Mond?», fuhr ihn sein Vorgesetzter Linnemann an. «Die Geschichte erwartet von uns ein 6:5 oder 5:6!»

Es trat ein, wovor Herberger gewarnt hatte. Die Spielmentalität und auch die taktische Schulung der österreichischen und deutschen Spieler differierte stark. Die Österreicher spielten das alte 2-3-5-System und verachteten das auf Manndeckungen bauende WM-System. Die deutschen Spieler hielten ihre österreichischen Kollegen für arrogant und ballverliebt. Herberger versuchte alles, damit sich die beiden Gruppen aufeinander zubewegten. Er bekniete sogar Matthias Sindelar, den österreichischen falschen Neuner der WM 1934, dass dieser ein Comeback gebe. Der Sozialdemokrat und Ur-Wiener Sindelar konnte es jedoch nicht mit seinem Gewissen vereinbaren, in einer großdeutschen Elf den Arm zum Hitlergruß zu heben. Es kam, wie es kommen musste: Die Mannschaft harmonierte bei der WM nicht, wirkte nicht eingespielt. Großdeutschland scheiterte sang- und klanglos in der ersten Runde an der Schweiz. Herbergers erste WM endete in einem Desaster.

Herberger durfte seinen Posten dennoch behalten und versuchte weiter, seinen Stil in der Nationalmannschaft durchzusetzen. Die WM 1938 sollte allerdings nicht das letzte Mal sein, dass Herberger sich mit NS-Funktionären über seine Taktik und die Aufstellung stritt. Eine besonders große Herausforderung wurde für Herberger die Auseinandersetzung mit Karl Oberhuber. Dieser war als NSDAP-Funktionär für den Fußball im Gau Bayern zuständig. Oberhuber, ein strenger Katholik und ein Ur-Bayer, trat bereits früh in die NSDAP ein. Ähnlich wie die Österreicher 1938 lehnte er das WM-System ab. Es war ihm zu defensiv. Die Gründe für seine Abneigung waren allerdings nicht in erster Linie fußballtaktische, sondern politische. «‹Der Angriff ist die beste Verteidigung› hat wohl seine tiefste Erfüllung und Berechtigung gerade in unseren Tagen erhalten, da der größte Feldherr und Staatsmann aller Zeiten – Adolf Hitler – in *Angriffen* unerhörter Art und genialster Anlage Großmächte zusammenschlug, wie das niemand je für möglich gehalten hatte!», schrieb er nach dem Polen-Feldzug 1939.

Oberhuber hatte die Vision, die Blitzkrieg-Taktik Adolf Hitlers auch auf den Fußballplatz zu tragen. Hinter den hochtrabenden Worten vom «deutschen Wesen» und der «neuen Zeit», in der «Kämpfer» benötigt würden, steckte allerdings ein taktisch recht simpler Kniff: Oberhuber wollte das 2-3-5-System wieder einführen, mit nur zwei Verteidigern und fünf Spielern für den «Blitz-Angriff». Sein Kampf galt hauptsächlich dem Stopper, jenem zusätzlichen dritten Verteidiger, den das WM-System aufbot. «Von Stopper … wird dann kein Mensch mehr reden», schrieb er. Stattdessen sollten die beiden

Verteidiger der Abwehr weiter vorrücken, um auf einer Höhe mit den Läufern zu spielen. Die ganze Mannschaft werde nach vorne geschoben, wodurch man wieder mit einem Mittelläufer spielen könne, wie in den guten, alten Tagen. Es ginge darum, so Oberhuber, wieder «Persönlichkeiten aus dem Spiel zu formen – zum eigenen, hauptsächlich aber zum Nutzen unseres großdeutschen Vaterlandes».

Oberhuber verkannte dabei, dass auch Herberger seine Mannschaft um große Persönlichkeiten formte. Für Oberhuber konnten große Persönlichkeiten aber nur auf der Mittelläuferposition im 2-3-5-System spielen. Damit traf er gerade in Bayern und in Österreich einen Nerv. Dort sahen viele die Abschaffung des Mittelläufers als kritisch, schließlich habe diese Taktik Nürnberg und Fürth an die Spitze des deutschen Fußballs geführt. Oberhubers Fußballphilosophie war also eine krude Verquickung von süddeutscher Flachpass-Schule und nationalsozialistischer Kampfrhetorik.

Oberhuber avancierte zum größten Gegenspieler Herbergers. Doch Herberger wusste, wie naiv es war, ein veraltetes Spielsystem wieder einführen zu wollen. Er war pragmatisch, und er kannte die Vorteile des WM-Systems, die das 2-3-5-System nicht ausgleichen konnte. Der zusätzliche Verteidiger in der Abwehr war notwendig, um defensiv stabil zu stehen. Zugleich benötigte man den Mittelläufer als Antreiber des Offensivspiels nicht mehr; diese Aufgabe übernahmen die zurückfallenden Innenstürmer des WM-Systems. Jeder Misserfolg Oberhubers freute Herberger. Bei einem direkten Aufeinandertreffen Herbergers und Oberhubers gewann eine von Herberger trainierte Jugendauswahl gegen die besten Spieler Bayerns mit 6:5; ein kleiner Triumph.

Nun könnte man das als Posse, als Allmachtsphantasien

eines nationalsozialistischen Funktionärs abtun, der nur in Bayern etwas zu sagen hatte. Die Macht über die Taktik der Nationalmannschaft hatte schließlich immer noch Herberger, der sich der Rückendeckung der NSDAP-Sportführung sicher sein konnte. Oberhuber war jedoch ein weitaus mächtigerer Gegenspieler, als Herberger zunächst annahm. Der Bayer war ein sehr gewiefter Medienstratege. Er lancierte Berichte in Zeitungen, die die Erfolge des bayrischen Systems hervorhoben. In der Tat beschäftigte der Systemstreit in den Jahren 1939 bis 1941 die Sportzeitungen des Reichs. Einige Kommentatoren schlugen sich auf die Seite Oberhubers, erhofften sie sich doch durch das neue, alte System mehr Tore und mehr Offensivfußball. Zuspruch erhielt Oberhuber vor allem von der bayrischen und der österreichischen Presse. Die Österreicher freuten sich, dass jemand ihre Leidenschaft zum 2-3-5-System mit dem Mittelläufer teilte.

Als bayrischer Sportfunktionär machte Oberhuber zudem seinen Einfluss bei der Gauregierung geltend. Die bayrische Landesmannschaft hatte fortan nach seinem System zu spielen, Duelle Gau gegen Gau waren damals prestigeträchtig. Oberhuber ging noch weiter. Im April 1941 ordnete er an, jedes bayrische Fußballteam habe nach dem Blitzkrieg-System zu spielen – eine bizarre Idee, Hunderten Fußballclubs das Spielsystem vorzuschreiben. Sie entpuppte sich schnell als undurchführbar. Herberger freute sich diebisch, als sich zahlreiche Spitzenclubs über diese Anordnung hinwegsetzten.

Der Systemstreit im Fußball endete so abrupt, wie er begann. Im Spätsommer 1942 wurde Oberhuber von seinem Posten entbunden. Sporthistoriker Markwart Herzog, der den Fall recherchierte, sieht mehrere mögliche Gründe. Tatsächlich gibt es Indizien, dass der NSDAP-Führung Oberhubers

Treiben zu bunt wurde, schließlich attackierte er ständig den Nationalsozialistischen Reichsbund für Leibesübungen, jenen Sportverband, der den DFB nach der nationalsozialistischen Machtübernahme ablöste. Oberhuber selbst behauptete später in seinem Entnazifizierungsverfahren, er habe sich zu sehr für die Rechte der Katholiken eingesetzt. So oder so, sein Traum vom «arischen Blitzkrieg-Fußball» ging nicht in Erfüllung.

Fußball als Ablenkung vom Kriegsgeschehen

Auch ohne Oberhuber hatte Herberger nach dem Beginn des Zweiten Weltkrieges alle Hände voll zu tun. Man würde erwarten, dass der von Deutschland vom Zaun gebrochene Krieg das Sportgeschehen einschränkte. Genau das Gegenteil war der Fall. Die Nationalsozialisten wollten den Anschein von Normalität wahren. Sport war Teil dieses Plans. Ganze 34 Partien bestritt die deutsche Nationalmannschaft zwischen September 1939 und November 1942, ehe der Sportbetrieb nach Goebbels' Anordnung des «totalen Kriegs» schließlich doch eingestellt wurde. Sie trat vor allem gegen Bündnispartner und Satellitenstaaten des Deutschen Reichs an.

Sepp Herberger nahm diese Partien sehr ernst. Er versuchte weiter, seinen Spielern sein Wirbel-System näherzubringen. Doch mit zunehmender Kriegsdauer hatten die Länderspiele immer weniger mit Spitzensport zu tun. Nachdem Hitler den Befehl gegeben hatte, die Sowjetunion zu überfallen, wurden praktisch alle Nationalspieler in die Armee eingezogen.

Herberger sorgte sich um seine Spieler. Mit List und Tücke

versuchte er, sie von der Front fernzuhalten: Mal verlieh er imaginäre Orden an Spieler, damit diese Heimaturlaub nehmen konnten, mal beraumte er Lehrgänge für die Nationalelf an. Er überredete den fußballverrückten Piloten Hermann Graf, Nationalspieler zu sich zur Luftwaffe zu holen. Graf baute dort ein fußballerisches Spitzenteam auf; seine «Roten Jäger» hätten in Friedenszeiten wohl so manchen Titel errungen.

Noch lange nach Kriegsbeginn arbeitete Herberger daran, der Nationalmannschaft seinen Stempel aufzudrücken. Er hatte bereits weitreichende Reformen durchgesetzt: Der Spielstil in Deutschland hatte sich merklich verändert. Herberger schaffte den Ausgleich zwischen süddeutscher Fußballschule und dem Husaren-Stil von Nerz. Er erkannte an, dass eine starke Defensive und Kampfgeist wichtig sind für den Erfolg. «Wer die Zweikämpfe gewinnt, gewinnt das Spiel», war einer seiner zahllosen Merksätze. Ebenso aber forderte er Spielwitz und Kreativität von seinen Offensivspielern. Herberger wählte den Mittelweg und traf damit in Deutschland ins Schwarze. Auch Rückschläge wie die WM 1938 überstand er. Bis zum Kriegsende blieb er im Amt und ließ alle Angriffe von Kritikern wie Oberhuber an sich abperlen. Das sollte nach 1945, in der Phase des Wiederaufbaus, noch eine entscheidende Rolle spielen.

Noch war ein Kriegsende jedoch nicht absehbar, auch wenn der Wahnsinn des deutschen Machtanspruches immer deutlicher wurde. Joseph Goebbels wollte mit seiner Maxime des «totalen Kriegs» die letzten Reserven mobilisieren; Herberger wurde damit praktisch arbeitslos. Im November 1942 fand das letzte Länderspiel während des Kriegs statt. Zwei Jahre später wurde auch der nationale Spielbetrieb gänzlich eingestellt. Herbergers Traum lag, wie das gesamte Land, in

Trümmern. Jürgen Leinemann skizziert in seiner exzellenten Herberger-Biographie, wie Herberger diese Jahre in eine Depression stürzten. Seine halbe Nationalmannschaft fiel im Krieg oder wurde verwundet. Es war kaum vorstellbar, dass in Deutschland jemals wieder professionell Fußball gespielt werden könnte. Dass es ganz anders kam, ist ein kleines Wunder.

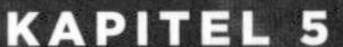
KAPITEL 5

Herbergers Triumph

Von der Stunde null zum Wunder von Bern (1945–1954)

«Aus dem Hintergrund müsste Rahn schießen»

Bern, 4. Juli 1954. Westdeutschland, der totale Außenseiter, trifft im Finale der Fußball-WM auf Ungarn. Die Ungarn sind die klaren Favoriten des Turniers. Vor dem WM-Finale blieb die «goldene Elf» in 31 Spielen hintereinander ungeschlagen. Alles andere als ein ungarischer Sieg wäre ein Wunder – auf das ganz Deutschland hofft. Millionen Deutsche, egal ob Ost oder West, kleben am Radio und lauschen der Stimme von Kommentator Herbert Zimmermann. Die westdeutsche Nationalmannschaft ließ viele Deutsche den bitteren Nachkriegsalltag, die Schmach des verlorenen Krieges und die noch größere Scham für die deutschen Kriegsverbrechen für ein paar Stunden vergessen.

Es ist die 85. Minute des WM-Endspiels angebrochen. «Bozsik. Immer wieder Bozsik, der rechte Läufer der Ungarn am Ball», kommentiert Zimmermann. Wieder einmal führt Bozsik den Ball am Fuß, gleitet durch den leeren Raum vor der eigenen Abwehr. Angriff um Angriff leitet er ein; egal, ob hohe Pässe in den Lauf oder flache Pässe in den Fuß, seine Zuspiele finden stets den Mitspieler. Die deutsche Abwehr will klären, köpft, schießt den Ball heraus, doch wenige Sekunden später schickt Bozsik ihn wieder mit einem langen Schlag in die deutsche Hälfte. Es scheint nur noch eine Frage der Zeit, ehe Ungarn den entscheidenden Siegtreffer erzielt.

85 Minuten lang sieht es so aus, als würde József Bozsik die Geschichte dieses Nachmittags schreiben. Eine Geschichte, in der er sein Land zum Weltmeistertitel führt und – ganz nebenbei – die taktische Rolle des Spielmachers vor der Abwehr erfindet. Doch jetzt, fünf Minuten vor Schluss, werden Bozsiks Beine immer schwerer. Weit mehr als fünfzig Pässe hat er in dieser Partie bereits geschlagen. Der Regen hat den Rasen weich und den Ball hart werden lassen. «Der rechte Läufer der Ungarn hat den Ball verloren», berichtet Zimmermann – ein Fehlpass. Bozsiks erster, Bozsiks einziger Fehlpass in diesem Spiel. Hans Schäfer schnappt sich den Ball auf der linken Seite. Er steht kurz hinter der Mittellinie, setzt zur Flanke an. Eigentlich viel zu früh. Schäfers Trainer Sepp Herberger hasst zu früh geschlagene Flanken. Doch Bozsiks Teamkollegen klären die Hereingabe halbherzig, köpfen den Ball in die Mitte anstatt nach außen. Ein negatives Lehrbuch-Beispiel – so sollte man es nicht machen. Der Ball landet vor den Füßen des deutschen Rechtsaußens Rahn. Immer wieder schlich er sich an diesem Nachmittag in die Mitte, so wie es ihm Herberger beigebracht hatte, um seine Manndecker abzuschütteln und den Gegner zu verwirren. Nie war seine Schussbahn so gut wie jetzt. «Aus dem Hintergrund müsste Rahn schießen. Rahn schießt ...»

Jeder deutsche Fußball-Fan kennt diesen Satz und den darauffolgenden Jubelschrei von Herbert Zimmermann. Spätestens jetzt weiß auch jeder, dass dies nicht die Geschichte von József Bozsik ist. Es ist die Geschichte, wie Westdeutschland nur wenige Jahre nach Kriegsende den Weltmeistertitel gewann. Es ist die Geschichte von Sepp Herberger.

Herbergers Lieblingsspieler: Fritz Walter

Schon wenige Wochen nach Kriegsende rollte der Ball in Deutschland wieder, und Herbergers Depression war schlagartig vorüber. Die Alliierten sahen zunächst skeptisch auf den Sport. Große Menschenansammlungen und geheime Vereinstreffen wollten sie unbedingt vermeiden. Schnell mussten sie jedoch einsehen, dass ein Fußballverbot mehr Schaden denn Nutzen schaffte.

Die Teilung Deutschlands betraf indes auch den Ligabetrieb: Der westdeutsche und der ostdeutsche Fußball gingen schnell getrennte Wege.

Der FC Bayern München nahm den Spielbetrieb schon sechs Wochen nach Kriegsende wieder auf.

Sobald der Ball wieder getreten wurde, war auch Sepp Herberger sofort dabei. Er hielt an seinem Traum fest: die Nationalmannschaft in eine glorreiche Zukunft zu führen – auch wenn es zu diesem Zeitpunkt gar keine Nationalmannschaft zu trainieren gab. Herberger nutzte seine freie Zeit und trug neue taktische Ideen in die Clubs. Schon 1948 hielt er die ersten Lehrgänge für angehende Trainer ab. Herbergers Spielphilosophie wurde zum Lehrinhalt für junge Trainer. Nebenbei hielt er den Kontakt zu seinen früheren Nationalspielern, die nicht im Krieg gefallen waren, und trainierte so viele Clubmannschaften wie nur möglich.

Herberger favorisierte den 1. FC Kaiserslautern, denn dort spielte sein Lieblingsschüler Fritz Walter. Walter war Herberger erstmals bei einem Lehrgang Ende der dreißiger Jahre aufgefallen. Noch während des Krieges wurde er zum Nationalspieler. Herberger liebte Walter abgöttisch, das ist nicht übertrieben. Der kinderlose Herberger kümmerte sich um Walter wie um einen Sohn, erkundigte sich ständig nach seinem Wohlbefinden, bombardierte ihn mit Briefen. Während des Krieges tat Herberger alles dafür, dass er nicht an die Front musste. Herberger hatte mit Walter große Pläne: Er sollte seine falsche Neun, der deutsche Sindelar werden.

Tatsächlich spielte Walter die ersten Jahre seiner Karriere als Mittelstürmer, allerdings – ähnlich wie Sindelar – in hängender Form. Der spätere Bundestrainer Helmut Schön, zu jener Zeit auch Nationalspieler, schreibt in seiner Autobiographie, Deutschland habe vor dem Krieg in einer 4-2-4-Formation gespielt, mit Walter als falscher Neun. Auch wenn Schöns Zahlenspiel faktisch nicht stimmen kann (das 4-2-4 im modernen Sinne wurde erst Jahre später in Brasilien erfunden), dürfte seine Einschätzung zu Walter zutreffen: Er war eine falsche Neun. Herberger hatte mit eigenen Augen gesehen, wie Sindelar durch sein Zurückfallen die gegnerischen Verteidiger verwirrte. Die Verteidiger verfolgten Sindelar – und öffneten dadurch wiederum Lücken in der eigenen Abwehrreihe. Fritz Walter nutzte denselben Trick und fütterte seine Kollegen aus der Tiefe mit Pässen. Höhepunkt von Walters Karriere als falsche Neuner war ein 7:0-Erfolg über den späteren WM-Finalgegner Ungarn im Jahr 1941. (Kuriose Randnotiz: Die bayrische Sportpresse verbreitete nach diesem Spiel auf Geheiß von

Herberger-Gegner Oberhuber, die Ungarn hätten aus Protest gegen ihren Trainer schlecht gespielt. Dieser habe das WM-System einführen wollen.) Nach dem Krieg machte Herberger Walter sofort ausfindig. Als er aus der Kriegsgefangenschaft zurückkehrte, war Herberger überglücklich. Seine ganze Nationalmannschaft hatte er um Spielmacher und falsche Neun Walter geplant.

Doch den Posten des Nationaltrainers bekam Herberger zunächst nicht. Der 1950 wieder gegründete DFB hatte andere Pläne. Einige DFB-Funktionäre waren gegen Herberger eingestellt; sie bevorzugten einen kompletten Neuanfang ohne Altlasten aus der Nazi-Zeit – ein nachvollziehbarer Wunsch. Ehemalige Funktionäre wie SS-Mitglied Felix Linnemann und Otto Nerz sollten keine Rolle beim Wiederaufbau spielen. Nerz hatte noch kurz vor Kriegsende ein antisemitisches Pamphlet mit dem Titel «Europas Sport frei vom Judentum» verfasst. Er starb schließlich in sowjetischer Kriegsgefangenschaft.

Herberger war zwar ein apolitischer Mensch, der abseits des Fußballs wenige Interessen oder Neigungen hatte. Als Mitläufer hat er aber vom NS-System profitiert und ist langsam, aber stetig die Karriereleiter emporgestiegen. Immerhin war er NSDAP-Mitglied, und das dürfte ihm bei seiner Trainerlaufbahn in der NS-Zeit durchaus geholfen haben. Sehr zu Herbergers Missfallen wollte der DFB ihn nicht sofort einstellen, sondern die Stelle des Nationaltrainers öffentlich ausschreiben. Herberger musste sich schriftlich bewerben. «Man darf doch nicht im Ernst annehmen, dass ich Prüfungsfragen beantworte», empörte sich Herberger gegenüber dem DFB. «Wer will da denn überhaupt prüfen? Bei aller Bescheidenheit, der Einzige, der den gesamten Komplex aus erfolgreicher Praxis beurteilen kann, bin ich.»

Dem DFB ging es zu dieser Zeit auch darum, die Hoheit über die Nominierung und Aufstellung der Nationalmannschaft zurückzugewinnen. Eine Kommission sollte bestimmen, wer in der Nationalmannschaft spielt. Das Verfahren erinnerte an die ersten Jahre unter Nerz, war aber noch immer bei vielen ausländischen Nationalmannschaften jener Zeit üblich. Herberger hatte jahrelang zugeschaut, wie Nerz sich seine Kompetenzen erkämpfte. Nach den Erlebnissen der WM 1938 und den Streitereien mit Oberhuber graute es ihm vor der Vorstellung, seine Mannschaft nicht selber aufstellen zu dürfen, sondern einem Haufen Technokraten folgen zu müssen. Herbergers Taktik in der Bewerbung um den Posten war: sich zunächst bei der Kommission einschleimen, dann aber hart verhandeln. Zweimal stand er bereits in der Tür, wollte die Verhandlungen abbrechen: «Wenn ich wieder aufstehe, ist es das letzte Mal, und es wird keinen Vertrag geben.» Er bekam den Posten und seine geforderten Kompetenzen.

Die perfekte Kombination

Herberger machte sich daran, die Nationalmannschaft wiederaufzubauen. Seine Philosophie war dieselbe wie zuvor. Er suchte den Ausgleich zwischen dem süddeutschen Flachpass und dem Kraftfußball von Otto Nerz. Schnell sollte das Spiel sein, aber auch technisch sauber. Der Spielmacher müsse den Ball sowohl in die Breite als auch in die Tiefe spielen. Herberger wählte taktisch stets den Mittelweg.

Über 20 Jahre war Herberger bereits bei der Nationalmannschaft beschäftigt, als seine Pläne am 4. Juli 1954 endlich aufgingen. Noch von Otto Nerz hat er gelernt, nichts dem Zufall zu überlassen. Alle WM-Gegner wurden akribisch studiert. Die Hotels suchte Herberger selbst aus, ließ Mitarbeiter dort testweise schlafen, um das beste zu finden. Selbst den Speiseplan diktierte Herberger.

Er nominierte für die WM 1954 nicht die besten Einzelspieler, entschied nicht nach der aktuellen Form. Er hatte langfristig geplant, die Mannschaft um seinen Lieblingsschüler Fritz Walter aufgebaut. Das Rückgrat seiner Mannschaft bildeten vier Mannschaftskollegen von Walter. Sie sollten dafür sorgen, dass er sich wohl fühlt. Dabei verlor der 1. FC Kaiserslautern Wochen vor der WM das Finale um die westdeutsche Meisterschaft kläglich, mit 1:5 gegen Außenseiter Hannover 96. Die Zuschauer des Finales riefen spöttisch Herbergers Namen, um ihre Missgunst über seine Nominierungspolitik kundzutun. Herberger war das egal. Er ließ sich nicht von einer Niederlage beeindrucken – eine Lektion, die er 1938 gelernt hatte. Die Journalisten vor Ort bei der WM speiste er mit Phrasen ab. Seit seinem Disput mit Oberhuber wusste er, dass man die Medien und Zuschauer auch mal ignorieren muss.

Der seltsame Modus der WM bedingte, dass es zwar Vierergruppen gab wie heute üblich, jede Mannschaft jedoch nur zwei Spiele machte. In jeder Gruppe waren zwei Mannschaften gesetzt; sie traten nicht gegeneinander, sondern nur gegen die beiden nicht gesetzten Mannschaften an. Die BRD traf als nicht gesetztes Team auf die Türkei und auf Ungarn. Die Türkei wiederum musste als gesetztes Team nicht gegen Ungarn antreten.

Nachdem Deutschland das erste Spiel gegen die Türkei gewonnen hatte, durfte diese gegen Südkorea antreten – ein sicherer Sieg für die Türkei. Deutschland musste jedoch gegen die haushohen Favoriten Ungarn ran. Herberger stand vor der Wahl: Sollte er darauf vertrauen, dass sein Team gegen Ungarn mindestens einen Punkt holt? Das forderte die Öffentlichkeit. Bei einer Niederlage aber musste ein Entscheidungsspiel gegen die Türkei herhalten – sowohl Deutschland als auch die Türkei hatten einen Sieg auf dem Konto, das Torverhältnis oder der direkte Vergleich zählten zu jener Zeit nicht. Herberger entschied sich dafür, gegen Ungarn eine B-Elf aufs Feld zu schicken. Er setzte darauf, ein mögliches Wiederholungsspiel gegen die Türkei zu gewinnen. Die Reaktion der Öffentlichkeit nach der Niederlage war vernichtend. Gewitzt, wie Herberger war, nutzte er die Morddrohungen, die ihm Fans nach dem Ungarn-Spiel schickten, um die Mannschaft zu motivieren. Deutschland gewann das Entscheidungsspiel gegen die Türkei mit 7:2.

Herberger ließ sich in seine Taktik nicht reinreden. Grundlage des deutschen Spiels war das WM-System. In der Abwehr setzte Herbergers Team auf kompromisslose Manndeckung. Vorne sollten die Stürmer Herbergers Wirbel spielen, Fritz Walter sollte sie mit Pässen bedienen. Walter spielte nur in der Vorrundenpartie gegen Ungarn als falsche Neun. In den anderen Spielen gestaltete er das Spiel aus der Innenstürmerposition, er machte um den Mittelkreis herum das Spiel. Der zweite Innenstürmer, Max Morlock, lief immer wieder in den Strafraum, schaffte somit Tiefe im Spiel. Mittelstürmer war Fritz' Bruder Ottmar Walter. Er hielt seine Position nicht starr, sondern wich häufig auf die Außenseiten aus. So konnten die Außenstürmer Hans Schäfer (links) und Helmut Rahn (rechts) immer wieder in die Mitte ziehen. Vorne herrschte konstant Bewegung. Die Angreifer entzogen sich durch diese Rotation der Manndeckung ihrer Gegner; der typische Herberger'sche «Wirbel». Das Viertelfinale gegen Jugoslawien gewann Deutschland mit 2:0. Im Halbfinale brillierte die deutsche Elf. Sie wirbelte mit ihren Positionswechseln die österreichische Elf durcheinander. Deutschland deklassierte die Österreicher mit 6:1.

Finalgegner Ungarn kannte Herberger beinahe so gut wie seine eigene Mannschaft. Ungarns Stürmer Nándor Hidegkuti ließ sich weit zurückfallen und gestaltete das Spiel aus der Tiefe. Er spielte eine falsche Neun, genau wie Fritz Walter und Matthias Sindelar zwanzig Jahre zuvor. Damit hatte Hidegkuti beim größten Sieg der Ungarn vor der WM geglänzt, 1953 beim 6:3-Erfolg über England. Es war die erste Niederlage der englischen Nationalelf gegen eine Kontinentalmannschaft in einem heimischen Stadion. Herberger sah das Spiel live auf der Tribüne, natürlich. Er sah, wie Englands Verteidiger überfordert waren mit Hidegkuti. Sie wussten nicht: Sollen wir aus der Abwehr herausrücken und ihn verfolgen? Oder sollen wir die Position halten? Sie ließen Hidegkuti gewähren. Im Alleingang nahm er die englische Nationalmannschaft auseinander.

Herberger war die falsche Neun aber schon lange bekannt: Vor dem Krieg bewunderte er Sindelar, während des Kriegs ließ er selbst Walter diese Rolle spielen. Herberger wusste aus eigener Erfahrung, wie einem zurückfallenden Stürmer beizukommen war: Nicht der zentrale Verteidiger Werner Liebrich sollte Hidegkuti decken. Der Läufer Horst Eckel, der vor der Abwehr spielte, nahm ihn stattdessen auf. Wenn Hidegkuti doch einmal ins Sturmzentrum vorrückte und sein Nebenmann Puskás zurückfiel, tauschten Liebrich und Eckel den Gegenspieler; Liebrich übernahm Hidegkuti, Eckel Puskás. Sowohl Hidegkuti als auch Puskás blieben weitgehend blass in den neunzig Minuten im Wankdorfstadion.

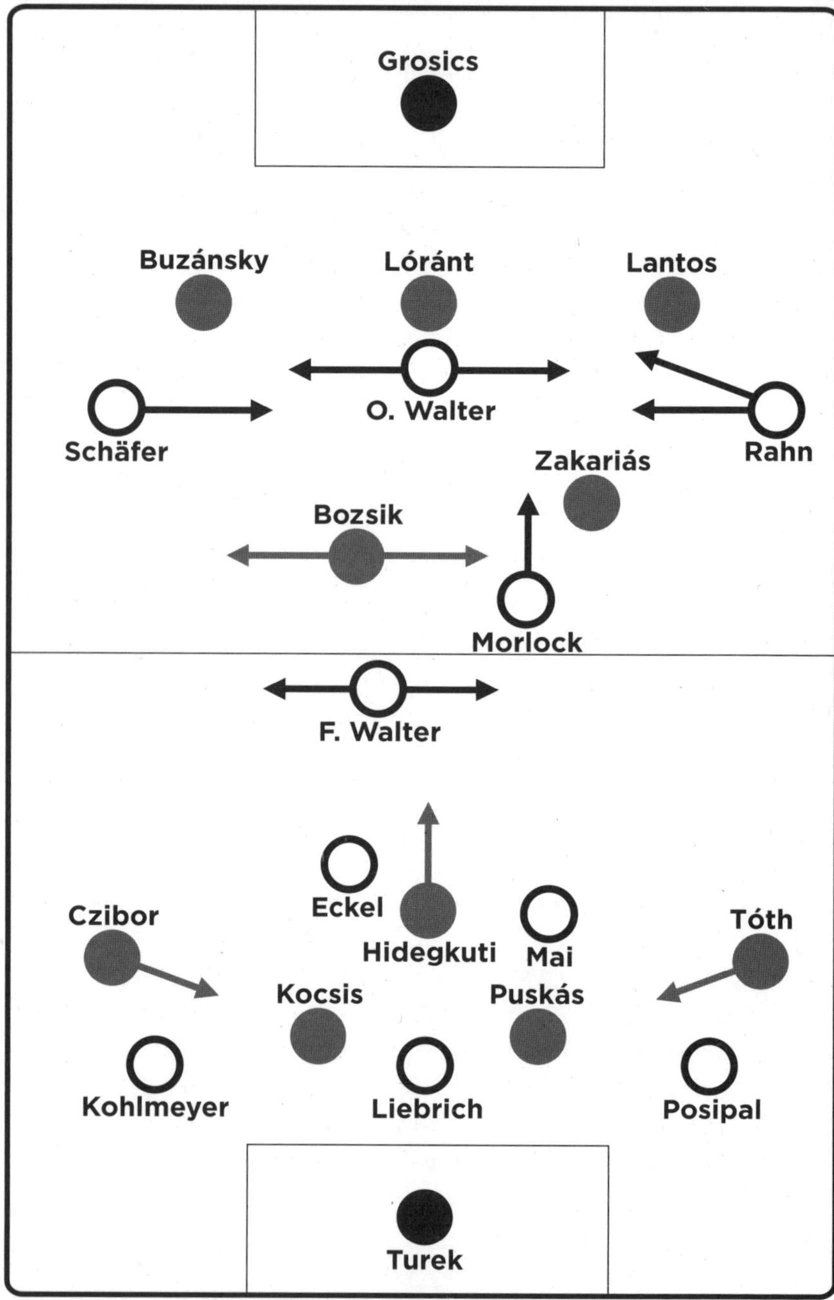

Das WM-Finale 1954: Deutschland gegen Ungarn.

Alles hatte Herberger vorausberechnet, alle Details fügten sich zu einem stimmigen Gesamtbild zusammen. Nur mit József Bozsik hatte Herberger nicht gerechnet. Dieser genoss im ungarischen Spiel alle Freiheiten, musste keine Defensivaufgaben verrichten. Zwar wussten die deutschen Verteidiger genau, wie sie die gegnerischen Stürmer zu decken hatten. Doch der Läufer Bozsik stand am Mittelkreis immer wieder frei, ganz ohne Gegenspieler. Er spielte Deutschland aus der Tiefe schwindelig – bis diese 85. Minute kam. Herberger war an seinem Ziel angelangt.

Herberger hatte Deutschland, eine zu dieser Zeit mittelmäßige Fußballnation, nach ganz oben geführt. Er hatte dem Land eine fußballerische Identität gegeben, die in der Bundesrepublik weiterlebte. Der *kicker* schrieb nach dem Turnier, Herbergers Team «spielte wie kaum eine andere Nationalelf der Welt einen Stil der verschiedenen Varianten». Den kräftigen, schnellen Fußball englischer Art (WM-System, Manndeckung) vereinte Herberger mit dem Kombinationsfußball der österreichisch-ungarischen Flachpass-Schule (Positionswechsel, Walter als Spielmacher). Mit dieser Taktik führte Herberger Deutschland sensationell ins Finale. Herberger wurde zu einem Vorbild für seine Kollegen. Seine Merksätze beeinflussten Generationen von Trainern und wurden noch in den Siebzigern und Achtzigern an der deutschen Trainerakademie gelehrt.

Nach dem WM-Triumph tat Herberger etwas, das mehr über seinen fußballverrückten Charakter verrät als alle taktischen Spielereien: Nach der Siegerehrung feierte er nicht mit seinen Spielern. Er ging stattdessen in die ungarische Kabine und fachsimpelte mit den Verlierern. «Ihr habt was gemacht, das ich noch nicht kannte. Den Bozsik habt ihr freien Mann spielen lassen, ohne Gegenspieler. Eine sehr gute Variante, sehr gefährlich, das werde ich auch machen.» Selbst im Moment seines größten Triumphs dachte Herberger daran, wie er seine Mannschaft weiter verbessern kann. Für Herberger war das nächste Spiel immer das schwerste.

KAPITEL 6

Wer stoppt den Doppelstopper?

Die Hochzeit des Defensivfußballs (1960–1966)

Der Schweizer Riegel

Die Jubelstimmung nach der Weltmeisterschaft 1954 endete recht schnell. Die deutsche Nationalmannschaft konnte ihre Form nicht konservieren. Nur wenige Monate nach der WM verlor sie gegen Belgien, die Sowjetunion und Frankreich. Auch finanziell spürten die Weltmeister ihren Triumph kaum. Noch immer galt in Deutschland das Amateurgebot. Die westdeutsche Liga war – wie vor dem Krieg – in mehrere regionale Oberligen unterteilt. Wirklich hochklassiger Fußball wurde anderswo gespielt, und in den folgenden Jahren sollte sich die Stimmung in Fußballdeutschland trüben. Viele Beobachter sagten dem Fußball sogar seinen baldigen Untergang voraus.

Aus heutiger Sicht klingt das grotesk. Fußball? Untergang? Kaum vorstellbar, wenn man auf die heutige Popularität des Fußballspiels blickt. Doch um das Jahr 1960 häuften sich in den Sportteilen westdeutscher Zeitungen die Nachrufe. Selbst der *kicker*, zu jener Zeit noch sachlich-trockener als heute, titelte 1964: «Ist der Fußball in Gefahr?» Er fasste eine Stimmung zusammen, die sich in den vorangegangenen Jahren unter deutschen Fans verbreitet hatte.

Die Schuld daran wurde dem Catenaccio gegeben. Bis heute bezeichnet der Begriff Catenaccio eine äußerst defensive Spielweise. Wenn ein Team dem Gegner die Initiative überlässt und am eigenen Sechzehner mauert, fällt sofort das Wort Catenaccio. Und sobald es um Mauerfußball geht, denkt man automatisch an die Italiener. Tatsächlich wird von Catenaccio erstmals Anfang der sechziger Jahre in Italien gesprochen. Der Begriff stammt aus dem Italienischen und bedeutet frei übersetzt «Riegel».

Die Geschichte des Catenaccio beginnt jedoch nicht in Italien, sondern etwas weiter nördlich. In der Schweiz stand Karl Rappan 1938 vor einem Problem. Rappan betreute die Schweizer Nationalmannschaft bei der WM in Frankreich. Seine Mannschaft traf gleich in der ersten Runde auf «Großdeutschland», trainiert von Sepp Herberger. Der Fußballzwerg Schweiz musste sich mit einem Gegner messen, der sich aus den besten Spielern zweier Nationen zusammensetzte. In Hinblick auf die individuelle Klasse der Spieler hatten die Schweizer der aus Österreichern und Deutschen zusammengewürfelten Truppe nichts entgegenzusetzen. Rappan musste sich etwas einfallen lassen.

Rappan vollführte einen Schachzug, der noch heute bei defensiven Teams beliebt ist: Er stellte zusätzliche Verteidiger auf. Er wandelte das 2-3-5-System der Schweiz zu einer Formation um, die dem heutigen 4-3-3-System nicht unähnlich ist. Die äußeren beiden Mittelfeldspieler (die Außenläufer der Läuferreihe) zog er zurück auf die Außenverteidigerposition, die Halbstürmer hingen wie im WM-System leicht zurück. Im Zentrum entstand so ein enger Fünf-Mann-Riegel, angeordnet

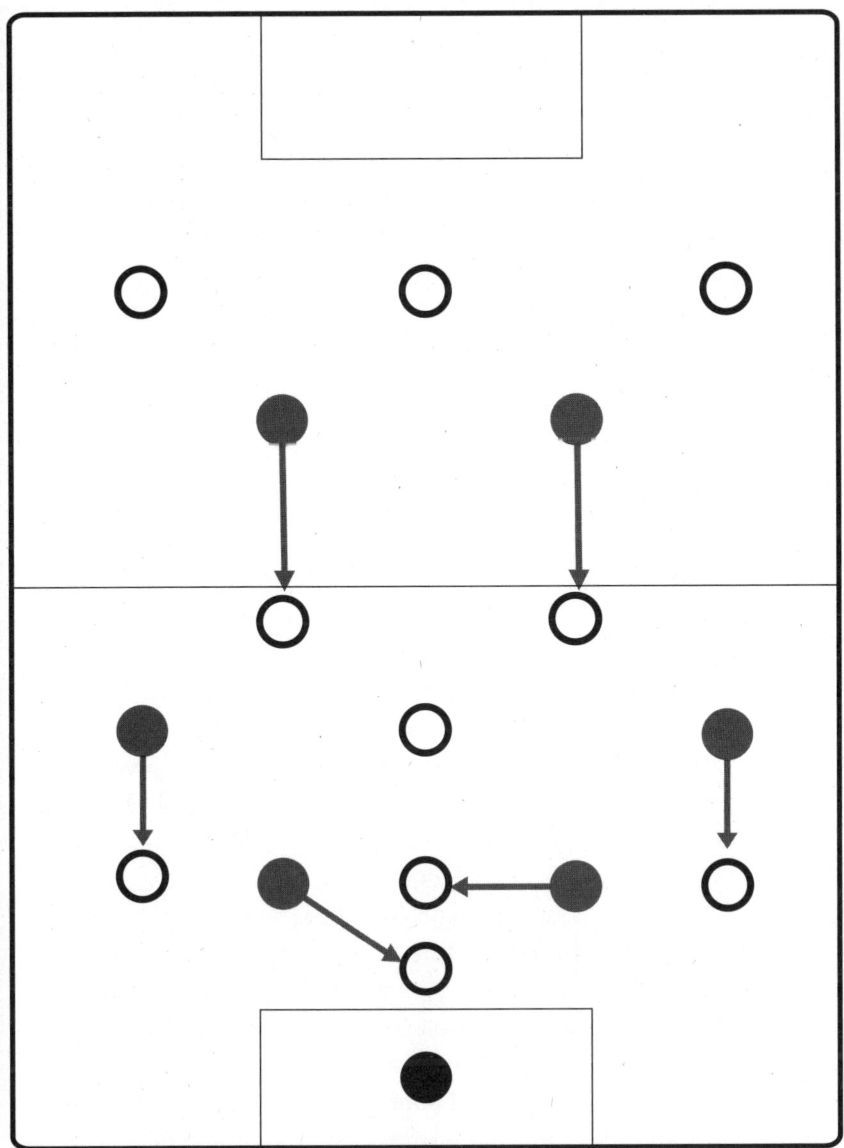

Der Schweizer Riegel. Die grauen Punkte symbolisieren das alte 2-3-5-System. Mit den Pfeilen wird die Entwicklung vom 2-3-5-System zum Schweizer Riegel aufgezeigt.

in einem Kreuz (siehe Graphik). In der Verteidigung praktizierten die Schweizer eine Mischform aus Mann- und Raumdeckung, auf den Flügeln deckten die Außenverteidiger die Stürmer der gegnerischen Mannschaft eng. Ebenso sollten ein Verteidiger und zwei Mittelfeldspieler in enger Manndeckung spielen. Der dritte Mittelfeldspieler fungierte als Verbindungsspieler für schnelle Konter. Der letzte Verteidiger deckte hinter den übrigen Verteidigern den Raum. Der Ausputzer war geboren. In der Praxis war der Riegel ein 1-3-3-3-System. Er hatte gegenüber dem WM-System den großen Vorteil, in der Abwehr und im Mittelfeld eine Überzahl zu haben. Damit opferte die Schweiz zwar offensive Kräfte, stand defensiv aber stabiler als der Gegner.

Ausputzer

Als Ausputzer bezeichnet man einen Verteidiger, der hinter der Abwehr absichert. Anders als die Verteidiger vor ihm deckt der Ausputzer keinen Gegenspieler, sondern den Raum. Er soll Bälle abfangen, die seinen Vorderleuten durchrutschen. Er ist quasi der Feuerwehrmann, der seinen Kollegen den Rücken freihält. In den Nummerierungen der Formationen stelle ich ihn mit der 1 vor die Verteidiger, schreibe also 1-3-4-2 oder 1-3-3-3, um einen Ausputzer darzustellen. In diesen Beispielen agiert der Ausputzer hinter einer Drei-Mann-Abwehr.

Mit diesem System gelang Rappan sein größter Triumph: Die Schweizer schalteten die hochfavorisierten Deutschen aus. Herbergers nicht eingespielte Truppe fand kein Mittel gegen den Schweizer Riegel. Das erste Aufeinandertreffen endete mit einem 1:1. Da zu jener Zeit das Elfmeterschießen noch nicht erfunden war, setzte die Fifa ein Wiederholungsspiel an. Die Schweiz gewann sensationell mit 4:2. Zwar schied die Schweiz, nach dem Wiederholungsspiel müde, in der nächsten Runde aus. Dennoch war der Name Rappan in aller Munde. Nach eigenen Angaben bekam der gebürtige Österreicher sogar das Angebot, deutscher Nationaltrainer zu werden. Er schlug aus, trotz seiner Nähe zum faschistischen Deutschland. Rappan hob beim Spiel gegen Deutschland als einziger Schweizer den Arm zum Hitlergruß. Später bedachte er mehrere NS-Organisationen mit großzügigen Spenden.

Der italienische Catenaccio

Es dauerte einige Jahre, bis Rappans taktische Revolution den Weg südlich über die Alpen fand. Viele Trainer behaupteten später von sich, Erfinder des italienischen Catenaccios zu sein. Der Autor Jonathan Wilson schreibt die Pionierarbeit Gipo Viani zu, der nach dem Zweiten Weltkrieg US Salernitana trainierte. Journalist Simon Kuper behauptet, Nero Rocco hatte als Trainer des SSD Unione Triestina als Erster die Idee. Ganz gleich, wer Rappans System zuerst umsetzte: Mitte der fünfziger Jahre war halb Italien vom neuen System angesteckt. Immer mehr kleine Clubs verzichteten auf einen Angreifer zugunsten eines Ausputzers hinter der Abwehr. Es galt als Recht der kleineren Clubs, sich durch diese zusätzliche Absicherung gegen die finanzstarken Clubs aus den Großstädten zu wehren, die sich die besten Spieler leisten konnten. Das typisch italienische Defensivspiel war geboren.

Für den internationalen Durchbruch dieser Taktik sorgte Helenio Herrera. Der Argentinier war ein Wandervogel, im Laufe seiner Karriere spielte er unter anderem in Casablanca und in Paris. Als Trainer arbeitete er für Clubs aus Madrid, Sevilla, Lissabon und Barcelona, ehe er bei Inter Mailand landete. Herrera war ein Getriebener, ein Mann mit einer Mission. «Das größte Kompliment, das mir je gemacht wurde», sagte er später, «war, dass ich dreißig Stunden am Tag arbeite.» Bei seinen Engagements im Fußball lernte er schnell, dass der Trainer das schwächste Glied in der Kette ist – und dass Misserfolge nie verziehen werden, egal wie erfolgreich man in der Vergangenheit war. In Mailand nahm er alles selbst in die Hand, vom Training über die Rasenpflege bis hin zur Auswahl der Hotels.

Um Niederlagen zu vermeiden, trieb Herrera den Catenaccio auf die Spitze. Er führte das «Recht des Schwächeren» ad absurdum und ließ Inter Mailand einen Catenaccio spielen, wie ihn die Welt noch nicht gesehen hatte. Herreras Formation sah einen Ausputzer hinter der Abwehrreihe vor. Bei ihm agierten jedoch nicht die üblichen drei, sondern gleich vier Verteidiger vor dem Ausputzer. Vor der Abwehr war ein weiterer Abräumer postiert, ehe mit Luis Suárez als zentralem Mittelfeldspieler der erste kreative Spieler folgte. Das System ähnelte einem 1-4-2-3. Doch auch die drei Angreifer mussten Defensivaufgaben erfüllen. Sobald der Gegner den Ball hatte, zogen sich alle Inter-Spieler an den eigenen Strafraum zurück. Inter hielt dieses Defensivspiel gnadenlos durch, selbst wenn sie gegen einen Abstiegskandidaten aus der italienischen Provinz antraten.

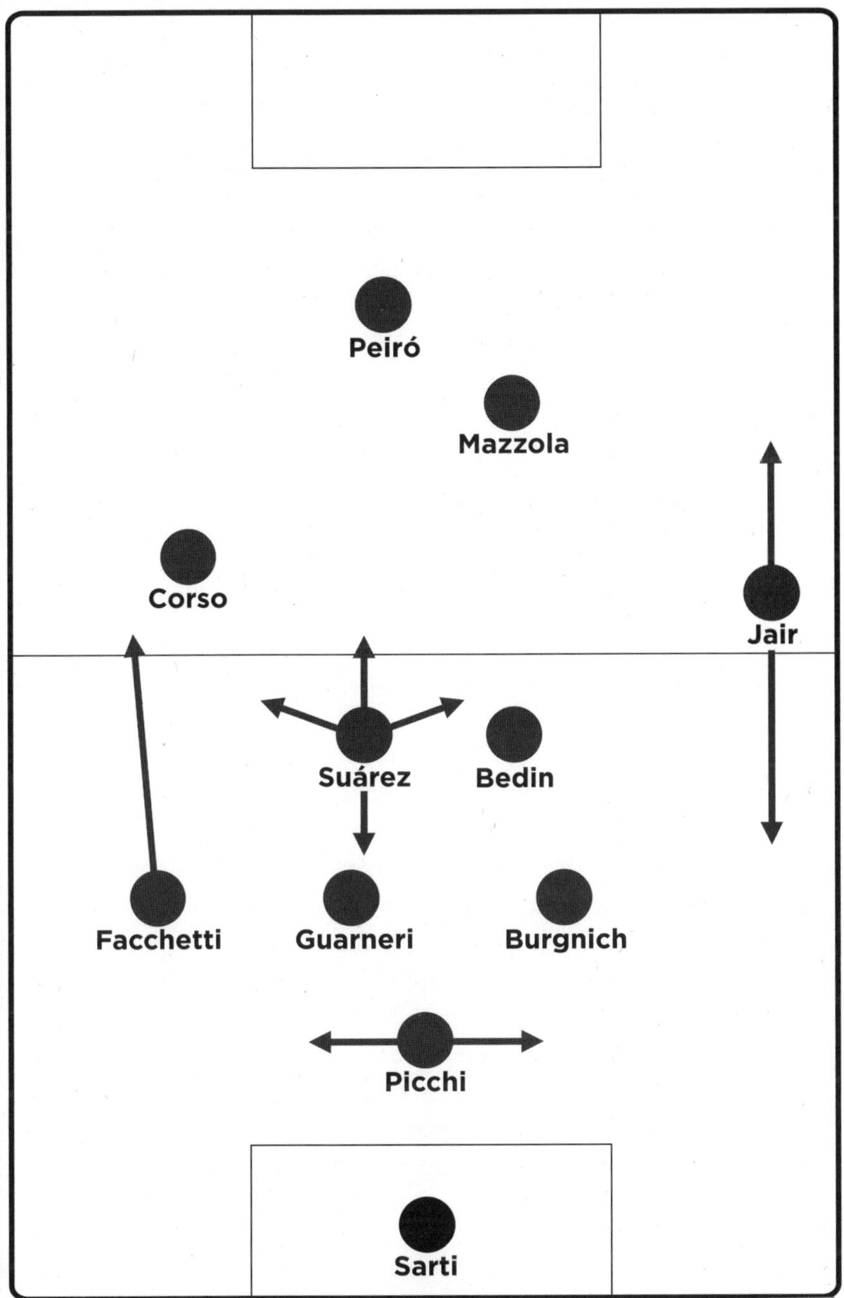

La Grande Inter – Inter Mailand im Jahre 1964.

Die Defensivarbeit war die eine Seite des Systems. Die andere war ein furioses Konterspiel. Damals war der Fußball wesentlich langsamer als heutzutage. Wenn eine Mannschaft den Ball gewann, wurde dieser zunächst gesichert. Der Gegner zog sich langsam an den eigenen Sechzehner zurück, die nun ballführende Mannschaft baute das Spiel gemächlich über das Mittelfeld auf.

Diese Atempausen waren für viele Teams notwendig, schließlich waren die athletischen Fähigkeiten nicht so weit wie heute, besonders die Kondition fehlte. Die Sportwissenschaft jener Zeit trieb so manch kuriose Blüte. Es war zum Beispiel üblich, dass Spieler direkt vor dem Spiel ein saftiges Steak verdrückten. Das «Sportler-Steak» sollte die nötigen Kräfte im Spiel freisetzen, dürfte bei vielen Fußballern aber eher für ein Völlegefühl gesorgt haben. Die meisten Trainer verbaten den Spielern sogar, in der Halbzeitpause zu trinken. Dies wäre, so der damalige Stand der Wissenschaft, schädlich für den Körper. Während der gesamten Weltmeisterschaft 1954 nahmen die deutschen Spieler auf Anweisung von Herberger fast ausschließlich Kaffee und Limonade zu sich. Kein Wunder, dass Spitzenleistungen zu jener Zeit anders aussahen. Die Spieler liefen nur halb so viel wie heutzutage (sechs statt bis zu zwölf Kilometer). Es dauerte immer eine Weile, bis der Ball von der Abwehr in den Angriff gespielt wurde.

Inter hingegen interessierte sich nicht für den langsamen Spielaufbau. Sobald sie den Ball bekamen, begann sofort die Reise nach vorne. Suárez ging in die Fußballgeschichte ein als erster Sechser, der das Spiel aus der Tiefe gestaltete. (Bozsiks Leistungen bei der WM 1954 waren schnell vergessen; das Schicksal eines Verlierers.) Suárez, eigentlich zentraler Mittelfeldspieler, ließ sich zurückfallen, verteilte die Bälle schneller als je jemand zuvor, schaltete mit langen und weiten Schlägen direkt von Verteidigung auf Angriff um. Herreras Inter war auch eins der ersten Teams, das durchgehend auf offensive Außenverteidiger setzte. Gerade Linksverteidiger Facchetti war für seinen steten Drang nach vorne bekannt. Facchetti sollte für den deutschen Fußball noch eine wichtige Figur werden – aber dazu später mehr.

Umschaltspiel
Beim Umschaltspiel versucht eine Mannschaft, direkt nach dem Ballgewinn ein Tor zu erzielen. Der Ball wird nach Ballgewinn oft aus der Abwehr heraus sofort riskant nach vorne gespielt. Ziel ist, die offensive Aufstellung des Gegners auszunutzen, der eben noch den Ball hatte und weniger Spieler in der Abwehr stehen hat. Das Umschaltspiel wurde in Deutschland zunächst als «Rollspiel» bekannt. Heute spricht man meistens vom «Konterspiel».

Schon Ende der fünfziger Jahre war der Catenaccio in ganz Europa bekannt. Spätestens aber als Inter mit diesem System 1964 und 1965 den Europapokal gewann, war das System in aller Munde – und das nicht nur im positiven Sinne. Viele sahen in Herreras Defensivtaktik das Ende des Fußballs. Zu wenig Tore, zu wenig Spielkunst, zu großer Fokus auf die Defensive – das waren die gängigsten Vorwürfe. Lange Zeit galt Inters Catenaccio als der Inbegriff alles Bösen im Fußball. Heute wissen wir auch, dass Inter sich die Erfolge nicht nur mit Schweiß, sondern auch mit dem Einsatz von Dopingmitteln erschummelte.

Der Doppelstopper

Auch in Deutschland war der Ausputzer 1964 nicht mehr unbekannt. Bereits Ende der fünfziger Jahre gelangte die Idee eines zusätzlichen Verteidigers nach Deutschland. Hier wurde das System mit Ausputzer als «Doppelstopper» berühmt – in Anlehnung an die Rolle des zentralen Verteidigers im WM-System, Stopper genannt. Statt mit einem zentralen Verteidiger (wie im WM-System üblich) spielte man bei der «Doppelstopper»-Taktik mit zwei zentralen Verteidigern. Einer deckte – wie für einen zentralen Verteidiger üblich – den gegnerischen Stürmer. Der andere übernahm die Rolle eines Ausputzers. Dafür wurde ein Stürmer weniger aufgestellt. In der Praxis war es ein 1-3-2-4-System.

Gerade kleinere Clubs griffen auf den Doppelstopper zurück, wenn sie gegen einen der renommierten Clubs antraten. Duelle dieser Art gab es in der Bundesrepublik zuhauf. Die deutsche Meisterschaft basierte noch immer auf sechs regionalen Oberligen, deren Sieger in einer Finalrunde um den Titel kämpften. Um die Oberligen aufzufüllen, traten dort auch Teams an wie der VfL Neckarau, die Eintracht Bad Kreuznach oder die Spielvereinigung Erkenschwick. Kein Wunder, dass diese Mannschaften gegen die großen Clubs die Verteidigung verstärkten. Spitzenvereine wie der 1. FC Kaiserslautern oder der Hamburger SV trafen fast wöchentlich auf den Doppelstopper. Dank ihrer individuellen Klasse konnten sie sich aber meist trotzdem durchsetzen.

Doppelstopper vs. 4-2-4-System

In Deutschland wurde das Doppelstopper-System zum Synonym für das 4-2-4-System, dabei sind es zwei verschiedene Formationen. Das 4-2-4-System war bei der WM 1958 populär geworden. Die Brasilianer gewannen mit vier Abwehrspielern und vier Stürmern die Weltmeisterschaft. Das 4-2-4-System wurde mit Raumdeckung gespielt. Alle vier Verteidiger deckten den Raum, es gab keinen Ausputzer. Das war der Vorläufer der heutigen Viererkette. Das Doppelstopper-System setzte hingegen auf einen Ausputzer und Manndeckung. Es sind zwei unterschiedliche Systeme, die außer derselben Anzahl an Verteidigern und Angreifern nur wenige Gemeinsamkeiten haben. Dennoch verwendeten Zeitschriften wie der *kicker* lange Zeit die Bezeichnung 4-2-4-System für das Doppelstopper-System. Das 4-2-4-System wurde in der raumdeckenden Variante selten genutzt, weshalb es hier nicht weiter erläutert wird.

Der «Doppelstopper» war in Deutschland eine größtenteils defensive Strategie. Die Verteidiger deckten konsequent den Mann und rückten nicht nach vorne. Neu war, dass jetzt ein Spieler mehr in der Abwehr stand. Schnelles Konterspiel oder aufrückende Verteidiger waren zunächst nicht Teil des Doppelstopper-Systems. Der Doppelstopper wurde in Deutschland schnell zum Inbegriff schlechten Fußballs. Vielen Deutschen war das System zu defensiv. Reinen Defensivfußball, das war man in Deutschland nicht gewohnt. Als der DFB 1963 eine landesweite Bundesliga gründete, hofften viele, dass der Doppelstopper in den Tiefen der Unterklassigkeit verschwinden würde.

Mit der Bundesliga wurde endlich auch der Profifußball in Deutschland eingeführt, die Spieler konnten sich nun ganz auf das Fußballspielen konzentrieren und öfter trainieren. Schöner, schneller, besser sollte der Fußball werden. Alteingesessene Zuschauer hofften sogar, dass das alte, offensive 2-3-5-System wieder in Mode kommen würde, wenn die besten Teams des Landes Woche für Woche aufeinandertreffen. Es trat der gegenteilige Effekt ein. Plötzlich suchten Spitzenmannschaften im Duell gegen Spitzenmannschaften das Heil in der Defensive. Das Doppelstopper-System wurde zum neuen Standardsystem der Bundesliga.

Rudis Riegel

Den größten Erfolg mit der defensiven Spielweise hatte ein Trainer, der ähnlich wie Helenio Herrera das Extrem ausreizte: Rudi Gutendorf. Heute ist Gutendorf als Globetrotter bekannt. In seinen fünfzig Jahren als Trainer arbeitete er an 54 Stationen. Seine Karriere führte ihn auf alle fünf Kontinente, unter anderem an exotische Orte wie Simbabwe, Neukaledonien oder Mauritius. In den fünfziger und sechziger Jahren trainierte Gutendorf noch vorwiegend im deutschsprachigen Raum. Sein erstes Engagement führte ihn in die Schweiz. 1955 dürfte er zum ersten Mal in Berührung mit dem Schweizer Riegel gekommen sein, als er einen Lehrkurs bei Karl Rappan höchstpersönlich belegte. Beim FC Luzern erprobte er dann erfolgreich selbst die Riegel-Taktik und führte den Außenseiter zum Schweizer Pokaltriumph.

Gutendorf war immer ein pragmatischer Trainer. Noch heute erzählt Franz Beckenbauer gerne die Geschichte, wie er zum ersten Mal auf Gutendorf traf. In New York spielte Beckenbauers Club Cosmos Ende der Siebziger gegen die australische Nationalmannschaft, trainiert von Gutendorf. Das Benefizspiel sollte die Zuschauer in erster Linie begeistern, damit sie großzügig für einen guten Zweck spendeten. Gutendorf wollte jedoch nicht begeistern, sondern gewinnen. Er schickte eine komplett defensive Elf aufs Feld und stellte einen Manndecker auf Beckenbauer ab. Gutendorfs Team gewann mit 2:1. Beckenbauer war so erzürnt, dass er Gutendorf mit dem berühmten Götz-von-Berlichingen-Zitat bedachte: «Leck mich am Arsch!»

Seinen wohl größten Triumph feierte Gutendorf beim Meidericher SV Duisburg. Anfang der sechziger Jahre war der MSV Fußballfans außerhalb des Ruhrgebiets nicht geläufig. Viele wunderten sich, als ausgerechnet der MSV eine Lizenz für die neugegründete Bundesliga bekam. Die Meinung der Experten war einhellig: Der MSV galt als sicherer Abstiegskandidat. Doch sie hatten ihre Rechnung ohne Gutendorf gemacht. Er impfte seiner Mannschaft ein totaldefensives System ein. Gutendorfs Team spielte nicht nur mit Doppelstopper, auch die übrigen Spieler mussten Defensivaufgaben verrichten. Die Formation ähnelte nicht dem 1-3-2-4 jener Zeit, sondern stärker einem 4-4-2 nach heutigem Maßstab.

Gutendorf ließ dieses System mit Ausputzer spielen; es war eine Art 1-3-4-2. Ein Stürmer sowie der Linksaußen ließen sich in der Defensive zurückfallen. Zusammen mit den übrigen sechs Spielern bildeten sie einen Acht-Mann-Block am eigenen Strafraum. Nur der zweite Stürmer sowie Rechtsaußen und WM-Held Helmut Rahn, vor der Saison für teures Geld aus den Niederlanden eingekauft, waren befreit von Defensivaufgaben. Der MSV baute ein Bollwerk am eigenen Strafraum auf. Nach Ballgewinnen ging es dann plötzlich ganz schnell: Rechtsverteidiger Heidemann preschte nach vorne, Rechtsaußen Helmut Rahn rückte ins Zentrum ein. Wieder und wieder fielen die MSV-Gegner auf diesen simplen Trick rein und bissen sich an der MSV-Defensive fest.

Freunde machte sich Gutendorf mit dieser Taktik nicht. In einem Land, in dem einige noch immer dem Mittelläufer im 2-3-5-System hinterhertrauerten, wurde Gutendorfs Taktik als Affront aufgefasst. Rudi Gutendorf bekam schnell einen eingängigen Spitznamen: Riegel-Rudi. Trainer-Kollege Zlatko Čajkovski, später Bayern-Coach, maulte: «Das ist nicht mehr Fußball, das ist der Tod dieser schönen Sportart.» Auch Trainerkollege Willi Multhaup mutmaßte, dass bald die Zuschauer zu Hause blieben, wenn sich der Fußball weiter so entwickle. Das hinderte Multhaup nicht daran, ein Jahr später selber mit Ausputzer und Beton-Abwehr spielen zu lassen. Er führte damit Werder Bremen zum Bundesliga-Titel.

Duisburg hatte ein weiteres Problem: Sie saßen zu jener Zeit am denkbar ungünstigsten Ort für eine Mauertaktik. Heutzutage steht das Ruhrgebiet für einen Fußball, der an die Kohlekumpel der Region erinnert: hart, rau, ohne Schönspielerei, dafür aber mit Leidenschaft und Kampf. Es ist den Fans oft wichtiger, dass die Spieler kämpfen, als dass schöner Fußball geboten wird. Bis in die späten Sechziger hinein war das anders, wie Christoph Biermann in seinem Buch «Wenn wir vom Fußball träumen» erläutert. Das Ruhrgebiet stand in der Tradition des Schalker Kreisels. Schalke selbst spielte noch in den Fünfzigern das schönste Flachpass-Spiel des Landes.

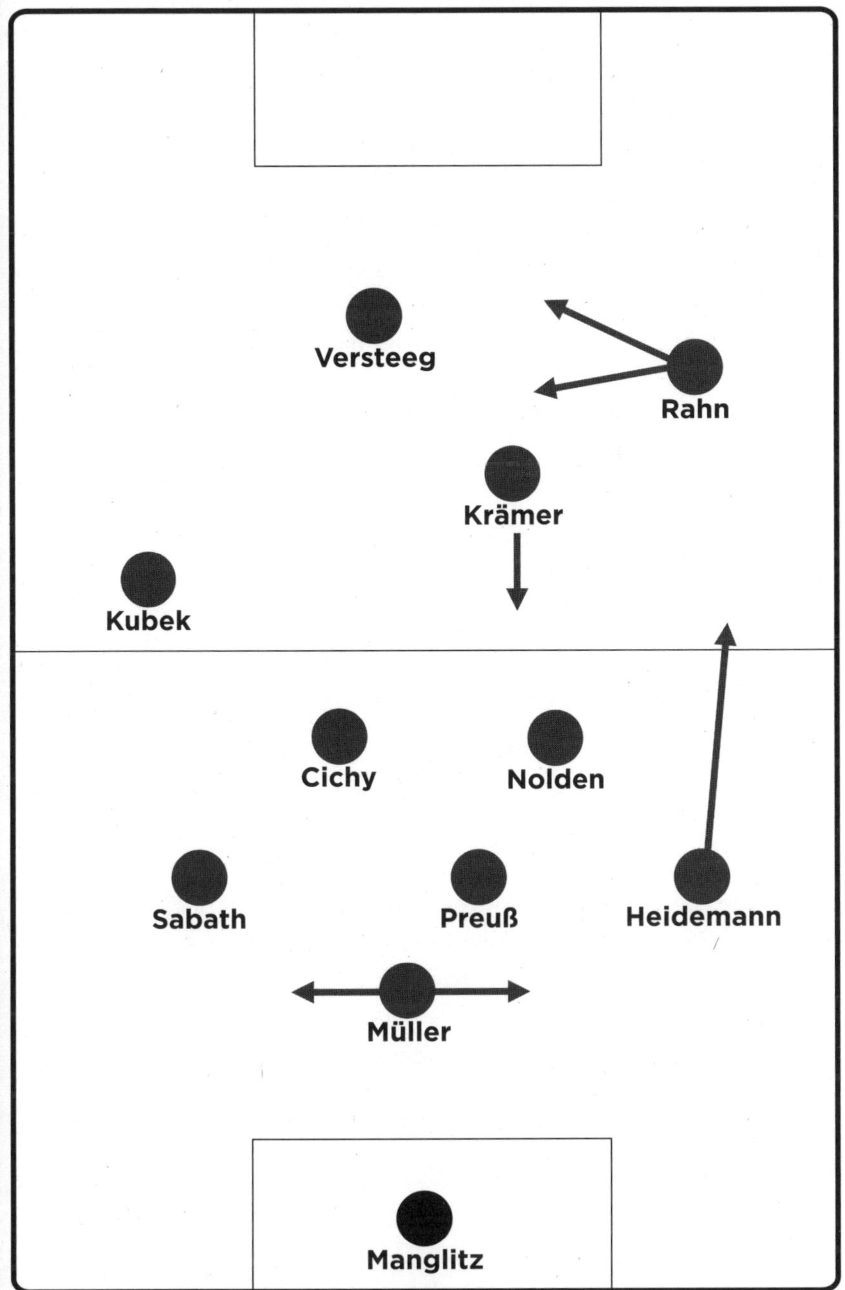

Rudis Riegel: Der Meidericher SV aus dem Jahr 1964.

Borussia Dortmund ließ bei seinen Titelgewinnen 1956 und 1957 ebenfalls Ball und Gegner laufen. Das Ruhrgebiet stand für Flachpass-Fußball. 1961 errang Borussia Dortmund den Vizetitel, nicht aber die Herzen der Fans. Ihr «hohes und halbhohes Spiel» in die Spitze, schrieb der *kicker*, sei «verpönt im Ruhrgebiet». Erst in den Sechzigern weichte im Ruhrgebiet das Ideal des Schalker Kreisels auf, auch weil niemand mehr die technische Klasse hatte, um an die Tradition anzuknüpfen. Es gab nur Riegel-Rudi und seine Duisburger.

Das Ende der Ära Herberger

Einer der wenigen Trainer, die Gutendorf lobten, war Sepp Herberger. Das Konterspiel des MSV bezeichnete er als «das Spiel der Zukunft». Kein Wunder, schließlich predigte er seit Jahren, dass jeder Spieler Verteidiger und zugleich Angreifer sein müsse. Herberger hatte zu dieser Zeit aber längst seinen gottgleichen Status in der Öffentlichkeit verloren. Auch er stolperte über seine vermeintlich zu defensive Taktik. Bei der WM 1962 ließ er mit Ausputzer ein 1-3-2-4-System spielen. Zwar ließ Deutschland im Turnier nur zwei Tore zu, schoss selber jedoch nur fünf in vier Spielen. Die WM endete frühzeitig im Viertelfinale mit einer 0:1-Niederlage gegen Jugoslawien.

Die WM 1962 wird von vielen Experten als Wendepunkt gesehen – nicht nur für Herbergers Laufbahn, sondern für den Fußball an sich. Spielerisch waren die Hurra-Zeiten des Angriffsfußballs vorbei. Das WM-System befand sich im Niedergang. Fast alle Teams setzten auf eine verstärkte

Defensive. Das schnelle Konterspiel steckte indes noch in den Kinderschuhen. Abnutzungsschlachten in der Defensive waren die Folge. In Erinnerung blieben von der WM nur die erneut furios aufspielenden Brasilianer und die «Schlacht von Santiago», ein brutales Spiel zwischen Chile und Italien mit zwei Platzverweisen und zig Verletzungen auf beiden Seiten. Letztlich kostete das schlechte Abschneiden Deutschlands in diesem Turnier Herberger den Job.

Fußballjournalist Roger Hutchinson schrieb später, der Fußball habe sich in den sechziger Jahren gewandelt. Die «Ära der Unschuld» endete, der Fußball wurde immer professioneller und verlor seinen urtümlichen Charme. Die Aussage dramatisiert den Wandel ein wenig zu sehr. Auch zuvor war der Fußball reich an Kaufmännern und Zynikern. Doch tatsächlich änderte der Fußball zu Beginn in dieser Zeit seinen Charakter merklich. Die Strukturen professionalisierten sich, gerade in Deutschland, und damit ging auch eine Professionalisierung der Taktik einher. Der Hurra-Angriffsfußball, in den fünfziger Jahren in Mitteleuropa noch vorherrschend, wurde abgelöst von einem defensiveren, manchmal zynischen, oft aber wesentlich professionelleren Spiel. Zweikämpfe im Mittelfeld und schnelle Gegenstöße wurden die Regel, lange Ballstafetten und eigensinnige Tricks, die die Zuschauer, aber nicht die Trainer begeisterten, wurden zur Ausnahme.

Der Catenaccio hinterließ seine Spuren. Wie so oft in der Geschichte des Fußballs wurden zunächst die defensiven Teile dieser taktischen Evolution aufgegriffen. So gewannen in den ersten Bundesliga-Jahren unter anderem Werder Bremen und Eintracht Braunschweig den Bundesliga-Titel mit Strategien, die an Herreras Catenaccio angelehnt waren. Erst danach machten sich Visionäre daran, dem Fußball mit neuen Offensivstrategien wieder Leben einzuhauchen. In Deutschland saßen die Visionäre eines offensiveren Fußballs an unerwarteten Orten.

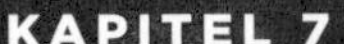

KAPITEL 7

Die Krönung des Kaisers

Innovation durch Rivalität, Teil 1:
Bayern München
(1966–1970)

Die Bayern kommen

Heutzutage kann man es sich kaum vorstellen, doch es gab eine Zeit, da war der FC Bayern nur die Nummer zwei. Nicht in Deutschland wohlgemerkt, sondern in München. 1932 gewann Bayern München mit typisch süddeutschem Kurzpassspiel die deutsche Meisterschaft. Der FC Bayern stand in der Tradition von Townleys Flachpass-Spiel. Townley arbeitete vor dem Ersten Weltkrieg bei den Bayern und kehrte später als Jugendtrainer zurück. Nach der gewonnenen Meisterschaft verschwanden die Bayern jedoch dreißig Jahre lang von der Bildfläche. In der Nazi-Zeit hatte der Verein zu kämpfen. Die Bayern waren den Nazi-Funktionären suspekt, bekamen wenig bis keine Hilfe von der Stadt München. Der Grund: Die Bayern galten als «Judenclub», das lag an der Weigerung des Vereins, die Nazis mit Emphase zu unterstützen, und nicht zuletzt am jüdischen Kurt Landauer, der vor 1933 Präsident war. Er floh 1933 aus Deutschland, kehrte aber nach dem Krieg als Präsident zu den Bayern zurück.

Auch nach dem Krieg blieb der FC Bayern ein kleiner Fisch. Die Nummer eins in München war 1860. Als 1963 die Bundesliga gegründet wurde, mussten die Bayern dem Lokalrivalen den Vortritt lassen. Der DFB wollte möglichst viel regionale Vielfalt in der Bundesliga sehen. So bekam nur ein Club aus München die Lizenz für die Bundesliga – und das waren die zu jener Zeit erfolgreicheren Sechziger. Der FC Bayern musste sich mit der zweitklassigen Regionalliga begnügen. Erst 1965 stieg der FC Bayern in die Bundesliga auf. Just in dieser Premierensaison gewann Erzfeind 1860 München die deutsche Meisterschaft.

Doch mit 1860 wollte man zunächst gar nicht konkurrieren. Es galt bereits als großer Erfolg, dass die Bayern direkt nach dem Aufstieg Dritter wurden. Dass sie aus den Niederungen der Regionalliga direkt in die Spitzengruppe der ersten Liga stießen, war das Verdienst des jugoslawischen Trainers Zlatko Čajkovski. Tchick, wie er genannt wurde (kroatisch für Zigarettenstummel), gewann 1964 mit dem 1. FC Köln die erste Bundesliga-Meisterschaft. Er verließ den Verein nach dem Triumph, um das gutdotierte Angebot des FC Bayern anzunehmen. Čajkovski war ein Fußballverrückter, der – ähnlich wie sein Mentor Herberger – nur für den Ball lebte. Der Legende zufolge hat sich bei seiner Prüfung zum Fußballlehrer folgender Dialog zugetragen:

Prüfer: Nennen Sie einen berühmten Pädagogen.
Čajkovski: Herberger.
Prüfer: Das meine ich nicht. Denken Sie an die Schweiz.
Čajkovski: Weiß ich nicht.
Prüfer: Pestalozzi.
Čajkovski: So hieß kein Schweizer Trainer.

Čajkovski war immer für einen Spaß und flotte Sprüche zu haben. Einen Spieler aus der Münchener Jugendabteilung sprach er nur als «kleines dickes Müller» an; es war Gerd Müller, der später zum erfolgreichsten Torjäger avancierte, den Deutschland je gesehen hat. Čajkovskis Fußballtaktik spiegelte seine Lebensfreude. Als Spieler lernte er in Jugoslawien die Ausläufer der österreichisch-ungarischen Flachpass-Schule kennen. Die Offensive sollte sein Steckenpferd werden. «Was hat das für einen Sinn, wenn der Gegner hinten mit sechs Mann operiert und ich nur vier Stürmer nach vorne bringe?», sagte er zu einer Zeit, da sich das Doppelstopper-System im 1-3-2-4 längst als Bundesliga-Standard etabliert hatte. «Es wird zu defensiv gespielt, und das macht das Fußballspiel allmählich uninteressant. Durch die Defensivtaktik spielt sich fast alles überwiegend im Mittelfeld ab. Die Zuschauer aber wollen Tore sehen.»

Čajkovski ließ auch noch mit dem WM-System spielen, als sich der Catenaccio in Deutschland längst durchgesetzt hatte. Seine Spieler sollten im Zweifel lieber nach vorne rücken, anstatt in der Defensive zu versauern. Čajkovski würzte seine offensive Formation mit einem Kurzpassspiel. Hier zeigten sich die Überbleibsel der süddeutschen Flachpass-Schule, die Čajkovski als Spieler beeinflusst hatte. Das flache Passspiel war jedoch kein Selbstzweck, sondern der Ball sollte möglichst schnell vor das gegnerische Tor gebracht werden. Die Bayern brachten viele Spieler vor den Ball, dominierten das Spiel, passten sich den Ball zu. Mit seinem hemmungslosen Offensivspiel führte Čajkovski die Bayern in die erste Liga. In der Aufstiegssaison erzielten die Bayern 146 Tore in 34 Spielen; in ihrer Bundesliga-Premierensaison gelangen ihnen 71 Tore in 34 Spielen. Die großen Triumphe Čajkovskis waren der

Pokalsieg 1966 und der Gewinn des europäischen Pokals der Pokalsieger 1967. In der Bundesliga kamen die Bayern aber nicht an 1860 heran.

Die Erfindung des Liberos

Das Jahr 1966 war allerdings nicht nur der Höhepunkt, sondern auch das Ende der Vorherrschaft von 1860 München. Von nun an sollte die Zeit der Bayern beginnen. Das entscheidende Ereignis, das zum Kräfteumschwung führte, fand bereits acht Jahre zuvor statt. Im Jahr 1958 dominierte ein Junge das Münchener Stadtgespräch. Franz Beckenbauer, in jungen Jahren noch auf der Stürmerposition unterwegs, schoss Tore am Fließband. Eigentlich wollte Beckenbauer mit 13 Jahren zu den Sechzigern wechseln. Dann verpasste ihm jedoch ein Spieler der Sechziger bei einem Freundschaftskick eine Watsch'n, wie man so schön auf Bayrisch sagt. Beckenbauer sagte 1860 ab und ging stattdessen zu den Bayern.

Beckenbauer trug wesentlich zum Aufstieg und Erfolg der Bayern bei. Mitte der sechziger Jahre dominierte er das Münchener Spiel aus dem Mittelfeld. Beckenbauer war der Kopf der Mannschaft. Schon 1965 spottete 1860-Trainer Max Merkel, der FC Bayern solle sich umbenennen in «FC Beckenbauer». Doch für den Titel, das mussten die Bayern nach 1966 feststellen, fehlte noch etwas. Immer wieder stürmten die Münchener Mittelfeldspieler blind nach vorne, am gegnerischen Strafraum postierten sich bis zu sechs Spieler. Doch schon in den Sechzigern galt das klassische Motto: «Die Offensive gewinnt Spiele, die Defensive Meisterschaften». Die Bayern standen defensiv zu labil, um ernsthaft um den Ligatitel zu konkurrieren. Das WM-System, auf das die Bayern oft setzten, war dem moderneren, defensiveren Doppelstopper-System vieler Bundesligisten unterlegen. Die Bayern gingen auswärts mit ihrer offensiven Strategie regelmäßig baden. Beckenbauer hatte nicht das Gefühl, dass er mit München die Liga gewinnen würde. Sein Manager Robert Schwan flüsterte ihm zu, er könne im Ausland mehr Geld verdienen, und im Sommer 1966 wollte Beckenbauer schließlich wechseln. Er hatte ein Angebot von Inter Mailand vorliegen.

Kurz vor der WM 1966 war sich Beckenbauer bereits mit dem Club von Helenio Herrera einig. Nach der WM im Juni sollte der Wechsel über die Bühne gehen. Doch dazu kam es nicht, weil Italien nach der verkorksten Weltmeisterschaft den Vereinen verbot, ausländische Spieler zu verpflichten. So wollte der italienische Verband die eigene Nationalmannschaft stärken.

Im Mai vor der WM war das für Beckenbauer natürlich nicht absehbar. Er fuhr zusammen mit einem Journalisten über die Alpen, um seinen neuen Club näher zu begutachten. Dabei sah er einen Spieler, der sein Denken über Fußball verändern sollte: Giacinto Facchetti, den offensiven Außenverteidiger von Inter. Facchetti interpretierte seine Rolle auf dem Flügel nicht defensiv, nein, er stieß immer wieder nach vorne, kurbelte das Spiel seiner Mannschaft an, war ständig präsent. Warum, so der Gedanke von Beckenbauer, könnte man diese Vorstöße nicht auch aus dem Abwehrzentrum starten?

Nach dem geplatzten Wechsel verfolgte Beckenbauer diese Idee. Er kämpfte dafür, bei den Bayern als Ausputzer spielen zu dürfen, zum Missfallen von Čajkovski. Der Ausputzer war

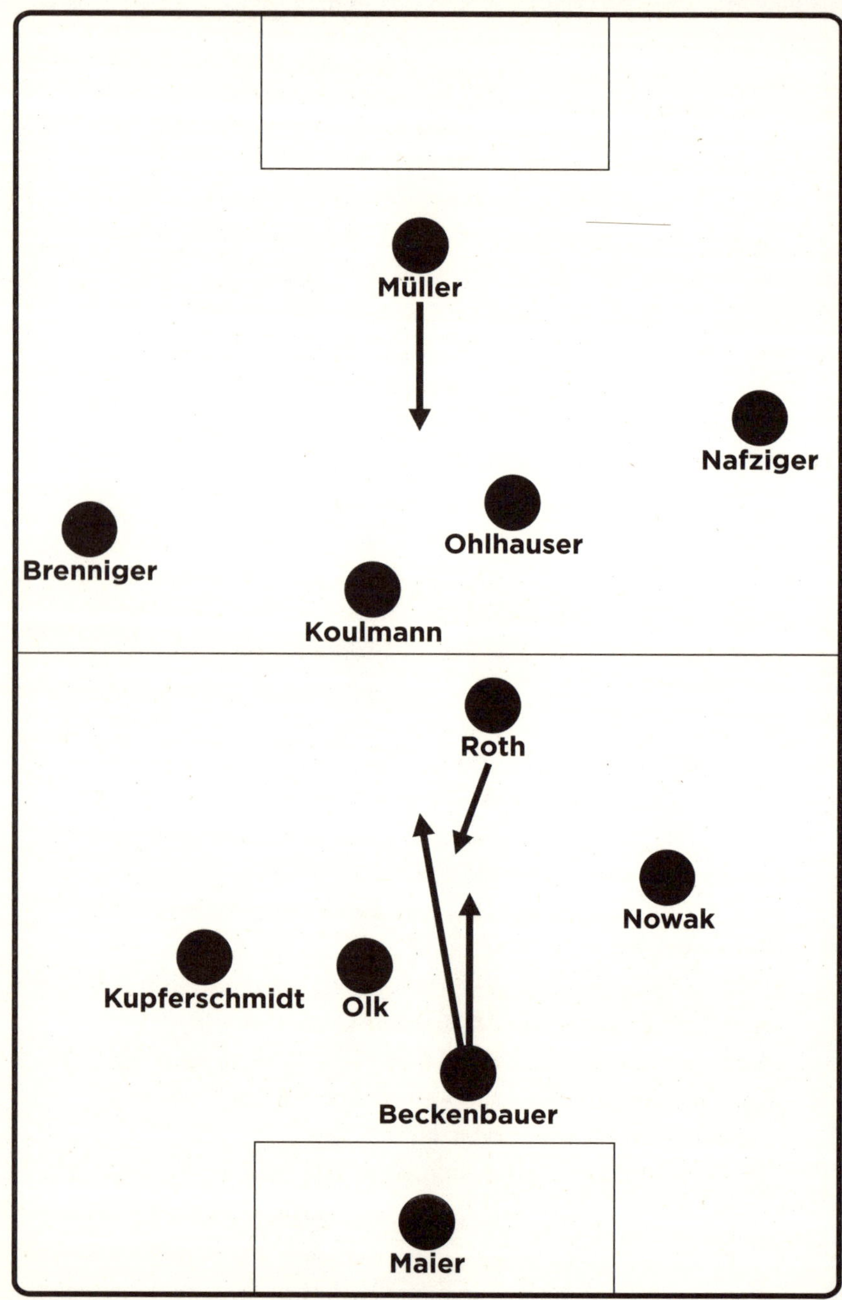

Der FC Bayern München unter Trainer Zlatko Čajkovski.

eigentlich eine defensive Rolle, eine Aufgabe, die zum Catenaccio gehörte, nicht zu Čajkovskis Offensivstil. Beckenbauer interpretierte diese Rolle jedoch völlig neu. Defensiv deckte er, wie für einen Ausputzer üblich, hinter seinen Kollegen den Raum. Offensiv jedoch schaltete er sich ein, stieß so oft wie möglich in die gegnerische Hälfte vor, stolzierte mit dem Ball am Fuß nach vorne. Beckenbauer erfand den Libero.

Libero
Streng genommen ist der Libero nur der italienische Begriff für den Ausputzer. Übersetzt bedeutet er «freier Mann». In Deutschland wurde er zunächst synonym zu dem Begriff «Ausputzer» verwendet. Durch Franz Beckenbauer wandelte sich der Gebrauch des Begriffs. Der Libero bezeichnete fortan einen offensiven Ausputzer, wie ihn Beckenbauer spielte. Vom Ausputzer spricht man seither nur noch, wenn der letzte Verteidiger sich nicht in die Offensive einschaltet.

Es ist eine schöne Geschichte. Der Revolutionär, der bei einer Reise ins Ausland den entscheidenden Impuls findet, der ihm vorher fehlte, und sich zu Hause gegen alle Widerstände durchsetzt. Wie so viele Geschichten über den Fußball klingt Beckenbauers Italien-Reise jedoch ein wenig zu schicksalhaft, um wahr zu sein. In der Tat gibt es einige Indizien, dass Beckenbauer bereits vor seiner Italien-Reise aus der Abwehr heraus das Spiel dirigierte. Er spielte schon in der Saison 1965/66 oft in der Abwehr, da die Bayern hier eine Verletzungskrise plagte. In den zeitgenössischen Berichten des *kickers* finden sich bereits Elogen auf das offensive Spiel, das Beckenbauer

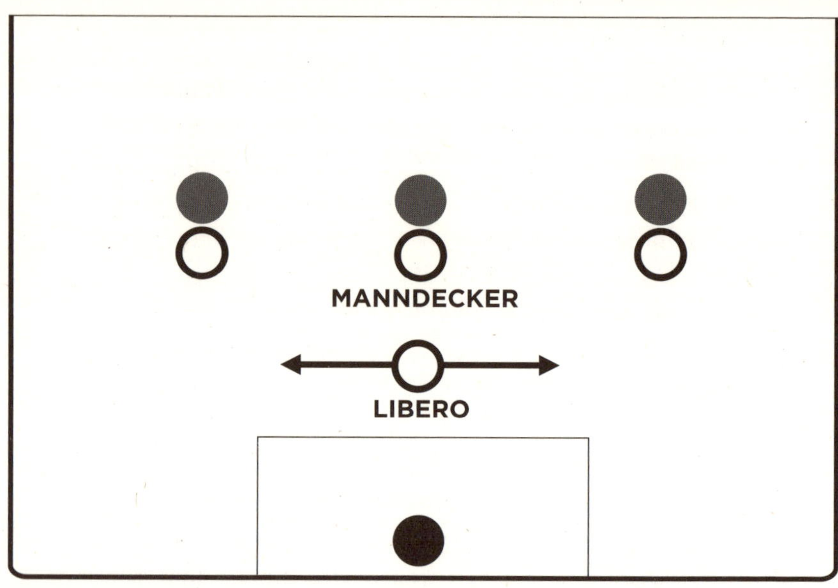

Die taktische Rolle des Liberos: Er putzt hinter den Manndeckern aus und sichert den Raum.

aus dem Abwehrzentrum heraus aufzog. Es gab sogar Münchener Jugendtrainer, die Jahre später behaupteten, sie hätten Beckenbauer bereits in den Nachwuchsmannschaften als Libero spielen lassen.

Egal, wie Beckenbauer zu seiner Libero-Rolle kam; sie war letztlich das entscheidende Puzzlestück, das den Bayern gefehlt hatte, um an die Spitze zu gelangen. Immer wieder stieß Beckenbauer mit dem Ball am Fuß nach vorne. Mit seiner Dynamik wirbelte er gegnerische Abwehrreihen durcheinander. Praktisch alle Bundesligisten spielten mit Manndecker. Die Manndecker begannen ihre Arbeit meist jedoch erst in der eigenen Hälfte. Beckenbauer entzog sich durch seine tiefe Rolle seinem Manndecker, um dann urplötzlich nach vorne zu laufen. Er schüttelte damit seinen Bewacher ab und wurde zum «freien Mann» in der gegnerischen Hälfte. Während Beckenbauers Vorstößen ließ sich Mittelfeldmann Franz Roth, von seinen Kollegen nur «Bulle» genannt, nach hinten fallen. Er stopfte notdürftig die Lücken, die Beckenbauer bei seinen Ausflügen hinterließ. Beckenbauer fand dabei immer eine Anspielstation, denn in Čajkovskis System standen genug Stürmer frei. Entscheidend war, dass Beckenbauer bei seinen Vorstößen das Überraschungsmoment auf seiner Seite hatte.

Bayern gewann mit diesem Spiel die Herzen vieler Fußballfans, weit über die Region München hinaus. Doch den Bundesliga-Titel gewannen sie mit ihrem Offensivfußball nicht, trotz Beckenbauers neuer Rolle. 1968 entließ Bayerns Führung Čajkovski. Sie glaubten, ihm fehle der nötige Ernst, um aus seinen Bayern einen Meister zu formen. Nachfolger Branko Zebec war Landsmann von Čajkovski, damit sind die Parallelen aber bereits erschöpft. Čajkovski ging locker mit seinen Spielern um, Zebec maßregelte sie, ganz besonders den Star Beckenbauer. Čajkovski war ein Mann der Offensive, Zebec wesentlich rationaler. Čajkovski mochte es nicht, zu viel über taktische Konzepte nachzudenken – Hauptsache offensiv. Zebec war ein strenger Fußballtheoretiker.

Zebec stellte das Spiel der Bayern auf eine Formation um, die mehr dem 4-4-2 heutiger Tage als dem Doppelstopper-System der sechziger Jahre ähnelte. Im Mittelfeld deckte die Mannschaft den Raum, die Abwehrspieler verfolgten eng den Mann – außer Beckenbauer natürlich, der hinter der Abwehr den freien Mann gab. In der Praxis war es ein 1-3-4-2-System. Aus der Ära Čajkovski überlebte nur das flache, langsame Kombinationsspiel. Es sollte zum Markenzeichen der Bayern werden. Kontrolliert bauten sie das Spiel aus der Abwehr auf, bis Beckenbauer die entscheidende Lücke für seine Vorstöße fand.

Besonders ein Angriffszug sollte in die Geschichte des FC Bayern eingehen: Vorstoß Beckenbauer, Doppelpass mit Müller. Gerd Müller wird heute oft auf seine Tore reduziert; dabei war er für seine Zeit ein ungewöhnlich mitspielender Stürmer. Pässe mit dem Rücken zum gegnerischen Tor spielte er präzise wie kein Zweiter. Das Tandem Beckenbauer-Müller wurde die große taktische Konstante der Bayern über ein Jahrzehnt hinweg. Im Kontext von Zebec' rationalerer Spielweise funktionierte auch dieses Tandem besser. Vor allem aber gelang es Zebec mit seinem neuen System, die Defensive zu stabilisieren. Er führte die Bayern 1969 zum heiß ersehnten Bundesliga-Titel, der eine Münchener Ära begründen sollte. Ganz allein waren sie an der Spitze jedoch nicht. Schon bald sollten sie einen Konkurrenten bekommen.

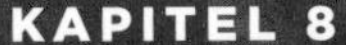

KAPITEL 8

Die Fohlen und ihr Dompteur

Innovation durch Rivalität, Teil 2: Borussia Mönchengladbach (1966–1970)

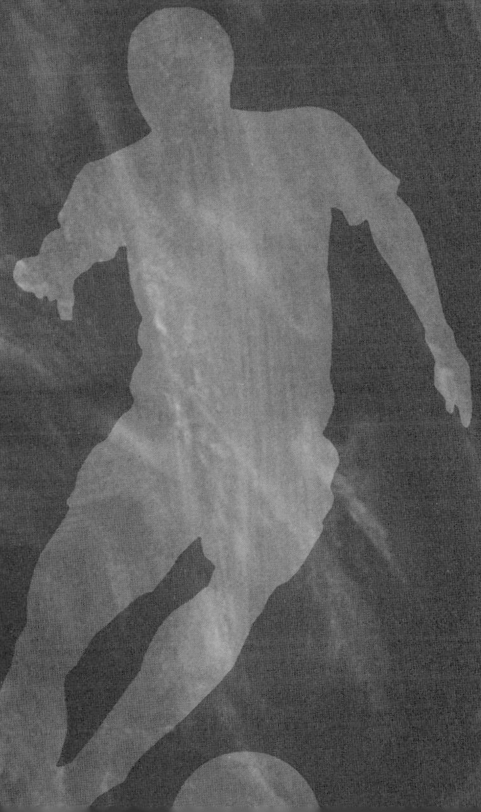

Der lange Ball, der schnelle Ball

Hans «Hennes» Weisweiler war 1964 nicht zu beneiden. Seine Trainerkarriere schien beendet, noch ehe sie richtig begonnen hatte. Er war bereits zwanzig Jahre im Trainergeschäft tätig, doch so richtig angekommen war er nie. Weisweiler, als Spieler ein mäßig begabter, beinharter Verteidiger, lernte Mitte der vierziger Jahre Sepp Herberger kennen. Die beiden einte ihre Leidenschaft für den Fußball, und Herberger wurde Weisweilers Mentor. 1947 war Weisweiler Jahrgangsbester des ersten Trainerlehrgangs nach dem Krieg. Es folgten Stationen als Spielertrainer beim 1. FC Köln, ein Intermezzo als Herbergers Assistenztrainer in der Nationalmannschaft und ein sechs Jahre andauerndes, aber mäßig erfolgreiches Engagement beim Oberligisten Viktoria Köln. Als er den Club 1964 verließ, war kein Bundesligist ernsthaft an ihm interessiert – und das, obwohl er unter seinem Freund und Förderer Herberger zum Chefausbilder der DFB-Trainerakademie aufgestiegen war.

Es brauchte ein gutes Wort von Herberger, um Weisweiler

ins Geschäft zurückzubringen. Ein Verein aus Mönchengladbach suchte 1964 einen neuen Trainer. Borussia Mönchengladbach war zu dieser Zeit ein noch kleinerer Fußballzwerg als der FC Bayern. Zwar gewann Gladbach 1960 den DFB-Pokal. Allerdings blamierte man sich im Jahr darauf im europäischen Pokalsieger-Wettbewerb, als man mit 0:3 und 0:8 gegen die Glasgow Rangers ausschied. Bei der Zusammenstellung der Bundesligisten dachte niemand beim DFB an Gladbach. Die Borussia wandte sich an Herberger. Sie hofften, dass er einen Trainer kannte, der den Verein groß herausbringen kann. «Nehmen Sie Weisweiler, für den bürge ich», antwortete Herberger.

Genau wie ajkovki musste Weisweiler 1964 sein Engagement in der Regionalliga beginnen. Was er in Gladbach vorfand, war nicht die schlechteste Basis. In der ersten Mannschaft war zwar wenig Talent vorzufinden, dafür schlummerten in den Jugendmannschaften einige Rohdiamanten. Jupp Heynckes war ein pfeilschneller Stürmer, der praktisch jede Position im Angriff spielen konnte. Bernd Rupp schoss als Mittelstürmer Tore am Fließband. Bei Clubs in der Umgebung entdeckte Weisweiler noch Berti Vogts, einen harten Verteidiger, sowie Herbert Wimmer, der als Energiebündel im Mittelfeld von unschätzbarem Wert für den Verein werden sollte.

Das alles überragende Talent war jedoch Günter Netzer. Auf den ersten Blick sah er nicht aus wie ein angehender Superstar. Seine Statur war eher schmächtig, sein Aussehen unauffällig, sein Haar fein zur Seite gekämmt. Mit 1,80 Meter Körpergröße war er zu jener Zeit größer als seine Mitspieler, was ihm den Spitznamen «Langer» einbrachte. Jahrzehnte später entstand kurioserweise der Eindruck, Netzer sei kleinwüchsig. Als ARD-Experte kommentierte er um die Jahrtausendwende

Länderspiele an der Seite von Gerhard Delling. Delling war einen ganzen Kopf größer als sein kongenialer Partner. In Wahrheit ist Netzer aber nicht gerade klein, nur Delling ist sehr groß. Der ARD-Moderator misst über 1,90 Meter.

Unter Netzers unscheinbarem Äußeren versteckte sich ein fußballerischer Feingeist, der zum Herzstück des Gladbacher Spiels wurde. Seine langen Schläge gingen in die deutsche Fußballgeschichte ein. Nominell spielte Netzer im Mittelfeld vor der Abwehr. Praktisch ließ er sich jedoch ständig zurückfallen, war oft tiefster Gladbacher Spieler. So kam er bereits früh an den Ball und schüttelte gegnerische Manndecker ab. Er war quasi der Gegenpol zu Beckenbauer: Beckenbauer stieß vor, Netzer ließ sich zurückfallen. Der Unterschied zwischen beiden war: Beckenbauer präferierte das Flachpass-Spiel, Netzer spielte weite, hohe Bälle nach vorne. Aus der Tiefe schlug Netzer kunstvolle Flugbälle über den ganzen Platz, denen seine Mitspieler hinterhersprinteten. Der FAZ-Literaturchef Karl Heinz Bohrer mystifizierte später die Spielweise Netzers in einem Satz: «Netzer kam aus der Tiefe des Raumes.»

Netzer war der Spielmacher des Teams, forderte ständig den Ball, genoss völlige Freiheiten. Das funktionierte, weil seine Mittelfeldkollegen die Aufräumarbeit für ihn verrichteten. Netzer war zwar nie so faul, wie er sich nach seiner Karriere gerne darstellte. Doch die Defensive vernachlässigte er schon manches Mal. Gerade Kopfballduelle waren ihm ein Graus. Sein Spielpartner Wimmer kaschierte diese Probleme. Er war einer der laufstärksten Fußballer, die Deutschland je hervorgebracht hat – und dazu noch einer der taktisch klügsten. Nicht wenige halten Wimmer, nicht Netzer für die wahre Seele der Gladbacher Mannschaft (darunter auch der Autor dieses Buchs).

Spielmacher

Als Spielmacher bezeichnet man den Spieler einer Mannschaft, bei dem alle Fäden zusammenlaufen. Er ist in der Offensive dafür zuständig, mit seinen Pässen die Stürmer zu bedienen. Die Bezeichnung Spielmacher sagt noch nichts aus über die Position eines Spielers. Er kann auf der Liberoposition spielen wie Beckenbauer, im zentralen Mittelfeld wie Netzer oder im offensiven Mittelfeld wie Wolfgang Overath vom 1. FC Köln. Der Begriff Spielmacher bezeichnet weniger eine taktische Rolle als die Stellung innerhalb einer Mannschaft. Die Mitspieler suchen den Spielmacher, passen den Ball zu ihm, erhoffen sich von ihm Ideen. In Deutschland wurde ein Spielmacher lange Zeit als Führungsspieler einer Mannschaft angesehen, quasi als ideologischer Nachfolger des Mittelläufers im 2-3-5-System.

Netzers Talent für lange Bälle war genau das, worauf Weisweiler seine ganze Trainerkarriere lang gewartet hatte. Zeitlebens war Weisweiler vernarrt in den englischen Fußball. Ähnlich wie Otto Nerz reiste er ständig auf die Insel, um sich Spiele der englischen Top-Teams anzuschauen. Er sah, dass der Fußball in England wesentlich schneller gespielt wurde als in Mitteleuropa. Das Konterspielelement der Catenaccio-Ära fiel in England auf fruchtbaren Boden, denn es passte zur englischen Kick-'n'-Rush-Philosophie. Ein, zwei Ballberührungen, und schon wurde der Ball nach vorne gejagt. 1966 eroberte England den Weltmeistertitel mit einer Mannschaft, die fast gänzlich auf Flügelspieler verzichtete. Stattdessen zogen die Außen in die Mitte, um bereitzustehen für die schnellen Pässe nach vorne. England spielte praktisch im 4-3-1-2: Spielmacher

Bobby Charlton spielte im offensiven Mittelfeld hinter zwei Stürmern, dahinter ein defensiver Mittelfeldspieler und die zwei einrückenden Außenspieler. Weisweiler saß im Wembley-Stadion, als Englands «Wingless Wonders», die flügellosen Wunder, die deutsche Nationalmannschaft besiegten und damit Weltmeister wurden. (Über das entscheidende Tor legen wir an dieser Stelle einen Mantel des Schweigens.)

Für Weisweiler war klar: Das war das Spiel der Zukunft. Noch stärker als Herberger war er vernarrt in die Idee, dass alle Spieler angreifen und verteidigen müssen. Nur ging er noch weiter als sein Förderer. Er forderte von seiner Mannschaft höchstes Tempo und ständiges Angreifen. Wenn der Ball gewonnen wurde, sollten die Außenstürmer sofort in die Mitte starten und sich für lange Schläge anbieten. Auch die Außenverteidiger sollten im Angriffsfall aufrücken. Das Mittelfeld wiederum musste aufpassen, dass der Ball nicht direkt zurückkam. «Es muss eine genau abgestimmte Verbindung zwischen aggressiven Stürmern, den klug abschirmenden Mittelfeldspielern und der eigenen Abwehr bestehen», sagte Weisweiler. Atempausen waren nicht vorgesehen.

Systematisch ordnete Weisweiler seine Mannschaft in einer 1-3-3-3-Formation an, eine weitere taktische Spielerei, die er in England entdeckt hatte. Dort war das 4-3-3-System sehr beliebt. Weisweiler änderte es ab und spielte statt mit Raumdeckung mit einem Ausputzer und Manndeckung. Faktisch rückte Gladbach bei Kontern aber so furios auf, dass die Formation keine Rolle spielte. Die Außenstürmer liefen dabei weit in die Mitte, um als Abnehmer der langen Bälle zu fungieren. Jupp Heynckes beispielsweise spielte auf dem Papier mal links, mal rechts, mal im Zentrum. In der Praxis lauerte er jedoch immer weit vorne auf die langen Zuspiele von Netzer.

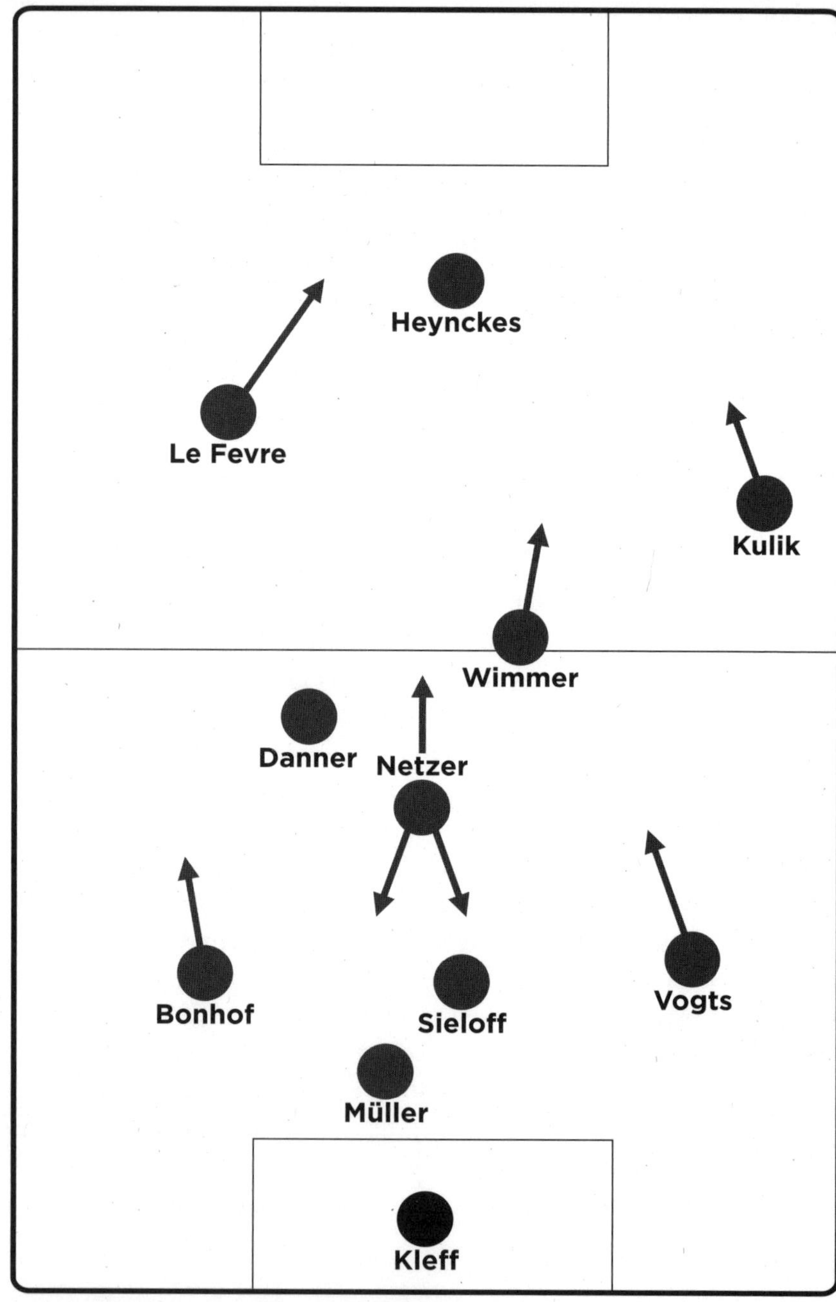

Borussia Mönchengladbach aus dem Jahr 1972.

Weisweiler übernahm hierbei den taktischen «Wirbel» seines Mentors Herberger. Auch bei Weisweiler sollten die Stürmer ihre Positionen tauschen.

Im Kern war der Fußball von Gladbach dabei reaktiv; der Gegner durfte den Ball haben, sollte den Ball sogar haben – man selber lauerte auf Konter. Anders als die Bayern wollte Weisweilers Team den Ball nicht lange halten. Den Gegner im Mittelfeld attackieren, furios umschalten – das war die Strategie. Das Wichtigste war das Tempo. In einem Spiel beschwerte sich ein Linienrichter bei Netzer: «Ihr seid zu schnell für mich, mit euch komme ich nicht mit.»

Weisweiler als cleveren Taktiker darzustellen wäre aber zu viel des Guten. Für ihn stand seine Fußballphilosophie im Vordergrund. Das hatte er mit Čajkovski gemeinsam. Er war kein Tüftler wie Herberger oder Zebec, arbeitete nicht versessen an taktischen Details. Innovativ war er eher in anderen Bereichen. Anfang der sechziger Jahre hatte er in England eine Trainingsmethode entdeckt, die in Deutschland gänzlich unbekannt war: das Zirkeltraining. Jeder Schüler, der im Sportunterricht Opfer dieser Methode wurde, weiß ganz genau, wieso Weisweilers Spieler über das harte Konditionstraining stöhnten. Das Zirkeltraining brachte Gladbach die nötige Kondition, um das kräftezehrende Konterspiel durchzuziehen. Das zweite Steckenpferd von Weisweiler war die Technik. Er forderte von seinen Spielern, möglichst häufig mit dem Spann zu passen. Damit sind kraftvolle, lange Pässe möglich, anders als beim Stoß mit der Innenseite des Fußes, der für mehr Genauigkeit steht. Als Chefausbilder des DFB schrieb er diese Ideen als Leitbilder für die Trainerausbildung vor und sorgte damit dafür, dass sie sich in Deutschland verbreiteten.

Weisweiler war ein Fuchs. Als Chefausbilder des DFB

mussten alle Kollegen bei ihm in die Lehre gehen, ehe sie in der Bundesliga trainieren durften. Er kannte somit jeden Kollegen, wusste um ihre Stärken und Schwächen. In der Trainerausbildung führte er zudem eine offene Stunde ein. Dort mussten die angehenden Trainer erzählen, was in ihren Clubs gerade los ist. Weisweiler war damit immer über die Konkurrenz im Bilde. Er kannte neue taktische Trends und vielversprechende Talente als Erster.

Gladbachs Erfolgsgeschichte ähnelt der von Bayern München. Beide stiegen 1965 mit stürmischem Angriffsfußball auf und behielten diesen auch in der Bundesliga bei – dem Defensivtrend entgegen. Im Detail unterschieden sie sich, in der Sache waren sich Čajkovski und Weisweiler jedoch einig: lieber 5:4 gewinnen als 1:0. Beide spielten sich mit dieser Art Fußball in die Herzen der Fans und an die Spitze der Liga. Doch genau wie die Bayern sollte auch Gladbach erst Titel gewinnen, als die kompromisslos offensive Taktik ein Stück weit aufgeweicht wurde.

Weisweiler stärkt die Defensive

Von Beginn an war sich Weisweiler nicht immer einig mit seinem Spielmacher Günter Netzer. Es gab Tage, an denen sich beide prächtig verstanden, und dann gab es teils monatelange Phasen, in denen beide nicht miteinander redeten, im wahrsten Sinne des Wortes: Berti Vogts musste als Dolmetscher zwischen den beiden vermitteln – und das sogar, wenn Weisweiler und Netzer direkt nebeneinanderstanden. Was war der Grund dafür, dass sich zwei erwachsene Männer wie im Kindergarten aufführten?

Netzer war nicht immer einverstanden mit Weisweilers totaler Offensive, dem ständigen Aufrücken, dem kräftezehrenden Spiel in die Spitze. Er wollte mehr Ruhepausen, den Ball auch mal in den eigenen Reihen laufen lassen. Weisweiler, eigentlich ein für seine Zeit recht kommunikativer Trainer, war auf diesem Ohr taub. Einen schlimmen Streit hatten die beiden nach einem Spiel gegen Arminia Bielefeld. Netzer hatte seine Kollegen angewiesen, beim Stand von 1:0 das Tempo herauszunehmen. Sie passten sich im Mittelfeld den Ball zu und sicherten damit das Ergebnis. Gladbach gewann 2:0. Weisweiler stürmte wutentbrannt in die Kabine. «Das lasse ich nicht mit mir machen!», brüllte der ansonsten eher ruhige Coach. «Ich lasse mir meinen Namen nicht von Ihnen kaputt machen, Herr Netzer!» Doch selbst Sepp Herberger zeigte sich später solidarisch gegenüber Netzer. Auch für ihn war Weisweilers Fußballphilosophie des ständigen Störens des Gegners und des dauernden Aufrückens zu extrem.

Nur ein einziges Mal hörte Weisweiler tatsächlich auf Netzers taktischen Rat. «Herr Weisweiler, wir gehen kaputt, wir können auf Dauer gar nicht so viele Tore schießen. Wenn wir nicht die Abwehr verstärken, wird das nichts mit dem Titel», prophezeite Netzer nach der Saison 1968/69. Den Gladbachern war im Titelrennen die Puste ausgegangen. Sie wurden nur Dritter, während die Bayern den Titel gewannen. Weisweiler handelte. Gladbach verpflichtete in Ludwig Müller und Klaus-Dieter Sieloff zwei routinierte Verteidiger, die weniger impulsiv aufrückten als ihre Vorgänger. Gladbach gewann 1970 den Titel und 1971 gleich noch einmal.

Die Gemeinsamkeiten zwischen Borussia Mönchengladbach und Bayern München sind erstaunlich: In beiden Vereinen waren die wichtigsten Charaktere Herberger-Schüler, die eine offensive Fußballphilosophie verfolgten, und jeweils ein junger Spielmacher, der zur Legende werden sollte. Beide Clubs feierten erst Erfolge, als sie ihre offensive Spielphilosophie mit defensiven Elementen verknüpften, und beide waren ihrer Zeit taktisch und spielerisch voraus – weil sie etwas wagten im Vergleich zur auf Sicherheit spielenden Konkurrenz.

Dennoch sollten sie als Gegenpole in die deutsche Fußballgeschichte eingehen. Zwischen 1969 und 1977 gingen sämtliche Bundesliga-Titel entweder nach München oder nach Mönchengladbach. In der Folge wurden nicht die Ähnlichkeiten, sondern die Unterschiede der beiden Clubs herausgestellt. Die Bayern wurden gerne als konservativer Club bezeichnet; sie spielten langsamen, dominanten Ergebnisfußball, so lautete der gängige Vorwurf ab der Ära Zebec. Gladbach hingegen galt als modernes Vorbild mit schnellem, furiosem Angriffsfußball. Die Debatte hatte ein bisschen etwas von der ideologischen Wucht der zwanziger und dreißiger Jahre, als sich der süddeutsche Flachpass-Stil und Nerz' englisch angehauchter Husaren-Stil gegenüberstanden.

Aus taktischer Sicht waren die Unterschiede aber nie so groß, wie sie später erschienen. Es gab wesentlich mehr Parallelen, als sich die Protagonisten eingestanden hätten. Beide Teams dominierten den Gegner; die einen mit furiosen Attacken aus dem Mittelfeld, die anderen mit langen Ballstafetten. Beide Teams hatten einen Kopf, der das Spiel aus der

Tiefe gestaltete; Beckenbauer stieß vor, Netzer fiel zurück. Das Kalkül hinter den beiden taktischen Manövern war das gleiche: Durch die tiefe Position entzogen sich Beckenbauer und Netzer dem Zugriff ihres Manndeckers. Diese wagten sich nur selten über die Mittellinie hinaus, schließlich hätte die verteidigende Mannschaft einen Spieler in der eigenen Hälfte verloren. Sowohl Netzer als auch Beckenbauer konnten aus der Tiefe heraus mehr bewegen, weil ihnen nicht andauernd ein Gegenspieler auf den Füßen stand. Und das war notwendig, schließlich war die rigorose Manndeckung in der Bundesliga weit verbreitet. Erst als beide Clubs erfolgreich waren, stellten die Gegner feste Manndecker auf Netzer und Beckenbauer ab. Netzer behauptete später sogar, es hätte Spieler gegeben, die haben in einer Saison genau vier Spiele gemacht – zwei als Manndecker gegen ihn, zwei als Manndecker gegen Beckenbauer. Durch ihre individuelle Klasse konnten sie sich aber auch trotz enger Deckung behaupten.

Die Parallelen der beiden Teams hören hier noch nicht auf: Ab den frühen Siebzigern näherten sich beide Mannschaften einander immer weiter an. 1973, in seinem letzten Jahr bei Gladbach, spielte Netzer einen Großteil der Saison als Libero. Anschließend wechselte Netzer zu Real Madrid. Er bekam vom *kicker* gute Kritiken, auch wenn Weisweiler beizeiten seine schwache Defensivarbeit bemängelte. Auch formativ glichen sich beide Teams an. Die Bayern spielten ab 1970 unter Udo Lattek wie Gladbach eine Art 1-3-3-3. Das war auch die einzige taktische Innovation von Lattek. Er begnügte sich damit, das Fundament auszureizen, das Čajkovski und Zebec gelegt hatten. Beide Teams spielten also ein 1-3-3-3-System mit einem dominanten Libero. Bei Gladbach war das Spiel schneller und kam etwas stärker aus dem Mittelfeld, während bei den Bayern

Außenverteidiger Paul Breitner und Libero Franz Beckenbauer die Fixposten des ruhigeren Aufbauspiels waren. Der einzige wirkliche Unterschied der Teams war: Bayern spielte flach und auf Ballbesitz – Gladbach konterte und spielte den Ball direkt in die Spitze.

Das Spiel der Gladbacher blieb insgesamt stärker im kollektiven Gedächtnis haften. Noch heute werden die Gladbacher in Fankreisen mystifiziert, gelten als größtes Team ihrer Zeit. An der Frage, warum die Gladbacher verehrt und die Bayern von vielen verachtet werden, sind schon klügere Köpfe gescheitert. Vielleicht liegt es daran, dass Gladbach stets der Ruf umgab, dass sie in Schönheit starben; bei den entscheidenden Spielen im Europapokal hatten sie viel Pech. So wurde 1971 ein 7:1-Sieg über Inter Mailand annulliert, weil ein Mailänder Spieler angeblich von einer Dose getroffen wurde. Das Wiederholungsspiel endete 0:0, Gladbach schied aus. Die Bayern hingegen gewannen zwischen 1974 und 1976 drei Landesmeister-Titel hintereinander, jedes Mal mit einer gehörigen Portion Glück. Der Begriff «Bayern-Dusel» wurde zum geflügelten Wort.

Vielleicht gefiel Gladbachs schneller Stil der deutschen Fußballöffentlichkeit auch einfach besser. Seit den Erfolgen von Nerz standen die Fans dem englischen Fußball näher als dem kontinentaleuropäischen. Netzer war als Spielmacher aus dem Mittelfeld so etwas wie der inoffizielle Nachfolger des beliebten Mittelläufers. Möglicherweise hat auch Weisweiler recht, der in den Siebzigern feststellte: «Der Ausdruck unserer Zeit ist das Tempo. Rennen und Jagen beherrschen uns fast in jeder Minute. Der harte Lebenskampf fordert uns immer wieder in die Schranken. So entspricht gerade ein Fußballspiel mit hohem Tempo und Einsatz dem modernen Geschmack.»

Vielleicht hat es aber auch gar nichts mit dem Fußball

selbst zu tun. Gladbach haftete ein Rebellen-Image an, das sich Günter Netzer nach und nach erarbeitete. Netzer ersetzte den Seitenscheitel durch lange Haare, kokettierte mit der Studentenbewegung, eröffnete eine Disko. Er galt als verwegen. Beckenbauer hingegen verfolgte schnell der Ruf des reichen Schnösels. Selbst Beckenbauers Art, Fußball zu spielen, galt als abgehoben. «Weil bei Beckenbauer vieles so leicht aussieht», verteidigte ihn der *kicker*, «wirkt er manchmal lässig. Das liegt auch daran, dass Arme und Beine bei ihm einhängen. Er hat den Gang eines Seeoffiziers ... Das ist, sagen wir mal, ungewohnt für Leute, die Fußballspielen mit der Arbeit am Hochofen verwechseln, schon fast provozierend.»

Ein Mythos kann erst dann entstehen, wenn es keine oder nur wenig Fakten zu einem Thema gibt. Interessanterweise gibt es wesentlich weniger Videomaterial zu Weisweilers Gladbachern als zu den Bayern aus jenen Jahren. Für die Schilderung der Gladbacher Taktik musste ich mich fast ausschließlich auf die Aussagen der Protagonisten und auf die Presseerzeugnisse der Zeit verlassen. Die Spiele der Bayern aus jener Zeit sind besser archiviert, ich habe sowohl von Zebec' als auch von ajkovkis Bayern Spiele in voller Länge sehen können. Vielleicht sind die Elogen auf das Gladbacher Spiel auch schlicht übertrieben; vielleicht war ihre Taktik gar nicht so spektakulär, wie sie später gemacht wurde.

Auf jeden Fall aber läuteten Gladbach und Bayern eine neue Ära im deutschen Fußball ein. Das Duell Gladbach gegen Bayern hielt die Bundesliga zehn Jahre lang in Atem. Sie brachten moderne Formationen wie das 1-3-3-3 und das 1-3-4-2 in die Liga. Und sie stellten das Rückgrat einer Nationalmannschaft, die als eine der besten in die deutsche Geschichte eingehen sollte.

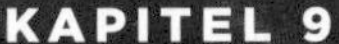

KAPITEL 9

Der (fast) totale Fußball

Die goldenen Siebziger und der Mann mit der Mütze (1970–1976)

Der Fußball der Niederländer

In der gegenwärtigen Pop-Musik gibt es zwei Arten von Künstlern: solche, die selber etwas erschaffen – und solche, die Musik anderer Künstler remixen. Heute kommen einige der erfolgreichsten Remix-Künstler aus Deutschland. Robin Schulz und Felix Jaehn beispielsweise feiern mit ihren Remixen weltweit Erfolge. Ihre Kunst besteht darin, Songs so zu mixen und abzuändern, dass sie dem modernen Geschmack entsprechen.

Die Geschichte der deutschen Fußballtaktik folgt einem ähnlichen Muster: Ein Visionär im Ausland revolutioniert die Fußballtaktik, und ein deutscher Trainer greift diese Ideen auf. Deutschland war schon immer ein Remix-Künstler in Sachen Fußball: Man nahm Ideen aus dem Ausland und reicherte sie mit deutschen Spezialitäten wie der Manndeckung an. Fertig war der deutsche Fußball. Es dürfte kaum jemanden verwundern, dass auch die Spielzüge der goldenen Siebziger, die Hochzeit des deutschen Fußballs, ihre Ursprünge nicht in

Deutschland hatten. Die ausschlaggebende taktische Revolution dieser Zeit fand in einem unserer Nachbarländer statt.

Bis in die sechziger Jahre hinein waren die Niederlande ein Fußballzwerg. Nach dem Zweiten Weltkrieg konnte man sich in sechs Versuchen nicht ein einziges Mal für eine Weltmeisterschaft qualifizieren. Der größte (und auch einzige) Triumph in diesen Jahren war ein 2:1-Erfolg im Jahre 1956 gegen Weltmeister Deutschland. Zur Ehrenrettung von Herbergers Weltmeistern sei gesagt: Der Platz war nach einem Schneesturm kaum bespielbar. Drei Jahre später schlug Herbergers Mannschaft die Niederlande bei regulären Bedingungen mit 7:0.

Die Geschichte des Aufstiegs des niederländischen Fußballs beginnt in Amsterdam. Jack Reynolds (jener Engländer, der 1914 nicht deutscher Nationaltrainer wurde) lehrte nach dem Ersten Weltkrieg bei Ajax Amsterdam das flache, technisch anspruchsvolle Spiel schottischer Art. Amsterdam war schon früh ein Außenposten der Flachpass-Schule. Ajax' Spieler waren bekannt dafür, technisch besser geschult zu sein als ihre Konkurrenten in der niederländischen Liga. Einer von Reynolds' Schülern hieß Rinus Michels. Michels spielte viele Jahre bei Ajax Amsterdam, auch unter dem Trainer Reynolds. 1965 trat Michels den Trainerposten bei Ajax an und entwickelte das Fundament weiter, das Reynolds gelegt hatte.

Fast allen Fußballexperten war in den sechziger Jahren klar, dass die starre Aufteilung in Angreifer und Verteidiger der Vergangenheit angehörte. Schon Herberger hatte daran gerüttelt. In Deutschland taten es ihm sein Schüler Weisweiler und viele andere gleich: Verteidiger sollten angreifen und Angreifer verteidigen. Hierzulande wurde dieses Mantra aber zumeist defensiv interpretiert: Die Mittelfeldspieler mussten nun auch Deckungsarbeiten übernehmen, die Angreifer ihren

Gegner stören. Das Vorstoßen übernahmen hingegen nur einzelne Verteidiger, nie aber die gesamte Mannschaft.

Michels war der erste Trainer, der die Idee, jeder Spieler müsse jede Position spielen können, wirklich zu Ende dachte. Ende der sechziger Jahre war sein Ajax-Team so weit, seinen angestrebten Stil umzusetzen: ein Spiel gänzlich ohne feste Positionen. Ajax' Angreifer rochierten ständig, bewegten sich unablässig in neue Räume. Wenn ein Verteidiger vorstieß, sicherte ein Angreifer für ihn ab. Wenn ein Angreifer wiederum zurückfiel und den Ball forderte, wusste der Verteidiger, dass er vorzurücken hat. Ajax spielte nicht mehr klassisch nach Positionen. Der rechte Verteidiger konnte im offensiven Zentrum auftauchen, der Mittelstürmer auf dem linken Flügel.

Das Team war bei diesen Wechselspielen flexibler als die anderen Mannschaften ihrer Zeit. Nicht nur einzelne Spieler wie Beckenbauer oder Facchetti rückten auf; jeder Verteidiger konnte am gegnerischen Sechzehner und jeder Angreifer am eigenen Sechzehner auftauchen.

Die ständigen Positionswechsel von Ajax wurden gerne als anarchisch, als frei improvisiert erklärt. Manch ein Journalist kam sogar zu dem Schluss, Ajax' Positionswechsel atmeten den Geist der 68er-Revolution, die Amsterdams Straßen beherrschte. Die Wahrheit war wohl viel simpler: Ein Spieler bewegte sich in einen Raum, seine Mitspieler reagierten darauf. Das Spiel von Ajax war kein anarchisches Gebilde, keine Manifestation politischer Neuerung, sondern ein taktisches System mit fest abgestimmten Ritualen. In den ersten Jahren gab Trainer Michels strikt vor, wie die Spieler ihre Positionen zu wechseln hatten. Später kannten die Spieler sich so gut, dass sie genau wussten, was zu tun war, wenn ein Spieler sich in einen bestimmten Raum bewegte.

Pressing

Als Pressing bezeichnet man den kollektiven Versuch einer Mannschaft, den Ball zu gewinnen. Jede Mannschaft, die aus der eigenen Abwehr aufrückt und den Gegner aktiv stört, spielt ein Pressing. Je nachdem, wo eine Mannschaft den Gegner stört, unterscheidet man zwischen einem Abwehrpressing (in der eigenen Hälfte), einem Mittelfeldpressing (um den Mittelkreis) und einem Angriffspressing (in der gegnerischen Hälfte). Der Einfachheit halber verwende ich, wie dies im deutschen Sprachgebrauch üblich ist, den Begriff «Pressing» synonym mit «Angriffspressing». Ich definiere Pressing also als den Versuch, den Gegner schon weit in dessen Hälfte mit mehreren Spielern unter Druck zu setzen. Ziel ist es, den Ball in der gegnerischen Hälfte zu gewinnen. Der Gegner soll nicht erst zu seinem Aufbauspiel finden.

Im Zentrum dieser Wechselspiele stand Johann Cruyff. Viele halten ihn für den Erfinder des niederländischen Fußballs; er war mit Sicherheit das größte Talent, das die Niederlande je hervorgebracht haben. Cruyff war schon als Spieler ein Kettenraucher, ein Lebemann, ein Philosoph. Die Freiheiten, die er in seinem Privatleben genoss, gönnte er sich auch auf dem Spielfeld. Seine Mitspieler folgten seinen Laufwegen. Wenn er nach links auswich, wusste jeder Spieler: Gleich folgt eine Außenristflanke, wir müssen den Strafraum besetzen. Wenn er sich zurückfallen ließ, gingen die Verteidiger nach vorne, boten sich an, liefen sich frei für ihren Kapitän. Die meisten Gegner ihrer Zeit waren überfordert mit den Positionswechseln. Gerade Teams mit einer reinen Manndeckung wurden überrascht von den zahlreichen Wechselspielen. Ajax zog mit den Positionswechseln die Manndecker aus der gegnerischen Abwehr und bespielte die entstehenden Lücken.

Die Positionswechsel waren der eine Teil der Ajax-Revolution. Der andere, nicht minder wichtige Teil war das Pressing. Um die eigenen Positionswechsel anwenden zu können, brauchte Ajax den Ball. Nur so konnten sie gefahrlos Räume besetzen und freilassen. Wenn sie den Ball verloren, konnte es leicht passieren, dass sie durch ihre Positionswechsel defensiv offen standen. Ajax musste verhindern, dass der Gegner diese offenen Räume direkt anspielte. Dafür rückte die ganze Mannschaft nach vorne, störte sofort den Gegner. Auch die Abwehr rückte heraus. Damit sollte der Raum für den Gegner eingeengt werden. Gleichzeitig stellte man die gegnerischen Stürmer ins Abseits. Ajax' Abseitsfalle ging in die Geschichte ein. (Dass sie der Erfinder der Abseitsfalle waren, wie manche behaupteten, ist indes nicht richtig. Schon in den zwanziger Jahren, direkt nach der Änderung der Abseitsregel, war dieses taktische Mittel sehr beliebt, siehe Herthas Spielweise in Kapitel 3.)

Michels führte Ajax Amsterdam mit seiner neuen Art des Fußballs 1971 zum Gewinn des Europapokals der Landesmeister. In den beiden darauffolgenden Jahren gewann Ajax unter dem neuen Trainer Stefan Kovacs ebenfalls den Landesmeister-Titel. Der neue Trainer gönnte den Spielern mehr Freiheiten und setzte damit nach dem Disziplinfanatiker Michels weitere Kräfte frei. Michels trug indes seine revolutionäre Taktik zunächst nach Barcelona, ehe er die niederländische Nationalmannschaft übernahm. 1974 trat diese als Favorit bei der Weltmeisterschaft an. Ihr Fußball begeisterte die Welt: Mit zahllosen Positionswechseln dominierten die Niederländer

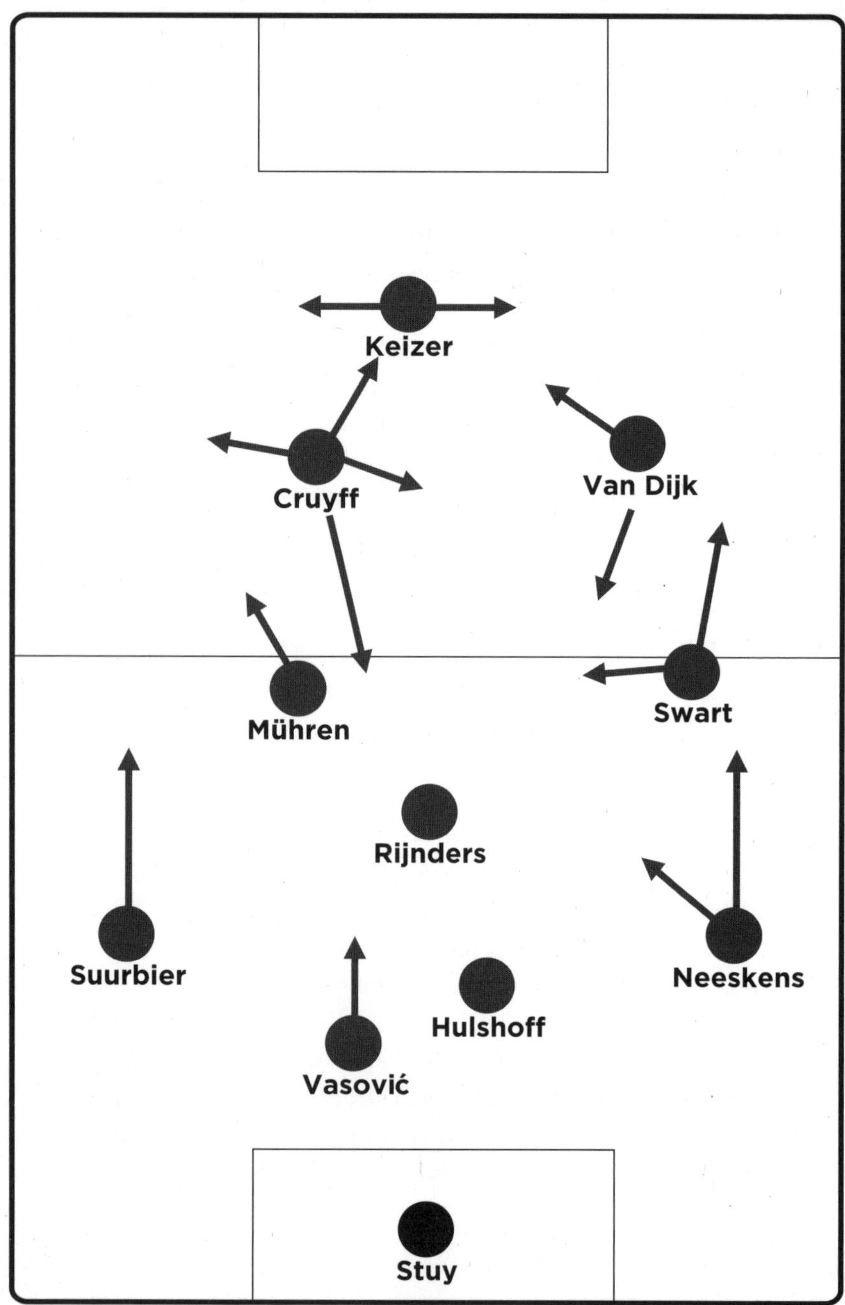

Ajax Amsterdam im Jahr 1971.

ihre Gegner, brillierten bis ins Finale. Dort trafen sie jedoch auf Gastgeber Deutschland.

Noch heute hält sich die Vorstellung, die Deutschen hätten der Niederlande 1974 den WM-Titel mit unschönem Fußball geklaut. Das Team der Niederlande gilt als schönste, offensivste, spielstärkste Mannschaft der WM-Geschichte. Und die Deutschen? Hätten nur mit Manndeckung und Kampffußball gegenhalten können. Niederländische Arroganz sei schuld an der unverdienten Niederlage. Nach dem frühen 1:0 wollten sie zaubern, spielen, die Deutschen vorführen – und sind an ihrer eigenen Überheblichkeit gescheitert. Doch Deutschland war keineswegs der fußballphilosophische Gegenentwurf zu den Niederländern. Eigentlich kam der deutsche Fußball der niederländischen Fußballrevolution sogar am nächsten.

Der Mann mit der Mütze übernimmt

Der Vorlauf zum Finale 1974 beginnt in Deutschland exakt zehn Jahre früher. 1964 endete Herbergers Trainerkarriere. In der Öffentlichkeit galt er schon länger als zu alt, als Relikt der Adenauer-Ära. Er war über die zu defensive Spielweise bei der WM 1962 zu Fall gekommen. Herberger klammerte sich noch zwei Jahre an sein Amt, ehe er an seinen Assistenten Helmut Schön übergab. Schöns Zeit als Trainer begann ganz ähnlich wie die Herbergers – mit einem Disput mit dem Vorgänger. Schön war zwischen 1956 und 1964 Assistent von Herberger. Wie schon Nerz gegen Herberger intrigierte, kämpfte auch Herberger gegen Schön als seinen Nachfolger. Er warf immer neue Namen in den Raum: Hennes Weisweiler, Dettmar Cramer, sein Protegé Fritz Walter – Hauptsache, nicht Schön. Doch der DFB blockte ab. Herbergers Assistent Schön sollte sein Nachfolger werden. Basta.

Die Animositäten zwischen Schön und Herberger begannen bereits 1941. Herbergers Nationalelf spielte in Dresden gegen Dänemark. Schön, zu jener Zeit Stammspieler in der DFB-Elf, wollte unbedingt in seiner Heimatstadt spielen. Herberger nominierte ihn jedoch nicht. «Kein Kämpfer!», stand über Schön in seinem Notizbuch. «[Gegen skandinavische Länder] gewinnt man nur durch Kraft und Kampf, Schnelligkeit und Härte!» Der spielstarke, hängende Stürmer Schön vollfüllte diese Kriterien nicht. «Schön ist gegen Mannschaften aus Skandinavien hinfort nicht mehr tragbar.» Herberger stellte lieber einen Brecher im Sturm auf. Schön musste in seiner Heimatstadt auf der Bank Platz nehmen. Erst über 20 Jahre später, als Schön selber Nationaltrainer war und Entscheidungen dieser Tragweise treffen musste, verzieh er Herberger.

Die Konflikte waren nicht nur der Vergangenheit, sondern auch ihrer unterschiedlichen Fußballphilosophie geschuldet. Schön hatte in Dresden unter Jimmy Hogan gearbeitet, dem Pionier der kontinentalen Flachpass-Schule. Hogan blieb immer das große Vorbild von Schön, wie er auch gerne in Interviews darlegte (eine Tatsache, die den eitlen Herberger verletzt haben dürfte). Schön war kein Freund von Herbergers Prämisse, alle Spieler müssten verteidigen. Das Spiel der Deutschen war ihm zu defensiv geworden, zu sehr auf Sicherheit bedacht.

Schön brachte einen neuen Wind in die Nationalmannschaft. Vor der WM 1966 stellte er auf eine Mischung aus 1-3-2-4- und 1-3-3-3-System um. Herberger hatte bei der WM

1962 noch mit einer Mischung aus WM-System und Doppelstopper-System gespielt. Anders als in der Bundesliga üblich interpretierte die Nationalmannschaft Schöns System raumdeckender. Am eigenen Sechzehner kehrten sie jedoch zu den gewohnten Manndeckungen zurück. Schön spielte mit Ausputzer. Allerdings übernahm nicht Franz Beckenbauer, sondern der resolute Verteidiger Willy Schulz diese Rolle. Beckenbauer kurbelte das Spiel aus dem Mittelfeld an.

Das Spiel unter Schön war merklich offensiver als unter Herberger. Die deutsche Mannschaft wollte den Ball haben. Aus dem zentralen Mittelfeld heraus baute Deutschland das Spiel auf. Stürmer Uwe Seeler ließ sich immer wieder zurückfallen, erprobte den Doppelpass mit Beckenbauer oder dessen Mittelfeldpartner Helmut Haller. Mit Wolfgang Overath stand ein weiterer Feingeist in der Elf, der sich als zweiter Stürmer weit zurückfallen ließ.

Schön war das fußballphilosophische Gegenstück zu Weisweiler: Weisweilers Strategie, das Attackieren im Mittelfeld und das schnelle Kontern, war im Grunde eine defensive Strategie. Weisweiler setzte jedoch ausschließlich auf offensive taktische Elemente. Die Spieler rückten auf, sooft es ging, Netzer jagte die langen Bälle nach vorne. Weisweiler ließ strategisch defensiv, taktisch aber offensiv spielen. Schön hingegen war strategisch der Offensive verschrieben; sein Team sollte den Ball haben, dominieren, zaubern. Damit war er philosophisch sehr nahe an Michels. Die einzelnen Elemente von Schöns Taktik konnten aber durchaus defensive Züge tragen. So setzte Schön stets einen Manndecker auf den gegnerischen Spielmacher ab. Dieser hatte einzig die Funktion, den gegnerischen Spielmacher zu verfolgen; offensive Akzente sollten die anderen setzen.

Genau diese Denkweise wendete Schön im WM-Finale 1966 an. Beckenbauer, bis dahin offensiver Kopf des Teams, sollte den englischen Spielmacher Bobby Charlton ausschalten. Schön zerstritt sich über dieses Aufstellungsdetail mit seinem Assistenten Dettmar Cramer. Cramer fand, man beraube Beckenbauer seiner offensiven Stärken, wenn man ihn als Manndecker spielen ließe. Cramer entwickelte eine eigene Taktik, die er, wie er sagt, Schön in der Nacht vor dem Spiel gezeigt habe. Schön habe sie abgenickt. Am nächsten Tag stellte er Beckenbauer jedoch so auf wie ursprünglich geplant – als Manndecker. Das Geheimnis, wie seine Taktik ausgesehen hätte, nahm Cramer mit ins Grab. Fakt ist: Beckenbauer blieb im Finale blass, sein Gegenspieler Bobby Charlton hingegen setzte einige Akzente. Deutschlands Niederlage, das muss man fünfzig Jahre später eingestehen, war trotz Wembley-Tor vollauf verdient.

Doch schon das Erreichen des Finales war ein voller Erfolg. Schön hatte seine Kritiker überrascht. Es sollte zu einem Merkmal seiner Amtszeit werden. Der Beruf des Bundestrainers ist in Deutschland nie leicht. 50 Millionen Fußballfans meinen, es besser zu können als er, stöhnte Schön in einem Interview. In der Tat war kein Bundestrainer so umstritten wie Schön. Der wortkarge Feingeist hielt sich nicht an die Spielregeln, ignorierte bestehende Fußballklischees. Schön, aufgewachsen in bürgerlichen Verhältnissen, drückte sich sehr gewählt aus. In seiner Freizeit besuchte er die Oper oder ging ins Theater. Das war provokativ zu einer Zeit, in der der Fußball sich dem Mythos verschrieb, ein Arbeitersport zu sein.

Das Muster wiederholte sich: Vor der WM 1970 war Schön angezählt. Dann beendete Deutschland die WM als strahlender Dritter. Die Nationalmannschaft dieses Jahres war

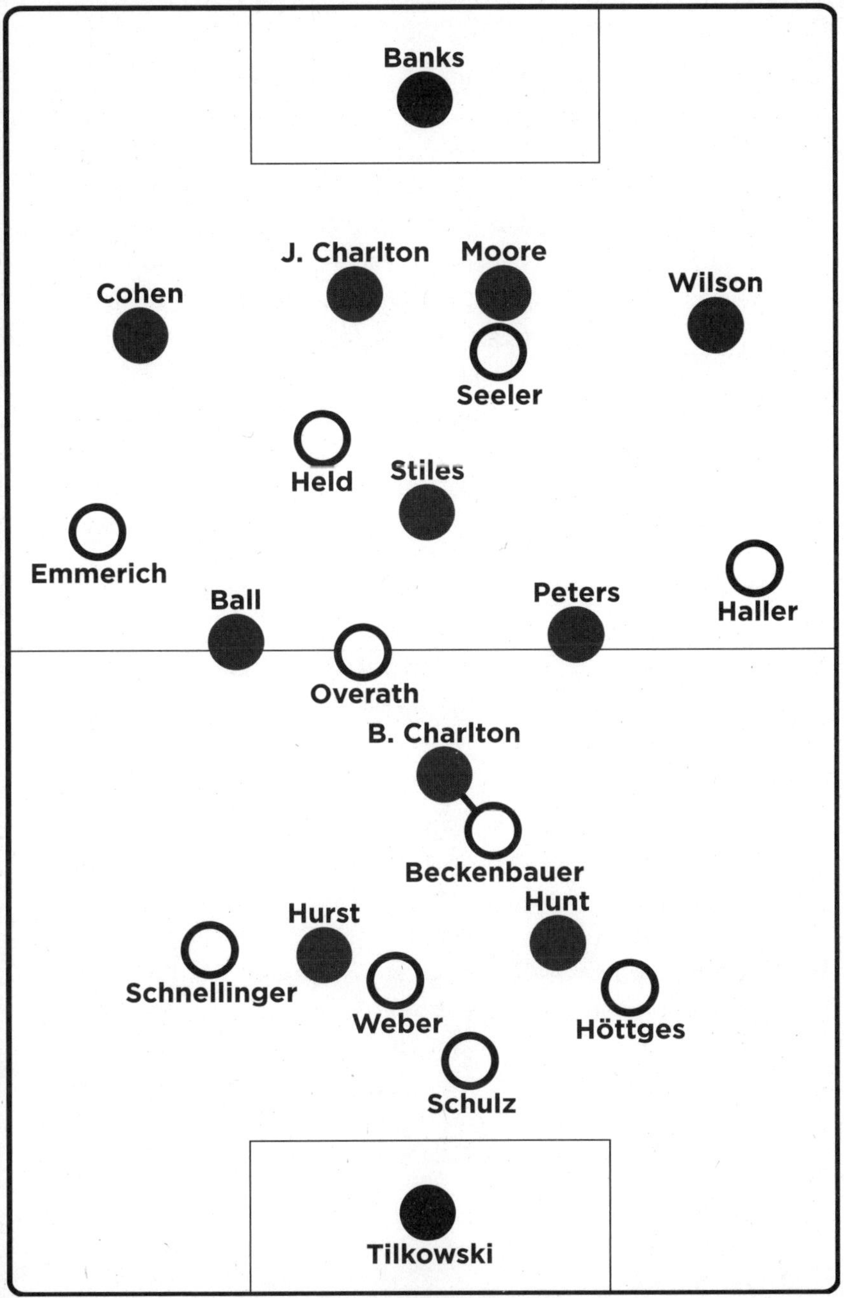

Das WM-Finale 1966: Deutschland gegen England. Franz Beckenbauer nahm Bobby Charlton in Manndeckung.

die vielleicht offensivste in der deutschen Fußballgeschichte. Gerd Müller hatte Uwe Seeler aus dem Sturmzentrum verdrängt. Schön wollte, dass Seeler im offensiven Mittelfeld aufläuft – eine Rolle, die er zunächst ablehnte. Doch Schön überredete ihn. Seeler wurde zum Kopf einer spielstarken Mannschaft. Beckenbauer kam noch immer aus dem Mittelfeld und kombinierte mit Seeler unaufhörlich. Das System der Deutschen ähnelte stark dem heute bekannten 4-2-3-1-System, nur dass die Mittelfeldspieler wesentlich offensiver agierten und Deutschland mit Ausputzer und Manndeckung spielte. Deutschland zeigte einige bemerkenswert offensive Spiele. Das legendärste war das Halbfinale gegen Italien, ein furioses 4:3 nach Verlängerung. Die Partie ging als «Jahrhundertspiel» in die Geschichte ein.

Der Triumph in Wembley 1972

Sein Meisterstück gelang Schön schließlich zwei Jahre später. Vor der Europameisterschaft 1972 war die Stimmung in Fußball-Deutschland wieder mal schlecht. «Wir haben im deutschen Fußball in den letzten Monaten nicht oft Anlaß zur Freude gehabt», schrieb der *kicker* über die allgemeine Stimmungslage. Der Bundesliga-Skandal hatte seinen Schatten auch über die Nationalmannschaft gelegt. 1971 war ans Licht gekommen, dass in der Bundesliga zahlreiche Spiele manipuliert wurden. Fast alle Mannschaften, die 1970/71 in den Abstiegskampf involviert waren, haben ihre Gegner bestochen oder selbst Bestechungsgelder angenommen. Zahlungen in fünfstelliger Höhe waren in der Bundesliga vollkommen normal. Der Ruf des deutschen Fußballs war stark beschädigt, die Fans empört. Erst fünf Jahre später pendelten sich die Zuschauerzahlen wieder auf dem Niveau ein, das vor dem Skandal herrschte.

Die Stimmung war auch bei der Nationalelf gedrückt. Als das Viertelfinale der Europameisterschaft ausgelost wurde, sahen sich die Schwarzmaler bestätigt: Deutschland musste gegen England ran. Die EM-Spiele bis zum Finale wurden damals noch in zwei Spielen ausgetragen, ein Heimmatch und ein Auswärtsspiel. Deutschland hatte bislang noch nie ein Spiel im Mutterland des Fußballs gewinnen können. Überhaupt hatten nur drei nichtbritische Nationen je einen Sieg auf der Insel errungen: Ungarns Wunderelf 1953, Schweden 1959 und Österreich 1965. England war im eigenen Wembley-Stadion nahezu unbezwingbar. Gerade in Deutschland hatte man großen Respekt. Der *kicker* titelte halb respektvoll, halb großspurig: «Habt doch keine Angst vor Wembley!»

Vor dem Spiel gegen England hatte Schön seinen Spielern kaum Anweisungen gegeben. In der Besprechung vor dem Spiel stand er vor der Taktiktafel, brach dann aber seinen Vortrag ab: «Wisst ihr, was? Ihr wisst schon, was zu tun ist.» Und so war es. Wie die Ajax-Spieler wechselten die Deutschen ständig ihre Positionen. Die Spieler bewegten sich flexibel über das Spielfeld, tauchten überall auf. Gerade im Mittelfeldzentrum sicherte sich Deutschland immer eine Überzahl. Außenverteidiger Paul Breitner und Franz Beckenbauer, jetzt auch endlich in der Nationalmannschaft als Libero aufgestellt, stießen immer wieder an den Mittelkreis hervor, passten sich mit Günter Netzer und Herbert Wimmer die Bälle zu. So standen stets vier bis fünf deutsche Spieler um den Mittelkreis. Englands

Abwehr bekam keinen Zugriff. Beckenbauer-Biograph Torsten Körner schrieb Jahrzehnte später, Deutschland habe um den Mittelkreis «Kreisverkehr» gespielt. Das trifft es gut.

Das Spiel wurde zu einer Demonstration deutscher Spielstärke. Deutschland gewann mit 3:1. Es wurde deutlich, wie sehr sich der deutsche Fußball dem niederländischen angenähert hatte. Schöns Philosophie, das dominante Spiel, die Positionswechsel, war dieselbe wie jene von Michels. Schöns Nationalspieler kannten die Philosophie von Ajax gut. Schöns Elf setzte sich fast ausschließlich aus Spielern von Bayern München und Borussia Mönchengladbach zusammen. Beide waren damals häufig Gast in Amsterdam, sei es zu Freundschaftsspielen oder zu Europapokal-Auftritten. Netzer, Beckenbauer und die anderen kannten die niederländische Art, die Positionen zu tauschen.

In die deutsche Fußballgeschichte ging vor allem das Zusammenspiel zwischen Netzer und Beckenbauer ein. Beide galten lange Zeit als nicht kompatibel. Eine Fußballmannschaft könne nur einen Kopf, einen Anführer haben, so die gängige Prämisse in Deutschland seit der Zeit des Mittelläufers. Dieses Spiel widerlegte die These. Wenn Beckenbauer seine Libero-typischen Vorstöße startete, ließ sich Netzer in die Abwehr zurückfallen. Beckenbauer konnte offensiv spielen, wie es ihm gefiel. Netzer wiederum machte das Spiel «aus der Tiefe des Raums». Es war eine perfekte Symbiose, es war Ajax-Fußball. Nur das Pressing, das übernahm die deutsche Mannschaft nicht. Somit eroberten sie den Ball auch nicht so schnell zurück wie ihre niederländischen Kollegen. Die Deutschen dominierten ganz über das Ballbesitzspiel, spielten aber auch etwas langsamer als ihre niederländischen Kollegen, die durch ihr Pressing mehr Dynamik ins Spiel brachten.

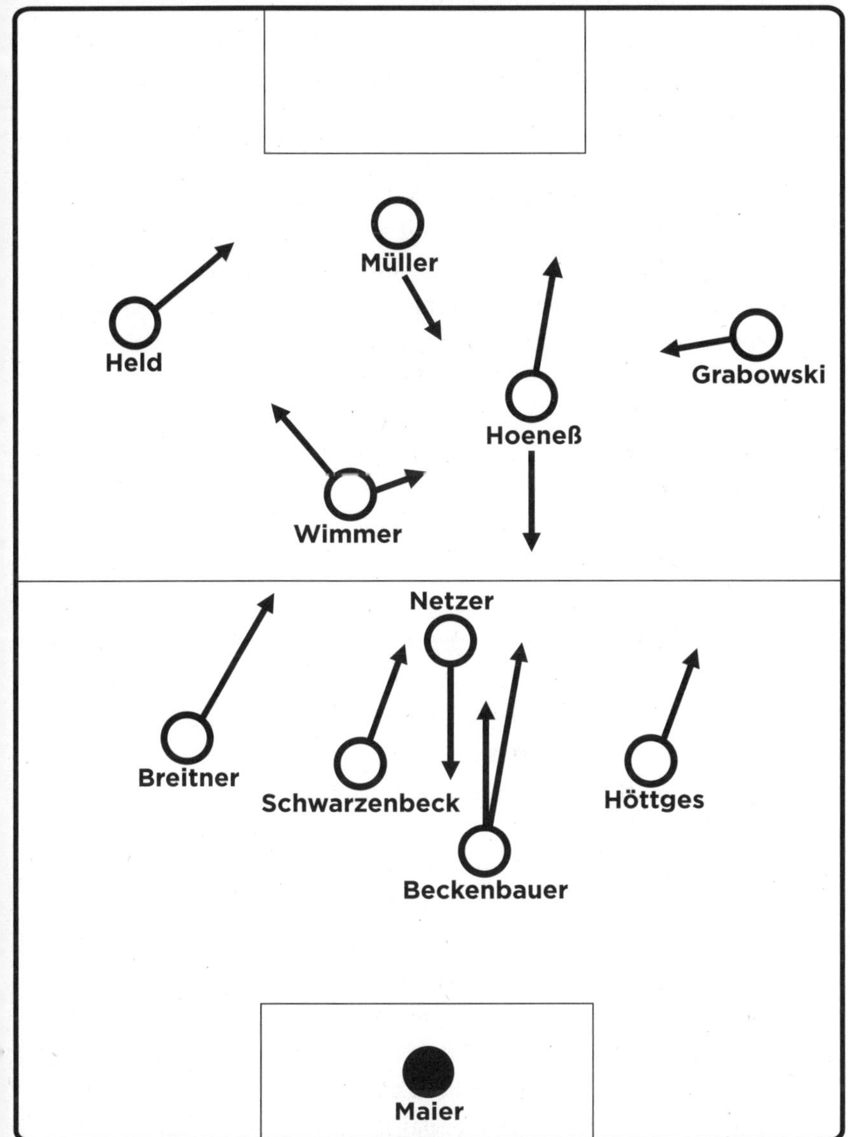

Deutschlands Nationalmannschaft von 1972, wie sie im EM-Viertelfinale gegen England spielte.

Die Partie ging in die deutsche Fußballgeschichte ein und galt lange als bestes deutsches Spiel aller Zeiten. Erst 42 Jahre später bekam es Konkurrenz, als Deutschland Brasilien mit 7:1 aus dem Stadion schoss. Wer sich das Spiel von 72 heute anschaut, dürfte enttäuscht werden: Deutschland spielt viel um den Mittelkreis herum, wenig in die Spitze. Chancen gab es kaum. Der Legendenfaktor dieses Spiels erklärt sich fast ausschließlich aus der Vorgeschichte; niemand hatte mit einem Sieg gerechnet, schon gar nicht im Wembley-Stadion.

Dass das deutsche Team Mittelfelddominanz auch mit Torgefahr verbinden konnte, zeigten die folgenden Länderspiele. Im Halbfinale gegen Belgien und im Finale gegen die Sowjetunion kombinierte sich Deutschland zum EM-Titel. Schöns Elf spielte in diesen Partien mit Heynckes im Sturm. Der positive Effekt war spürbar: Deutschland spielte mit dem Tandem Heynckes-Netzer deutlich vertikaler, deutlich früher in die Spitze. Heynckes sprintete wie aus Mönchengladbach gewohnt jedem Zuspiel von Netzer hinterher. Wer sich für die Genialität der 72er-Elf interessiert, sollte sich diese Partien ansehen, nicht das berühmt gewordene England-Spiel.

Die WM 1974

Bei der WM im eigenen Land zwei Jahre später war von der Euphorie des Jahres 1972 nur noch wenig zu spüren. Theoretisch spielte Schöns Mannschaft, wie man es von ihr gewohnt war: Die Spieler tauschten im Mittelfeld die Positionen, Beckenbauer gestaltete von der Liberoposition aus das Spiel. Doch irgendetwas war anders als 1972. Die Positionswechsel waren lustlos, ohne Verve. Die Deutschen spielten sich im Mittelfeld den Ball zu, ohne Tiefe ins Spiel zu bekommen. Das geniale Tandem Netzer-Beckenbauer fehlte dem Team. Netzer hatte sich verletzt und wurde nicht rechtzeitig zur WM fit. Er spielte im Verlaufe des Turniers nur 15 Minuten. Das einzige WM-Spiel, bei dem Netzer zum Einsatz kam, ging als Schmach in die westdeutsche Fußballgeschichte ein.

Westdeutschland traf im letzten Gruppenspiel der Vorrunde auf die DDR. Beide Teams waren bereits für die zweite Runde qualifiziert. Es war dennoch ein prestigeträchtiges Duell, denn es war das erste Aufeinandertreffen der beiden deutschen Staaten in der Fußballgeschichte und blieb das einzige. Das westdeutsche Team spielte viel quer, viel in die Breite, wenig in die Tiefe. Das lag auch an der starken Defensive der DDR: Ihre Manndeckungen im 1-3-4-2-System funktionierten herausragend. Mit schnellen, langen Schlägen konterten die Ostdeutschen ihre westdeutschen Gegner aus. Immer wieder fanden diese langen Schläge den hängenden Stürmer Jürgen Sparwasser. Sein entscheidendes Tor zum 1:0 blieb den Fußballfans in Ost und West im Gedächtnis haften.

Man könnte diese Niederlage als Unfall abtun, als entschuldbare Schwäche in einer Partie, in der es um nichts mehr ging. In Hinblick auf den Turnierverlauf war es sogar besser, dass Schöns Mannschaft diese Partie verlor. Als Gruppenzweiter kamen sie in der zweiten Runde in eine Gruppe mit Schweden, Jugoslawien und Polen. Die DDR musste sich als Gruppensieger hingegen mit Favorit Niederlande, dem amtierenden Weltmeister Brasilien und Fußballgroßmacht Argentinien messen. 1974 konnte aber niemand diese Niederlage als taktische Spielerei verkaufen, wie es Herberger 1954 nach dem ersten Ungarn-Spiel machte. Die *Bild*-Zeitung titelte: «So nicht, Herr Schön!» Die westdeutschen Fans pfiffen ihre Mannschaft aus.

Besonders bestürzt war jedoch Helmut Schön selbst. Nicht nur hatten die Spieler seinen offensiven Fußball verraten. Sie hatten auch noch gegen die DDR verloren, das einzige Spiel, das Schön in seiner Karriere wirklich gewinnen wollte. Schön war ein Opfer der deutschen Teilung. Dass er sein geliebtes Dresden 1950 fluchtartig verlassen musste, hatte er nie ganz verwunden. Nach dem Spiel schloss er sich in sein Zimmer ein, rührte sein Essen nicht an, sprach 24 Stunden lang nicht mit seinen Spielern.

Das Ereignis veränderte das Team nachhaltig: Noch in der Nacht nach dem DDR-Spiel soll Franz Beckenbauer das Kommando über die Mannschaft übernommen haben. Auch wenn diese Geschichte den Anteil Schöns am WM-Titel etwas zu klein schreibt, trifft sie nach Angaben fast aller Spieler zu. Beckenbauer entwickelte auf eigene Faust eine neue Taktik. Bei der Pressekonferenz am nächsten Tag sprach er fast durchgehend, Schön saß stumm daneben: «Wir wollen nicht mauern oder uns hinten reinstellen, aber wir müssen vorsichtiger operieren. Wir dürfen dem Gegner einfach nicht ins offene Messer laufen.» Beckenbauer nahm sich einzelne Mitspieler zur Brust, überredete Schön, die Aufstellung auf vier Positionen zu ändern. Zudem forderte er mehr Doppelpässe und ein schnelleres Spiel in die Spitze.

Deutschland steigerte sich. Im Zentrum bildete sich mit Beckenbauer, Breitner und Overath eine Achse, die das Spiel in die Hand nahm. Die Außenstürmer postierten sich etwas tiefer, nicht mehr ganz so weit vorne wie bislang. Deutschland spielte früher in die Tiefe. Vor allem aber kehrten die Spieler schneller in die eigene Formation zurück, ließen sich nicht mehr auskontern wie gegen die DDR. Das deutsche Spiel war weniger schön, zweckmäßiger als 1972. Die Positionswechsel, das freie Spiel waren höchstens noch in Ansätzen zu erkennen. Aber mit Siegen über Jugoslawien (2:0), Schweden (4:2) und Polen (1:0) erreichte Schöns Mannschaft das Finale.

Das Finale

Im Finale warteten die Niederlande. Die Rollen waren klar verteilt: Die Niederländer hatten ihren «totalen» Fußball weiterentwickelt, auf die Spitze getrieben. Deutschland hat diesen Weg nicht weiterverfolgt. Tatsächlich ließ Schön vor dem Finale vor allem einen defensiven Trick üben. Am Tag vor dem Spiel setzte Schön ein Trainingsspiel an: Finalmannschaft gegen Ersatzspieler. Bankdrücker Günter Netzer sollte die Rolle von Johann Cruyff imitieren. Berti Vogts war als Manndecker für Cruyff und damit auch für Netzer eingeteilt. Der ursprüngliche Plan war, dass Vogts Cruyff erst zehn, fünfzehn Meter vor dem deutschen Sechzehner aufnimmt. So sollte Cruyff in die Tiefe gedrängt werden, möglichst weit weg vom deutschen Tor bleiben. Netzer spielte Vogts schwindelig. Aus dem Rückraum nahm Netzer Anlauf und dribbelte an Vogts vorbei. «Herr Schön, so, wie Sie das vorhaben, geht das nicht», stöhnte Vogts. Schön und Vogts fanden einen Kompromiss.

Im Finale verfolgte Vogts den niederländischen Spielmacher bis an die Mittellinie. Allerdings hielt Vogts immer ein, zwei Meter Abstand zu Cruyff. Er erlaubte Cruyffs Mitspielern,

Cruyff anzuspielen – aber nur direkt in den Fuß. Das mochte Cruyff nicht. Er wollte lieber in den Raum geschickt werden, mit Tempo an den Ball gelangen. Sobald Cruyff jedoch versuchte, Tempo aufzunehmen, stand ihm Vogts auf den Füßen. Cruyff düpierte Vogts nur ein einziges Mal, gleich zu Beginn des Spiels. Bei einem Dribbling von der Mittellinie aus ließ er ihn stehen. Uli Hoeneß konnte Cruyff erst am eigenen Sechzehner aufhalten – mit einem Foul. Die Niederlande führten nach zwei Minuten 1:0 durch einen Elfmeter.

Die Niederländer erzählen heute oft, sie haben das Spiel im Anschluss selbst vergeigt. Zu arrogant, zu selbstverliebt hätten sie gespielt, zu lange hätten sie den Ball gehalten. In Wahrheit aber rappelte sich die deutsche Mannschaft schon nach fünf Minuten wieder auf. Sie spielte ihr typisches, ruhiges Ballbesitzspiel aus dem Mittelfeld. Zwischen dem 1:0 und dem Elfmeterpfiff vor dem 1:1 in der 25. Minute hatten die Deutschen mehr Ballbesitz als ihr Gegner. Und die Niederländer? Spielten überraschenderweise gar nicht ihren Stil. Sie bolzten den Ball nach vorne, setzten nicht auf ihr gewohntes Pressing. Das wiederum ermöglichte Beckenbauer, nach und nach das Zepter in die Hand zu nehmen, das Spiel zu diktieren. Die Niederländer versuchten sich später zu rechtfertigen: Sie hätten zu sehr ihr Spiel machen wollen, dabei war genau das Gegenteil der Fall: Bis zur Pause war von ihrem typischen Stil, den Positionswechseln, dem Pressing nichts zu erkennen. Erst kurz vor Schluss fanden sie zu ihrem Spiel zurück, da war es aber bereits zu spät. Gerd Müller hatte in der 43. Minute das Spiel gedreht. Deutschland gewann mit 2:1.

In die Geschichte ging das Spiel als Wiederholung des Finales von 1954 ein: Das kampfstarke Deutschland bezwang einen Gegner, der ihm eigentlich spielerisch überlegen war.

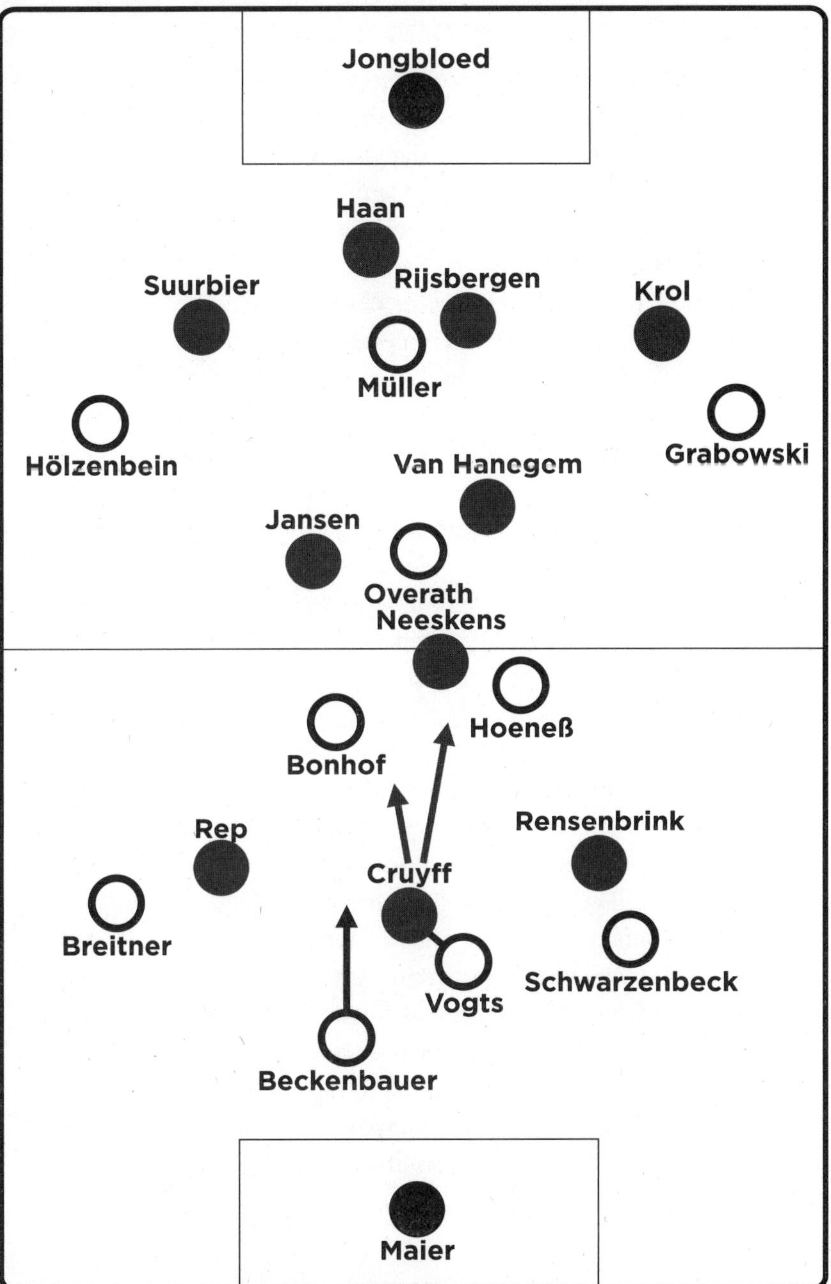

Das WM-Finale 1974: Deutschland gegen die Niederlande.

Vor allem Vogts' Manndeckung auf Cruyff blieb im Gedächtnis. Es zementierte den deutschen Ruf, Fußball zu kämpfen, statt zu spielen. Doch gerade hinsichtlich des Finales 1974 ist das ein Trugbild. Deutschland war den Niederländern spielerisch nicht so unterlegen, wie oft behauptet wurde. Der Finalsieg war durchaus verdient.

Dazu kommt: Wie vieles in der Geschichte des Fußballs wird auch der totale Fußball der Niederländer oft überinterpretiert. Die Positionswechsel und das Pressing waren zu ihrer Zeit revolutionär, keine Frage. Es war aber nicht so, dass alle elf Spieler sich frei über den Platz bewegten und keine Regeln mehr galten. Im Gegenteil: Michels' Spiel hatte zahllose Regeln, die vorgaben, wie seine Spieler immer wieder Überzahlen herstellen konnten. Michels' Vorstellung vom perfekten Fußball war damit gar nicht so weit entfernt von der Herbergers und Weisweilers. Alle drei wollten, dass ihre Spieler nahe dem Ball in Überzahl waren. So sollten ihre Teams das Spiel dominieren. Nur dachte Michels sein Werk zu Ende und verknüpfte das Pressing-Element eines Weisweiler mit dem «Wirbel», den offensiven Rochaden eines Herberger. Bei Ajax und der niederländischen Nationalmannschaft machten alle Spieler beim Pressing mit, nicht nur wie bei Gladbach die Mittelfeldspieler und Angreifer. Und die Offensivrochaden fanden anders als bei Herberger nicht nur in der Horizontalen (Stürmer tauschen Positionen mit Stürmern), sondern in alle Richtungen statt (Verteidiger tauschen Positionen mit Stürmern). Damit war Michels zwei Schritte weiter als alle, die sich vorher in der Fußballtaktik hervorgetan hatten. Es sind aber auch nur diese zwei Schritte, die der niederländische Fußball dem deutschen voraus war. Zumal Schön ebenfalls auf die Positionswechsel setzte, wenn auch nicht ganz so extrem wie die Niederlande.

Der deutsche Fußball hatte das Pech, dass man die ersten zwei WM-Titel ausgerechnet gegen zwei der besten Nationalmannschaften der Fußballgeschichte gewann. 1954 schwärmte die ganze Welt von Ungarn und ihrer falschen Neun Nándor Hidegkuti. 1974 wurde der totale Fußball der Niederländer bewundert. Die Offensivtaktik beider Teams war ihrer Zeit so weit voraus, dass sie nur mit defensiven Mitteln zu stoppen waren. Es wird dabei gerne unterschlagen, dass Deutschland in beiden Turnieren keineswegs eine defensive Kampfmaschine war. 1954 erzielte Deutschland 27 Tore während des Turniers. 1974 waren es immerhin noch 13 Tore. Die Niederlande erzielten nur zwei Tore mehr.

Vielleicht hilft der Vergleich mit Brasilien, um die deutschen Leistungen einzuordnen. Kein Fußballland wird von den Deutschen so verehrt wie die Brasilianer. Wir gehen automatisch davon aus, dass selbst ein brasilianischer Fünftliga-Spieler besser tricksen und dribbeln kann als ein deutscher Nationalspieler. Sowohl 1954 als auch 1974 trafen die Brasilianer, genau wie Deutschland, auf den späteren Finalgegner. 1954 schieden sie im Viertelfinale mit 2:4 gegen Ungarn aus, 1974 verloren sie im entscheidenden Gruppenspiel 0:2 gegen die Niederlande. In beiden Spielen war nichts vom brasilianischen «Samba-Fußball» zu erkennen. Stattdessen spielten sie wesentlich hässlicher als die Deutschen, mit Fouls, Catenaccio und unschönen Tricks. Selbst die Brasilianer hatten den Ungarn und den Niederländern nur Defensivfußball entgegenzusetzen.

Deutschland war bei beiden Meisterschaften offensiver aufgestellt als praktisch alle anderen Teilnehmer – abgesehen von den Finalgegnern. Helmut Schöns Mannschaft kam in den Siebzigern dem Ideal des totalen Fußballs näher als jede andere Nation. Man könnte sogar weitergehen und behaupten: Schöns Remix des niederländischen Stils mag nicht so spektakulär gewesen sein. Dafür übernahm er einige Elemente und fügte sie mit anderen, deutschen Taktiken wie der Manndeckung zu einer erfolgreichen Spielweise zusammen – ein Remix-Künstler.

Es wäre auf jeden Fall falsch, Deutschlands Fußball der siebziger Jahre als Defensivfußball zu bezeichnen. Auf deutschen Plätzen wurde in dieser Zeit allgemein recht offensiv gespielt. Es waren die filigranen Fußballer, die Techniker, die Fußballdeutschland in der ersten Hälfte der siebziger Jahre geprägt haben: Spielmacher wie Günter Netzer und Wolfgang Overath, offensive Verteidiger wie Franz Beckenbauer und Paul Breitner, Flügeldribbler wie Stan Libuda und Jürgen Grabowski, Laufwunder wie Herbert Wimmer oder Uli Hoeneß. Schön gab diesen Fußballkünstlern die nötigen Freiheiten, um ihr Spiel in der Nationalmannschaft umzusetzen. Das Vermächtnis der goldenen Siebziger sollte aber nicht ein Mehr an Offensivfußball sein. Die Tragik der kommenden Jahre war, dass Fußballdeutschland selbst an das eigene Klischee vom deutschen Kampffußball zu glauben begann.

KAPITEL 10

Die kurze Erfolgsgeschichte der Raumdeckung

Wie ausländische Trainer das Pressing nach Deutschland brachten (1976–1984)

Mann- und Raumdeckung: zwei Seiten einer Medaille

Ende der siebziger Jahre merkte Fußballdeutschland recht schnell, dass die goldenen Jahre vorbei waren. Nach und nach traten die Helden der Zeit zurück. Ihnen folgte eine Generation von Spielern, die sich stärker über die Physis als über die Technik definierte. Jürgen Grabowski gab der Bundesliga kurz vor seinem (durch ein Foul des jungen Lothar Matthäus erzwungenen) Karriereendes mit: «Heute kann einer Bundesliga spielen, nur weil er über eine phantastische Athletik verfügt, technisch braucht er schon fast nichts mehr draufzuhaben.»

Bereits bei der WM 1978 zeigte sich die schlechte Verfassung des deutschen Fußballs. Das Turnier bot eine Blaupause für die kommenden zwanzig Jahre: Helmut Schön trat mit einer Mannschaft an, die in ihrem Kern überaltert und untereinander zerstritten war. Es gab keinen Nachfolger für Libero Franz Beckenbauer, der sich in Amerika sein Karriereende gut bezahlen ließ. Dennoch hielt Schön am taktischen

Konzept mit Libero und vorstoßenden Verteidigern fest. Nur: Der Mannschaft fehlte Kreativität, Spielwitz und auch das taktische Geschick, um die Vorstöße wirklich zu nutzen. Statt das dominante Spiel mit schnellen Tempowechseln zu paaren, plätscherte das deutsche Spiel vor sich hin, ideenarm und taktisch uninspiriert. «I wer' narrisch!», brüllte der österreichische Kommentator Edi Finger, als Österreich Deutschland mit 3:2 in der zweiten Runde aus dem Wettbewerb schoss.

Nun war es aber keineswegs so, dass der deutsche Fußball in eine Krise schlitterte. Es stimmt, es gab keine Spieler, die mit der technischen Finesse des französischen Spielmachers Michel Platini oder den Dribbling-Künsten des aufsteigenden argentinischen Sterns Diego Maradona mithalten konnten. Aber zumindest die deutschen Vereinsmannschaften taten sich um das Jahr 1980 in einem nicht ganz unwichtigen Bereich hervor: der Taktik.

Bislang ist die Geschichte des deutschen Fußballs mit wenigen Ausnahmen eine Geschichte der Manndeckung. Sie war ein zentrales taktisches Element. Seit Otto Nerz in den dreißiger Jahren das WM-System nach Deutschland gebracht hatte, spielten praktisch alle Teams mit einer Manndeckung. Es war der deutsche Weg: Die Verteidiger sollten die gegnerischen Stürmer ausschalten, dazu wurde der gegnerische Spielmacher in Manndeckung genommen. Es gab wenige Teams, die an dieser Prämisse rüttelten. Deutschland, so viel war klar, war ein Land der Manndeckung.

Hinter dieser simplen Aussage versteckt sich allerdings ein gewichtiges «Aber». Viele denken, Mann- und Raumdeckung schließen sich gegenseitig aus. Doch so einfach ist es nicht. Raum- und Manndeckung sind nicht zwei unvereinbare Seiten einer Medaille, sondern zwei Enden einer Linie: Auf der einen Seite steht die rigorose Manndeckung. Hierbei verfolgen die Verteidiger ihre Gegenspieler «notfalls aufs Klo», wie es Sepp Herberger nonchalant ausdrückte. Am anderen Ende der Skala steht die reine Raumdeckung. Hierbei verfolgen die Verteidiger ihren Gegenspieler gar nicht und verschieben ausschließlich im Raum. Die meisten Teams postieren sich jedoch nicht an den Enden dieser Skala, sondern irgendwo dazwischen. Kein Team der Fußballgeschichte spielte überall auf dem Feld eine Manndeckung. Sonst könnte eine angreifende Mannschaft einfach alle Stürmer zurückziehen und damit die Abwehrspieler leicht aus der Reserve locken, weil sie ihnen folgen müssten. Die meisten Manndecker starteten die Bewachung erst in der eigenen Hälfte (siehe Vogts' Rolle im WM-Finale 1974). Genauso hat jedes raumdeckende Team auch Elemente von Manndeckung. Irgendwann muss jeder Verteidiger in den Zweikampf Mann gegen Mann gehen und dafür seinen Raum verlassen. Wer nur seinen Raum deckt, kann keinen Zugriff auf den Gegner erzeugen.

So wurde auch im deutschen Fußball nie eine reine Manndeckung gespielt. Der Ausputzer hinter der Abwehr war beispielsweise ein Raumdecker inmitten einer Manndeckung. Aber auch andere Spieler deckten nicht immer stur ihren Gegenspieler. Herbergers Maxime war, immer einen Mann Überzahl in Ballnähe zu haben. Wer strikt manndeckt, kann immer nur Eins-gegen-eins-Duelle führen, nicht aber eine Überzahl in Ballnähe erreichen. Es gab unter Herberger immer ein oder zwei Mittelfeldspieler, die sich von ihren Gegenspielern lösten und halfen, diese Überzahlen zu kreieren. Weisweiler entwickelte dieses Prinzip weiter. Seine Gladbacher attackierten den ballführenden Spieler mit zwei, drei Mann. Zebec' Bayern wiederum setzten im Angriff auf eine Raumdeckung und gingen erst in der Abwehr zu einer Manndeckung über, mit Beckenbauer als raumdeckendem Libero dahinter.

Auch die Abseitsfalle war ein Raumdeckungselement inmitten einer Manndeckung. Ab und an begaben sich die manndeckenden Verteidiger auf eine Linie und rückten vor. Damit sollten die gegnerischen Stürmer ins Abseits gestellt werden. Schon in den Zwanzigern wendete Hertha die Strategie an. Heinz Höher, Trainer des VfL Bochum in den Siebzigern, brachte diese vergessene Spielart zurück nach Deutschland. Die Abseitsfalle hatte sich Höher bei einer Reise in die Niederlande abgeschaut.

Im Kern positionierten sich aber praktisch alle Bundesliga-Mannschaften stärker in Richtung der Mann- als Raumdeckung. Stürmer mussten damit rechnen, am gegnerischen Sechzehner von einem Gegenspieler bewacht zu werden. Das Gleiche galt für Spielmacher wie Netzer, Beckenbauer oder Overath. In Brasilien, den Niederlanden oder England dagegen wurde viel raumdeckender gespielt. Erst in den späten Siebzigern änderte sich Deutschlands Ausrichtung.

Bayerns Weg zur Raumdeckung

Im Dezember 1976 einigten sich Eintracht Frankfurt und Bayern München auf einen kuriosen Personaltausch. Dass Spieler wie Sammelobjekte gehandelt wurden, war man bereits gewohnt. Allerdings tauschten Frankfurt und München damals keine Spieler, sondern die Trainer. Dettmar Cramer, Schöns Assistent 1966, war zu dieser Zeit Bayern-Trainer. Er war kein

Fußballstratege mit einer klaren Philosophie, aber ein feiner Taktiker, der seine Mannschaft stets an den Gegnern ausrichtete. Dank seiner detaillierten Gegnerbeobachtungen gewannen die Bayern zwei europäische Landesmeister-Titel. Da er jedoch die deutsche Meisterschaft verpasste, tauschten ihn die erfolgsverwöhnten Bayern ein.

Tauschobjekt Gyula Lóránt war gänzlich anders gestrickt. Er war kein Mann für das Detail, hielt den Spielern keine langen Vorträge an der Taktiktafel. Er wollte nur, dass seine Spieler eine einfache Regel befolgen: Defensiv sollten sie den Raum, nicht den Mann decken. Er hatte die Raumdeckung in den fünfziger Jahren in der ungarischen Nationalmannschaft kennengelernt. Lóránt gehörte zur «goldenen Elf», die 1954 im Finale gegen Deutschland verlor. Als Trainer ließ er die eigene Mannschaft in einer 4-4-2-Formation verteidigen. Die Abwehrspieler sollten ihre Gegenspieler nicht verfolgen. Vielmehr sollten sie ihren Gegenspieler an einen Teamkollegen «übergeben», wenn der Gegner sich in dessen Arbeitsbereich bewegt.

Lóránt war der erste Trainer in der Bundesliga, dessen Teams mehr mit Raum- als mit Manndeckung spielten. Selbst in der Abwehr verzichtete man zeitweise auf das Spiel mit Libero, das durch Beckenbauer zu einer deutschen Institution geworden war. Die Verteidiger agierten auf einer Höhe. Die gesamte Mannschaft baute sich am eigenen Sechzehner auf und verschob dort gemeinschaftlich, um die Räume zu schließen. Lóránts Raumdeckung war jedoch zu schlecht ausgeführt, als dass die Bayern damit langfristig Erfolg hätten haben können. Lóránt erklärte seinen Spielern nicht groß, wie sie die Raumdeckung umzusetzen haben. Er erwartete von ihnen, dass sie das System von alleine hinbekommen. Das Gegenteil war der

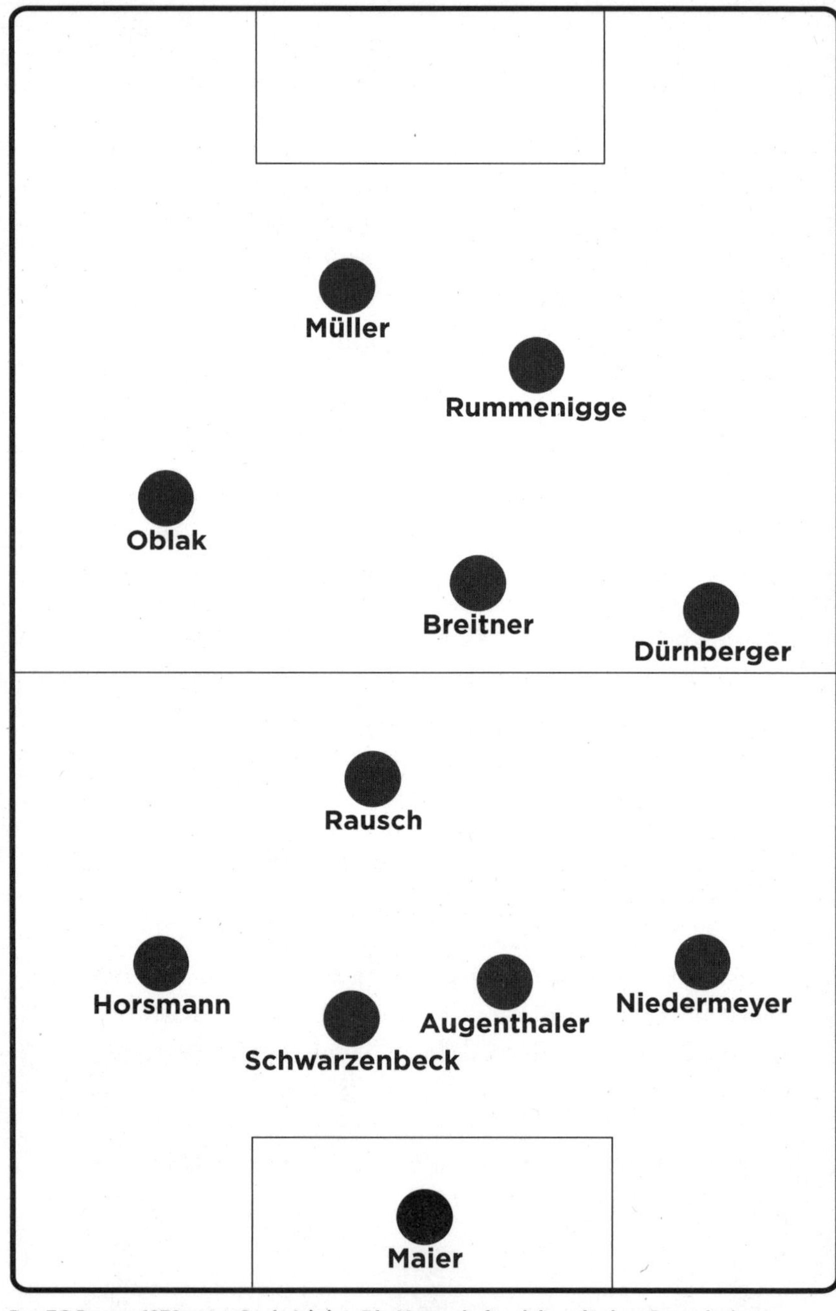

Der FC Bayern 1978 unter Gyula Lóránt. Die Mannschaft spielte mit einer Raumdeckung.

Fall. Lóránts Bayern fanden oft keinen Zugriff. Die Spiele wurden zu einer unansehnlichen Sache. Entweder die Münchener Konterstrategie mit der Raumdeckung am eigenen Sechzehner ging auf – oder aber es entstand ein zähes Duell mit total defensiven Münchnern.

Erst sein Nachfolger, Pal Csernai, entwickelte Lóránts System so weiter, dass es funktionierte. Csernai arbeitete als Assistent von Lóránt. Nachdem die Bayern Lóránt 1978 nach einer 0:7-Pleite entlassen hatten, sollte Csernai den Cheftrainerposten eigentlich nur vorübergehend übernehmen. Bayern-Präsident Wilhelm Neudecker wollte Max Merkel anstellen. Merkel, 1966 Meister mit 1860, war unter Journalisten beliebt wegen seiner lockeren Sprüche. Unter den Spielern war er berüchtigt für sein hartes Konditionstraining und seine eiserne Defensivtaktik. Doch die Bayern-Spieler rebellierten. Sie wollten Csernai behalten und nicht unter dem als «harter Hund» berüchtigten Merkel arbeiten. Die Rebellion der Bayern-Spieler schaffte es sogar in die *Tagesschau*. Letztlich setzten sich die Spieler durch; ein Novum in der deutschen Fußballgeschichte. Pal Csernai durfte bleiben – und entwickelte bei den Bayern sein eigenes System. Die Medien tauften es das «Pal-System».

Csernai kombinierte die Lóránt'sche Raumdeckung mit Manndeckungselementen. In der Abwehr kehrte man zu einem System zurück, das stärker auf eine Manndeckung setzte. Csernai ließ wieder mit einem Ausputzer und drei Manndeckern spielen. Die Formation war eine Art 1-3-4-2. Im Mittelfeld wurde weiter raumdeckend gespielt. Es erinnerte an das System, das Zebec bereits zehn Jahre zuvor bei den Bayern spielen ließ. Nur orientierten sie sich nun im Mittelfeld noch stärker am Raum und suchten früher den Zugriff. Die Raumdeckung half den Bayern, besser auf das Spiel des Gegners reagieren zu können. Man war nicht mehr abhängig davon, dass der Manndecker einen guten Tag erwischte und seinen Gegenspieler aus dem Spiel nahm. Durch den Zugriff im Mittelfeld konnten sie wieder die Hoheit über diesen wichtigen Bereich des Spielfelds erlangen. Das Spiel wirkte insgesamt organisierter, schlüssiger, besser eintrainiert als unter Lóránt. Mit Csernai holten die Bayern 1980 erstmals seit sechs Jahren wieder die Meisterschaft. Im Jahr darauf verteidigten sie den Titel.

Ein Wiener Grantler lehrt Hamburg das Pressing

Zum großen Konkurrenten der Bayern avancierte ein Team, das ebenfalls auf eine Raumdeckung setzte: der HSV. Die Erfolgsgeschichte des Hamburger SV begann, als Günter Netzer seine Spielerkarriere beendete. Netzer fragte bei der Vereinsführung an, ob sie nicht einen Job für ihn hätten. Ihm schwebte vor, die Stadionzeitung zu gestalten. Doch der HSV stellte ihn als Manager ein. Unter Netzers Ägide musste ein Trainer vor allem eine Qualität mitbringen: Er musste eine Raumdeckung spielen lassen. Netzer war schon als Spieler kein Freund von Manndeckern. Er konnte die Muskelpakete nicht leiden, die selber keinen Ball kicken konnten, ihn während seiner aktiven Karriere aber über den ganzen Platz verfolgten.

1977 versuchte Netzer, Ernst Happel an die Elbe zu lotsen. Happel gehörte zu jener Zeit zu den besten Trainern der Welt.

Als einer der Ersten setzte er auf ein raumdeckendes 4-4-2 und ein aggressives Pressing. Feyenoord Rotterdam hatte er 1971 sensationell zum Landesmeister-Titel geführt. Doch das Engagement in Hamburg scheiterte an zwei Gründen: Der eine Grund war das Geld. Happel rechnete stets in Nettosummen. Deutschlands damaliger Spitzensteuersatz von 56 % war ihm bei seiner Gehaltsforderung in Millionenhöhe egal. Das brachte Netzer ins Schwitzen.

Der andere Grund war der Deutsche Fußball-Bund. Der DFB war sehr stolz auf seine Trainerausbildung. Schon nach dem Krieg gab es unter Herberger die ersten Lehrgänge für angehende Trainer. Später übernahm Weisweiler den Posten als Ausbilder. Jeder Trainer musste durch die DFB-Schule gehen. Noch heute darf man ohne Trainerdiplom nicht in der Bundesliga arbeiten. Dadurch stellt der DFB sicher, dass alle Kandidaten die Grundlagen des Trainerhandwerks beherrschen. Ende der siebziger Jahre forderte der DFB, dass jeder potenzielle Bundesliga-Trainer sich diesem Kurs unterziehen müsse – auch Happel. Happel hatte zu jener Zeit bereits fünf Meisterschaften, drei nationale Pokalerfolge und einen internationalen Pokaltitel vorzuweisen. Es kam für ihn überhaupt nicht in Frage, die Schulbank zu drücken. Der Fall schlug hohe Wellen. «Am deutschen Trainerwesen soll die Welt genesen», schrieb der *kicker* und warnte vor der «Gefahr der Inzucht», wenn man Fachleute wie Happel nicht in Deutschland arbeiten lasse. Der DFB blieb jedoch hart. Netzer musste nachgeben. Statt Happel verpflichtete der HSV Branco Zebec. Der entwickelte sein Mischsystem aus Mann- und Raumdeckung weiter, mit dem er Ende der sechziger Jahre mit den Bayern große Erfolge feierte.

Im Jahr 1981 landete der gleiche HSV-Antrag erneut auf

dem DFB-Schreibtisch. Zebec war mit seinem System in Hamburg erfolgreich. 1979 gewann er mit den Hamburgern den Meistertitel. Zebec war ein grandioser Trainer, da waren sich alle beim HSV einig. Nach und nach kam jedoch seine Alkoholsucht ans Licht. Der Anfang vom Ende war ein Punktspiel bei Borussia Dortmund im Jahr 1980: Zebec hatte über zwei Promille intus und schlief auf der Bank ein. 1981 musste Netzer ihn entlassen. Nun wollte Netzer unbedingt jenen Trainer holen, den er eigentlich schon drei Jahre zuvor im Auge hatte: Ernst Happel. Diesmal konnte der DFB Netzer nicht abblitzen lassen, denn 1980 hatte man dem 1. FC Köln nach langem Ringen zugestanden, Rinus Michels als Trainer anzustellen. Michels, Trainer der legendären Ajax-Elf und Vize-Weltmeister 1974, hatte ebenfalls keine deutsche Trainerlizenz und sollte zunächst genau wie Happel die Schulbank drücken. Allerdings musste der DFB in diesem Fall einlenken, um den niederländischen Verband nicht zu brüskieren. Ein Jahr später bekam Happel genau wie Michels eine Ausnahmegenehmigung.

Ernst Happel war einer der kuriosesten Typen, die je auf der Trainerbank Platz nahmen. Er war ein Lebemann, liebte den Wein, die Frauen und das Casino. Als Spieler war der Österreicher ein spielstarker Verteidiger. 1954 nahm er mit der österreichischen Nationalmannschaft an der WM teil. Vor der WM langweilte er sich bei einem Testkick so sehr, dass er aus Jux ein Eigentor erzielte. «In der deutschen Nationalmannschaft wärst für so was hinterher standrechtlich erschossen worden», sagte Trainerkollege Max Merkel später.

Als Trainer war Happel jedoch höchst professionell, verfolgte die Philosophie «Spaß ist Spaß, Arbeit ist Arbeit». Die Naivität, die ihn als Spieler auszeichnete, kehrte er als Trainer komplett ins Gegenteil um. Er wusste genau, was er wollte: sein taktisches Fachgebiet war das Pressing. Die meisten Teams jener Zeit setzten nach Ballverlusten zwar kurz nach, zogen sich dann aber sofort in die eigene Hälfte zurück. Erst in der eigenen Hälfte griffen sie den Gegner wieder an. Die meisten taten dies – wie Lóránts Bayern – erst am eigenen Strafraum. Teams, die früh störten und nach vorne verteidigten, waren in Deutschland die Ausnahme. Neben Csernais Bayern sind noch die Kölner zu erwähnen. Sie hatten zunächst unter Hennes Weisweiler und später unter Michels das Pressing gelernt. Aber all diese Teams waren nicht so gut organisiert, wie der HSV es sein sollte.

Die Hamburger setzten mit Happel auf eine Raumdeckung, Manndeckung verachtete er: «In einer Manndeckung hast du elf Esel auf dem Platz.» Happel variierte die Grundformation zwischen einem 4-4-2 und einem 4-3-3. Unabhängig von der Formation setzte der HSV stets auf ein systematisches Pressing: Hamburg störte schon in der gegnerischen Hälfte, jagte den Gegner. Hamburgs Spieler verschoben immer zum Ball, hatten so stets eine Überzahl in Ballnähe. Gemeinsam postierten sie sich um den ballführenden Gegner und isolierten ihn von seinen Mitspielern, sodass er keine Anspielstation fand. Dabei verhinderten Hamburgs Stürmer, dass der Gegner den Ball einfach zum Torwart zurückspielen konnte. Dieser durfte damals noch Rückpässe mit der Hand aufnehmen. Mit ihrem Pressing dominierten die Hamburger Gegner, die solch ein aggressives Spiel nicht gewohnt waren. Die Hamburger waren noch weit entfernt vom Pressing heutiger Tage. Gerade bei Auswärtsspielen zogen sie sich weiter zurück, störten nicht so früh. Doch sie waren erfrischend aggressiv in einer Zeit, in der Fußball ein eher träger Sport war. Es war nach dem Umschaltspiel Inter Mailands in den Sechzigern ein weiterer Schritt in Richtung modernes, schnelles Spiel.

Auch im Offensivspiel war Happel seiner Zeit voraus. Ähnlich wie im Pressing erfand er nichts radikal Neues, er kombinierte aber bekannte taktische Spielereien so, dass sie frischen Wind in den deutschen Fußball brachten. So hatten die Außenverteidiger nicht nur die Genehmigung, sondern die Pflicht, nach vorne zu stoßen. Vor allem die Vorstöße von Manfred «Manni» Kaltz gingen in die deutsche Fußballgeschichte ein. Bananenflanke Kaltz, Kopfball Horst Hrubesch, Tor – das war der berühmteste Spielzug der Hamburger. Es war in Deutschland neu, dass die Flanken nicht von einem Außenstürmer, sondern von einem Außenverteidiger kamen. Wenn Außenverteidiger in der Vergangenheit überhaupt vorstießen, liefen sie wie Bayerns Paul Breitner ins Zentrum. Die Außen waren reserviert für die Außenstürmer. Aber Happels HSV funktionierte nicht nur nach dem klassischen Rezept «Flanke, Kopfball, Tor». Auch die zentralen Verteidiger stießen immer wieder nach vorne. Der HSV brachte erstaunlich viele Spieler vor den Ball in einer Zeit, in der viele Teams defensiv dachten.

Happel war ein Taktiker, aber keiner, der seine Spieler mit Vorträgen an der Taktiktafel einschläferte. Er brachte seine taktischen Ideen im Training ein, beiläufig. Die Spieler merkten gar nicht, dass sie eine taktische Lehrstunde erhielten – und setzten nachher trotzdem das Happel-System um. Eine seiner liebsten Übungen war ein Trainingsspiel über einen verkleinerten Platz. Der Clou: Nur die Verteidiger durften Tore erzielen, nur die Stürmer den Ball gewinnen. So brachte er seinen Verteidigern das Angreifen und seinen Angreifern das Verteidigen bei.

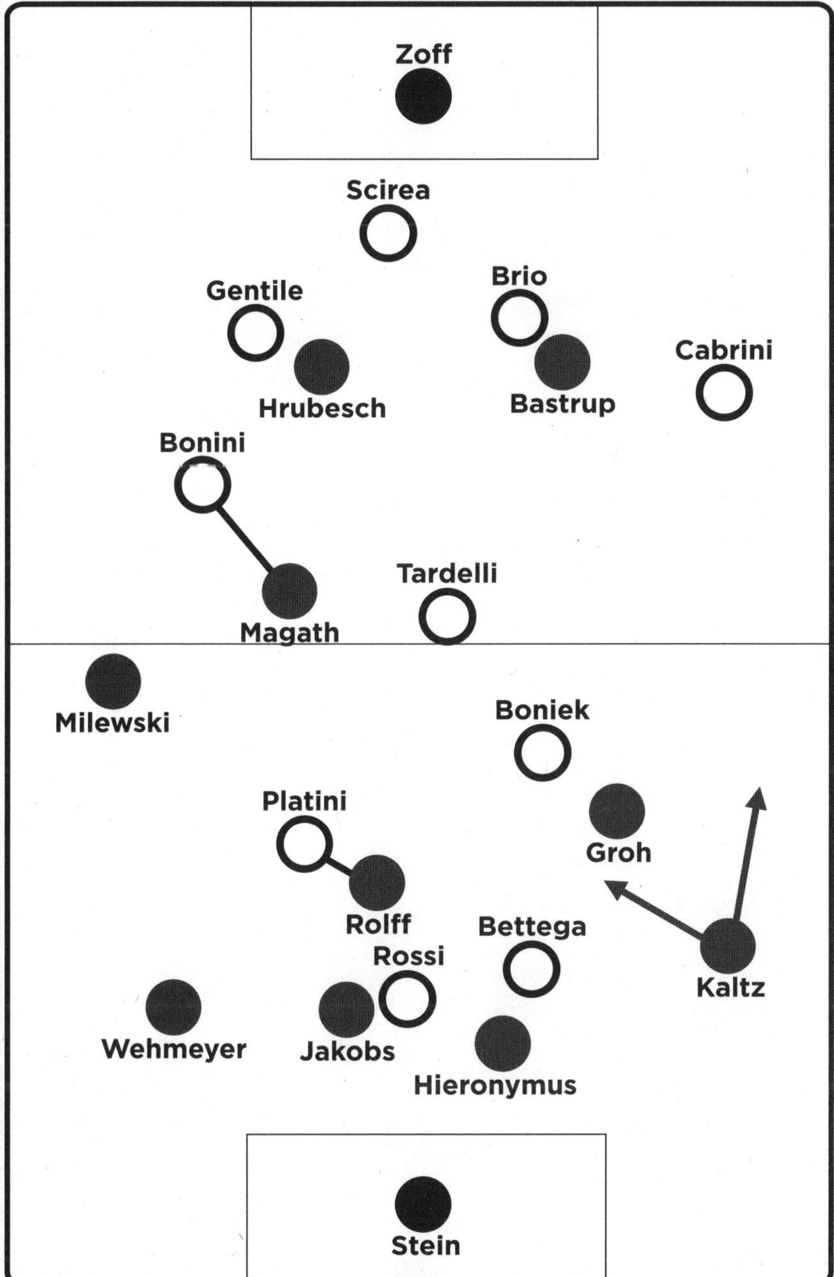

Das Finale des Europapokals der Landesmeister 1983: Hamburger SV gegen Juventus Turin.

Ironischerweise sollte das bekannteste Spiel von Happels Hamburgern ein Auftritt werden, der so gar nicht typisch für sie war. Im Finale des Landesmeister-Pokals 1983 traf Hamburg auf Juventus Turin. Der Hamburger SV war krasser Außenseiter. Allein Juventus-Spielmacher Michel Platini verdiente mehr Geld als der halbe HSV-Kader. Wie sollte man diesen Gegner stoppen? Happel dachte sich einen Plan aus. Allerdings wollte er, dass die Spieler selbst auf diesen Plan kommen. Nur dann, so seine Logik, seien sie wirklich überzeugt davon. Bei Spaziergängen auf einem Golfplatz «überredeten» die Spieler ihn, einen Manndecker auf Platini abzustellen. Wolfgang Rolff nahm Platini in Manndeckung, ließ ihm keinen Zentimeter Freiraum. Der Hamburger Spielmacher Felix Magath genoss hingegen alle Freiheiten. Er gestaltete aus dem Mittelfeld das Spiel. Kaltz half ihm dabei, indem er immer wieder die Seiten wechselte. Dabei zog er seinen Manndecker mit sich und öffnete Freiräume für Spielmacher Magath. In der entscheidenden Szene schüttelte Magath seinen Bewacher ab und erzielte den Siegtreffer. Nach der frühen Führung zogen sich die Hamburger zurück, verteidigten mit Kampfstärke den eigenen Sieg. Von der Dynamik her erinnert die Partie an die deutschen WM-Triumphe 1954 und 1974. Es war Fußballdeutschlands größter Triumph dieser Ära.

Innovationsfeind DFB

Anfang der achtziger Jahre schienen sich die deutschen Mannschaften immer mehr in Richtung der Raumdeckung zu entwickeln. Alle Meister zwischen 1978 und 1983 spielten mit Raumdeckungselementen. Sollte dies zu einer Wende im deutschen Fußball führen? Nein. Abseits der großen deutschen Teams dieser Zeit, Bayern, Hamburg, Frankfurt und Köln, war der Trend kaum präsent. Die übrigen Bundesligisten spielten weiter mit Manndeckungen auf dem ganzen Feld.

Vor allem aber griff der DFB den Trend nicht auf. Die ablehnende Haltung gegenüber ausländischen Trainern war kein Einzelfall, sondern ein Symptom tieferliegender Probleme. Der DFB baute sich eine selbstgefällige Wohlfühlblase und ließ Innovationen nicht zu. Die Wahrheit war so simpel wie brutal: Es gab keine deutsche Trainer, die Methoden und Strategien von Happel, Zebec und Csernai aufgriffen. Sepp Herberger hatte stets verstanden, seine Trainingsmethoden und taktischen Ideen an junge Trainer weiterzugeben. Fast alle deutschen Trainer der Fünfziger und Sechziger beriefen sich – mal mehr, mal weniger – auf den «Weisen von der Bergstraße». Weisweiler schaffte in den Siebzigern Ähnliches. Allein schon durch seinen Posten als Trainerausbilder hatte er Einfluss auf die junge Generation.

Bei den Pionieren der Raumdeckung war es anders. Ernst Happel war nie der kommunikative Typ, genauso wenig Pal Csernai. Branko Zebec bekam nach dem HSV noch zwei Engagements in der Bundesliga. Seine Alkoholsucht machte eine Anstellung dann aber unmöglich. Er starb 1988, vereinsamt und vergessen. Weisweiler, ein weiterer Advokat des Pressings und des schnellen Konterspiels, starb völlig überraschend im Mai 1983 im Alter von 63 Jahren. Statt die Trainerausbildung zu reformieren, blieb DFB-Präsident Hermann Neuberger untätig, und das, obwohl er sich gerne als «obersten Lehrwart des DFB» bezeichnete. Während andere Nationen wie Italien oder England sich immer stärker der Raumdeckung zuwendeten, schlug das Pendel in Deutschland in die andere Richtung. Fußballdeutschland schottete sich ab.

Die Nationalmannschaft griff den Raumdeckungstrend damals gar nicht erst auf. Jupp Derwall hatte 1978 den Trainerposten in der DFB-Elf übernommen. Als Assistent von Helmut Schön hatte er ein Vorrecht darauf, gemäß dem ungeschriebenen DFB-Gesetz. Derwall ließ ein einziges Mal mit einer Raumdeckung auf dem ganzen Feld spielen, 1982 in einem unbedeutenden Testkick gegen die Schweiz. Ansonsten stand Derwall für Manndeckungen in der Abwehr und langsamen Spielaufbau.

Schnell wurde klar: Derwall war kein Taktiker. Vor einem Testspiel gegen den amtierenden Weltmeister Argentinien fragte er die verdutzten Journalisten auf der Pressekonferenz: «Mit welcher Formation spielt denn Argentinien?» Das schnelle Spiel, wie es in der deutschen Bundesliga von den Spitzenclubs gelebt wurde, kam nicht in der Nationalmannschaft an. Wer sich heute die deutsche Elf ansieht, die bei der WM 1982 bis ins Finale vorstieß, wundert sich über das fehlende Tempo und die mangelnde Kreativität. Aus einem 1-4-3-2-System heraus baute Deutschland auf eine starke Defensive. Vieles ging über lange Bälle oder Angriffe über die Außen. Dabei standen mit Felix Magath, Paul Breitner und Pierre Littbarski wenigstens eine Handvoll kreativer Spieler auf dem Feld.

Nur ein deutscher Auftritt bei dieser WM schaffte es in die

Fußballgeschichtsbücher: die «Schande von Gijón». Deutschland und Österreich reichte im direkten Aufeinandertreffen ein deutscher 1:0-Sieg, um in die K.-o.-Runde einzuziehen. Nach der frühen deutschen Führung hielten beide Mannschaften das Ergebnis. Deutschland schob den Ball hin und her, ohne noch überhaupt zu versuchen, offensiv zu spielen – ein Nichtangriffspakt. Deutschland wurde eins mit seinem Mythos: die bösen Deutschen, die gewinnen wollten um jeden Preis, mit jedem Mittel, auch wenn es quasi heißt, den Fußball zu boykottieren. Damit zerstörte Derwalls Elf in wenigen Spielen die Arbeit, die Deutschlands Mannschaft seit dem Krieg betrieben hat. Herberger und Schön ging es nicht immer nur um das Ergebnis; ihnen war stets wichtig, dass die Deutschen als faire Sportsmänner auftraten. Vor allem Schön ordnete diesem Gedanken vieles unter. Derwalls Elf machte den Ruf mit ihrem unattraktiven Spiel und ihrem schwachen Auftreten neben dem Platz innerhalb weniger Jahre zunichte.

Kurze Zeit schien es so, als könnte der deutsche Fußball die besten Elemente der Mann- und Raumdeckung mit einem hohen Pressing kombinieren. Der Traum war schnell ausgeträumt. Es folgte eine Dekade der Selbstillusion – und der große Absturz.

KAPITEL 11

Der deutsche Sonderweg

Kampf, Manndeckung und ein WM-Titel (1984–1990)

Die typische deutsche Taktik der Achtziger und Neunziger

Wenn die meisten deutschen Teams nicht die Raumdeckung von Happel und Csernai übernahmen – wie sah ihre Taktik dann aus? In einem durchschnittlichen deutschen Team der achtziger Jahre agierte ein Libero hinter zwei Manndeckern. Der Libero selbst übernahm vorrangig Defensivaufgaben. Versuche, kreative Spieler wie Bernd Schuster zum Libero umzuschulen, waren gescheitert. Das offensive Vorrücken Beckenbauers blieb ein Idealbild vergangener Tage. Der Libero wurde erneut zum Ausputzer, der sich ausschließlich um die Defensive kümmerte. Die Manndecker vor dem Ausputzer verfolgten eifrig die gegnerischen Stürmer. Die Flügel wurden nicht von Außenstürmern, sondern von zwei Außenverteidigern beackert, die viel Kondition benötigten. Sie mussten hinten die gegnerischen Außenspieler decken und vorne Flanken in den Strafraum schlagen. Je nach Ausrichtung agierten drei oder vier Mann im Mittelfeld. Einer dieser Spieler übernahm die Rolle des Zehners, der das Spiel in der gegnerischen Hälfte gestaltete. Vorne warteten ein bis zwei Stürmer auf Flanken und Zuspiele. Es klingt nach einer Pauschalisierung, aber tatsächlich setzte in Deutschland zwischen 1985 und 1995 praktisch jedes Team auf ein solches 1-2-5-2 oder 1-2-6-1.

Dreier-/Fünferabwehr

Die Begriffe Dreier- und Fünferabwehr werden in diesem Kapitel oft synonym verwendet. Dies liegt daran, dass eine Mannschaft oft beide Varianten gleichzeitig spielt: Bei Ballbesitz rücken die Außenverteidiger auf. Es bleiben nur drei Spieler in der Abwehr – der Libero und die zwei Manndecker. Wenn der Gegner am Ball ist, fallen die Außenverteidiger zurück. Es entsteht eine Fünferabwehr – der Libero, die zwei Manndecker plus die beiden Außenverteidiger. Je nachdem, wie offensiv oder defensiv die Außenverteidiger agieren, spielt eine Mannschaft stärker mit einer Dreier- oder Fünferabwehr. Die Formationsbezeichnungen 1-2-5-2/1-2-6-1 sind also nahezu synonym mit dem 1-4-3-2/1-4-4-1.

Das System wurde größtenteils mit Manndeckung und ohne Pressing gespielt. Die gesamte Abwehrarbeit orientierte sich an den Gegenspielern. Jeder Abwehrspieler deckte weiterhin den nahestehenden Angreifer. Allerdings übergaben die Verteidiger ihre Gegner auch an einen Mitspieler, wenn diese sich zu weit aus dem Raum des jeweiligen Abwehrspielers bewegten. Dann übernahm der Verteidiger die Deckung eines anderen Spielers. Eine Raumdeckung war das indes nicht. Ziel war es noch immer, dass alle gegnerischen Angreifer zu jeder Zeit gedeckt wurden. Man ging dabei nur flexibler zu Werke als in

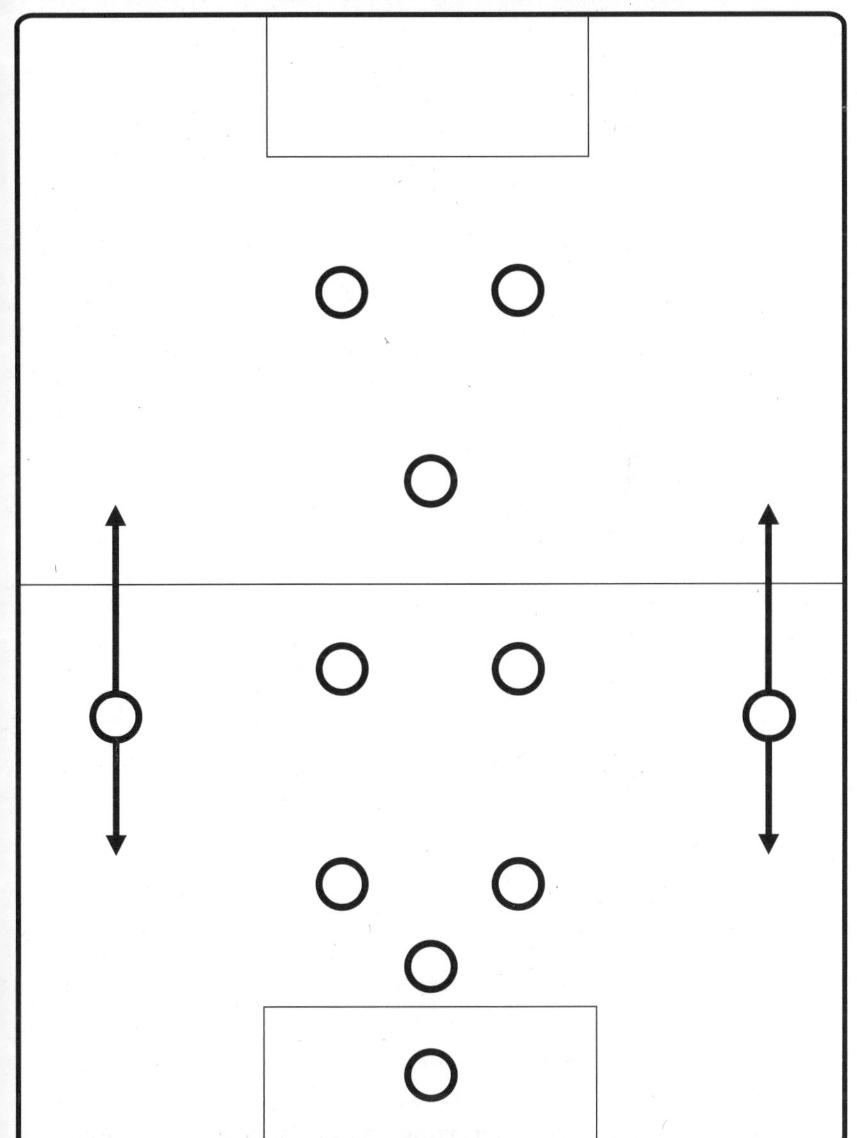

Die typische deutsche Taktik der achtziger Jahre: ein 1-2-5-2 bzw. 1-4-3-2.
Ein Libero sichert hinter der Abwehr ab, die Außenverteidiger beackern die Flügel. Kopf des Spiels war der offensive Mittelfeldspieler, der hinter den zwei Stürmern agierte.

den Sechzigern und Siebzigern. Das Stilmittel, dem gegnerischen Spielmacher einen festen Bewacher zuzuordnen, hielt sich jedoch weiterhin in der Bundesliga.

Auch das Offensivspiel änderte sich im deutschen Fußball kaum. Vor allem der Spielaufbau war eher behäbig, langsam. Die Verteidiger passten sich ruhig den Ball zu, bis der Gegner eine Lücke anbot. Der erste Ball ging meist zum Libero oder zum Spielmacher. Der musste selber sehen, was er mit der Kugel anfangen wollte. Wer halbwegs technisch begabt war, wurde auf der Zehn oder auf den Außenpositionen aufgestellt. Dort sollte mit Dribblings oder individuellen Einfällen der Gegner geknackt werden. Schnelles Konterspiel war in Deutschland eher die Ausnahme.

Beckenbauers Triumph

Franz Beckenbauer war einer der vielen deutschen Trainer, die diese Taktik anwandten. 1984 übernahm er das Amt des Teamchefs der Nationalelf. Deutschland war zuvor in der Vorrunde der Europameisterschaft gescheitert. Derwalls Kredit war aufgebraucht – der Kaiser übernahm. Beckenbauer fügte sich zunächst nur widerwillig in das typisch deutsche Taktikschema. Eigentlich, so betonte er zu Beginn seiner Amtszeit, würde er am liebsten offensiv spielen lassen. Doch Deutschland habe dafür nicht die Spieler. In der Fußballgeschichte gab es wohl kaum einen Trainer, der seine eigene Mannschaft mit dermaßen viel Inbrunst beleidigt hat wie Franz Beckenbauer. Er beschwerte sich von seinem ersten Arbeitstag an über das mangelhafte fußballerische Talent der Nationalelf. Die Bundesliga sei ein «Schrotthaufen», die ihr «Kapital aus purer Dummheit verschleudert». Seine Spieler? Eine Ansammlung talentfreier Leichtathleten. «Und wenn du Glück hast», sagte Beckenbauer, «wirst du mit denen auch noch Weltmeister.»

Den letzten Satz sagte Beckenbauer während der WM 1986. Seine Mannschaft hatte sich soeben ins Finale gespielt – oder besser gesagt: gekämpft. Fußballerisch war vom Glanz früherer Tage nicht mehr viel übrig. Deutschlands Team bestand aus Kämpfern wie dem Mittelfelddauerläufer Norbert Eder oder Abwehrrecke Hans-Peter Briegel, nur bekannt als «die Walz aus der Pfalz». Beckenbauer verspottete sein eigenes Team.

Dennoch führte Beckenbauer die Mannschaft ins Finale – natürlich mit der typisch deutschen 1-2-5-2-Formation. Im Finale selbst setzte Beckenbauer auf das altbewährte Mittel: Der Superstar des Gegners sollte mit einer rigorosen Manndeckung ausgeschaltet werden. Dieses Mal war es aber nicht so einfach, denn der Finalgegner hieß Argentinien, und dessen Superstar war niemand Geringeres als Diego Maradona. Der argentinische Dribbelkönig befand sich 1986 in der Form seines Lebens. Im Viertelfinale hatte er gegen England zunächst ein Tor mit «der Hand Gottes» erzielt. Wenige Minuten später schloss er ein Solo ab, bei dem er acht englische Verteidiger umspielte. Fünfzehn Jahre später wählte die Fifa Maradonas Solo zum «Tor des Jahrhunderts».

Beckenbauer hatte Lothar Matthäus auserkoren, Maradona aus dem Spiel zu nehmen. Matthäus war Deutschlands stärkster Mittelfeldspieler und sollte quasi das Äquivalent zu Beckenbauers eigener Rolle bei der WM 1966 werden. Ein Hauch von Wembley lag in der Luft, als Beckenbauer seinen besten Spieler opferte, um den gegnerischen Spielmacher

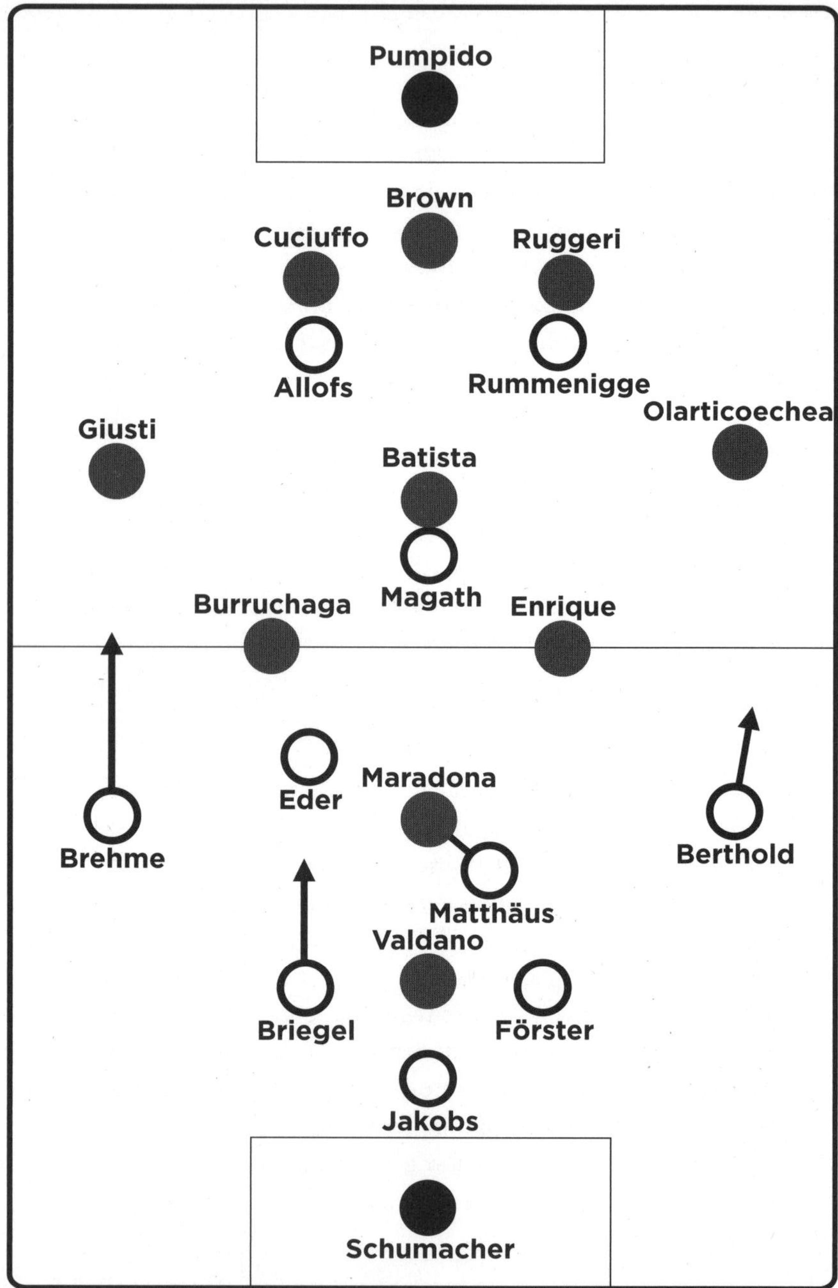

Das WM-Finale 1986: Deutschland gegen Argentinien. Lothar Matthäus deckte Maradona.

mannzudecken. Dennoch war diese Variante nicht so defensiv, wie sie scheint: An Matthäus' Stelle rückten die Verteidiger vor, Deutschland spielte aus der Abwehr mit viel Dynamik nach vorne. Beckenbauers Spieler interpretierten das 1-2-5-2-System offensiv, vielleicht sogar zu offensiv. Deutschland verlor mit 2:3. In den entscheidenden Momenten waren Maradona und seine Kollegen ihren Bewachern entwischt.

Wie sehr diese Niederlage Beckenbauer beschäftigte, bekam die Fußballwelt vier Jahre später zu spüren. Beckenbauer vergaß seine offensiven Wurzeln, von denen er zu Beginn seiner Teamchefkarriere sprach. 1990 ordnete er alles dem WM-Titel unter. «Schön gespielt? So ein Schmarrn. Der Deutsche will den Erfolg sehen», sagte Beckenbauer vor der WM. Zusammen mit dem Statistiker Roland Loy erarbeitete er ein Verfahren, das Zweikampfwerte für seine Spieler berechnete. Nur wer genug Zweikämpfe gewann, durfte mit nach Italien reisen.

Bei der WM trat Deutschland mit einer nahezu identischen taktischen Ausrichtung wie vier Jahre zuvor an. In der Vorrunde zeigte Deutschland noch recht offensiven Fußball, erzielte zehn Tore in drei Spielen. Ab der K.-o.-Runde war alles auf defensive Stabilität getrimmt. In den vier K.-o.-Spielen mit deutscher Beteiligung fielen gerade einmal sieben Tore, das Torverhältnis lag bei 5:2 für Deutschland. Die Dreierabwehr war eher eine Fünferabwehr, die Außenverteidiger hielten sich merklich zurück. Deutschland rückte nicht mehr naiv auf, sondern spielte ergebnisorientiert. Im Viertelfinale verspielte Deutschland fast eine 1:0-Führung in Überzahl. Franz Beckenbauer rastete aus, warf in der Kabine mit Eiskübeln um sich, trat gegen die Tür. Er forderte von seinen Spielern cleveres Spiel auf Zeit, noch mehr Defensive.

Beckenbauers Worte wirkten. Deutschland kam ins Finale, wo erneut Argentinien wartete. Beckenbauer stand abermals vor der Frage, wen er auf Maradona ansetzen soll. Er wählte den resoluten Verteidiger Guido Buchwald. Damit entschied er sich auch gegen die Variante vier Jahre zuvor, die ein offensives Aufrücken der Verteidiger vorsah. Ein Elfmeter von Andreas Brehme brachte die Entscheidung. Spötter sagen, es war die einzige Chance des Spiels, so defensiv hätten beide Teams agiert.

Der WM-Sieg 1990 war ein großer Erfolg des deutschen Fußballs, ein Triumph des Willens und vor allem ein Triumph Beckenbauers. 26 Jahre später kann man jedoch sagen, dass es auch ein Pyrrhus-Sieg war. Der WM-Titel versetzte Fußballdeutschland in sorglose Selbstgewissheit. Beckenbauer goss Öl ins lodernde Feuer des deutschen Übermuts, als er sagte: «Wir werden auf Jahre hin unschlagbar sein.» Er sagte dies im Hinblick auf die Stoßkraft, die eine wiedervereinte Nationalmannschaft seiner Meinung nach haben würde.

Im Nachhinein ist man immer schlauer. Betrachtet man den deutschen Fußball der achtziger und neunziger Jahre, so ist ein Stillstand nicht von der Hand zu weisen. Das 1-2-5-2-System, zumeist als 1-4-3-2 interpretiert, blieb faktisch über die gesamte Zeitspanne gleich. Fast jedes deutsche Bundesliga-Team spielte weiter mit Libero. Dabei gab es seit Beckenbauer keinen Libero mehr, der diese Rolle auch offensiv füllen konnte. Funktioniert hat meist nur die defensive Variante – so wie bei der WM 1990 mit Klaus Augenthaler. Taktische Innovationen? Fehlanzeige. Dabei veränderte sich der Fußball nach 1990 rasant.

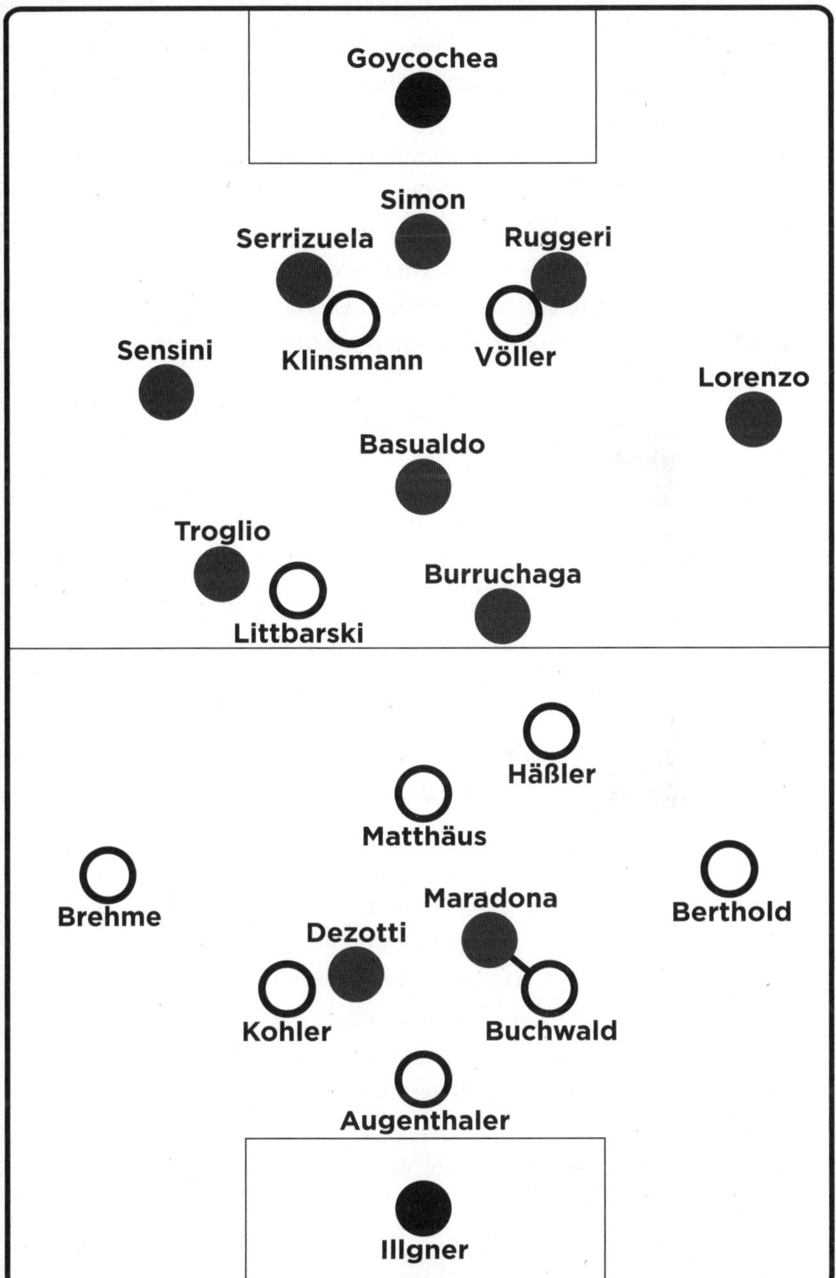

WM-Finale 1990: Deutschland gegen Argentinien. Guido Buchwald deckt Maradona.

Der Fußball bekommt neue Regeln

Die WM 1990 nötigte die Fifa, zu handeln. Sosehr sich das wiedervereinte Deutschland über den WM-Triumph freute – im Ausland gähnten die meisten nur über Beckenbauers Sicherheitsfußball. Die Fifa wusste: Eine weitere derart offensivarme, lahme WM, und sie können den Laden dichtmachen. In den Jahren nach der WM brachte die Fifa zahlreiche Regelreformen auf den Weg. Es waren die größten Eingriffe in das Regelwerk seit der Änderung der Abseitsregel im Jahr 1925. Die erste und zugleich wichtigste Neuerung: Der Torwart durfte den Ball bei einem Rückpass nicht mehr in die Hand nehmen. Das begünstigte vor allem Teams, die ein hohes Pressing spielten. Bis dato hatte es nur bedingt Sinn gemacht, den Gegner an dessen Strafraum zu stören. Die Abwehr konnte den Ball einfach zum Torwart zurückspielen, der nahm den Ball in die Hand. Das war nun nicht mehr möglich.

Die zweite wesentliche Regeländerung betraf das Abseits. Bis 1990 galt ein Spieler als abseits, wenn er auf der gleichen Höhe wie der Verteidiger stand. Die Verteidiger hatten also immer einen Schritt Vorsprung. Die Fifa änderte das. Gleiche Höhe galt nun nicht mehr als Abseits, der Angreifer musste nun hinter dem letzten Verteidiger stehen, wenn ein Pass auf ihn gespielt wurde. Der Abwehrspieler hatte nun also nicht mehr einen Schritt Vorsprung vor dem Stürmer. Das begünstigte Teams, die früh und riskant in die Spitze spielten.

Bis in die nuller Jahre hinein wurde die Abseitsregel immer weiter liberalisiert. Das passive Abseits wurde ausgeweitet: Für eine Abseitsstellung genügte es nicht mehr, einfach in der Nähe des Balls zu stehen. Spieler mussten nun aktiv zum Ball gehen, um als abseits zu gelten. Die Änderungen der Abseitsregel bevorteilten die Stürmer und erschwerten den Abwehrspielern das Verteidigen.

Außerdem beschloss die Fifa, ein neues Punktesystem einzuführen. Für einen Sieg gab es nun nicht mehr zwei, sondern drei Punkte. Siege wurden dadurch aufgewertet. Das Kalkül: Die Zahl der Unentschieden sollte zurückgehen. All diese Regeländerungen sollten den Fußball offensiver machen, mehr Tore begünstigen. Man kann darüber streiten, ob sie tatsächlich dem Zweck gedient haben; die Anzahl der Tore erhöhte sich statisch gesehen nur geringfügig. Unstrittig ist aber: Diese Reformen veränderten den Charakter des Fußballspiels.

Dem deutschen Spielstil allerdings kamen die Regeländerungen nicht entgegen. Für Teams mit einem hohen Pressing war es nun leichter, die gegnerische Abwehr unter Druck zu setzen. Sie zwang Abwehrspieler und Torhüter, besser am Ball zu werden – keine Paradedisziplin deutscher Verteidiger. Die neue Abseitsregel begünstigte wiederum schnell umschaltende Teams, die riskant den Ball hinter die Abwehr brachten. Deutschlands Spiel war jedoch weder auf ein hohes Pressing noch auf schnelles Umschalten ausgelegt. Die Manndeckung sah vor, den Gegner erst im Mittelfeld anzugreifen und rigoros abzudecken. Im Offensivspiel ließen deutsche Teams geduldig den Ball zirkulieren und warteten auf eine Lücke. Den Stürmern half die Liberalisierung der Abseitsregel kaum; sie wurden selten hinter die Abwehr geschickt. Zumal das in Deutschland ohnehin kaum möglich war, schließlich verteidigten viele Teams am eigenen Strafraum.

Die Regeländerungen machten eigentlich eine Reform des deutschen Spiels notwendig. In anderen Ländern geschah genau das. Sie passten sich den Neuerungen an und suchten Wege, früher anzugreifen und schneller umzuschalten. Deutschland bestritt einen Sonderweg. Die gesamten Neunziger hielt man weiter am Spiel mit Libero fest. Problematisch war nicht nur das Festhalten an Libero oder Manndeckung. Der deutsche Fußball hatte ein Geschwindigkeitsproblem, das Spiel war langsam geworden. Dabei geht es nicht so sehr um die Schnelligkeit in den Beinen, sondern vor allem im Kopf. Das schnelle Konterspiel war größtenteils in Vergessenheit geraten. Doch woher sollten die Spieler es auch kennen? In der Jugendausbildung wurde kein Wert gelegt auf ein schnelles Spiel. Ralf Rangnick formulierte es später in einem Gespräch mit der Sportzeitung *Reviersport* so: «Als meine Söhne mit dem Fußball begannen, habe ich Spiele beobachtet, in denen die Trainer nur grob skizzierten, auf welcher Position die Kinder spielen sollten. Da hieß es etwa: ‹Ihr spielt hinten!› ... [Die Kinder] überschritten nach solchen Vorgaben nicht mehr die Mittellinie. Wenn ich kleinen Kindern solche Anweisungen gebe, brauche ich mich nicht zu wundern, wenn sie im Leistungsbereich plötzlich an ihre Grenzen stoßen.»

Der deutsche Fußball benötigte dringend Veränderungen. Aber woher sollten Impulse kommen? Der DFB selbst maß dem Thema nicht die höchste Bedeutung bei. Die Trainerausbildung wurde gänzlich abgekoppelt vom Vereins- und Nationalmannschaftsfußball. Die Clubs stellten selten junge Trainer an, sondern setzten auf alteingesessene Hasen, die schon unter Weisweiler den Trainerschein gemacht hatten. An der Basis gab es wiederum kaum Möglichkeiten, sich weiterzubilden. Erneuerung und Verjüngung sehen anders aus.

In diesen Jahren waren andere Themen wichtiger als Taktik- und Systemfragen. Seit sich das Privatfernsehen 1988 die Rechte an der Bundesliga-Vermarktung gesichert hatte, wurde

Fußball immer stärker zum Event. Bis in die frühen achtziger Jahre hinein fand man in den Sportteilen der Zeitungen immer auch Artikel über die Taktik der Bundesliga-Teams. Die Debatte um die Raumdeckung wurde Anfang der achtziger Jahre aktiv vom *kicker* und selbst von der *Bild*-Zeitung begleitet. Ab Mitte des Jahrzehnts war das Thema Taktik aber nicht mehr präsent. Sendungen wie *ran* vermarkteten den Fußball als Entertainment-Produkt. Man grenzte sich bewusst von den drögen Spielberichten ab, die die *Sportschau* jahrelang sendete. Für vermeintlich langweilige Fragen nach dem Spielsystem einer Mannschaft war kein Platz. Auch der *kicker* versteifte sich in diesen Jahren darauf, Niederlagen mit fehlendem Einsatz oder mangelnder Kreativität zu erklären. Die Verantwortlichen der Clubs wurden mit taktischen Defiziten schlicht nicht konfrontiert.

In Deutschland goss man in diesen Jahren nur alten Wein in neue Schläuche. Doch wie sollte es anders gehen? Was für eine Alternative gab es zum deutschen Sonderweg? Erst Ende der Neunziger formierte sich eine spürbare Gegenbewegung gegen die antiquierte Fußballtaktik. Begriffe wie «Viererkette» und «ballorientiertes Verschieben» waren plötzlich in aller Munde.

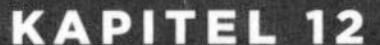

KAPITEL 12

Die Spätzle-Connection

Eine Revolution von unten bringt die Viererkette nach Deutschland (1990–2000)

Arrigo Sacchi erfindet den modernen Fußball

Hamburgs Europapokal-Triumph im Jahr 1983 veränderte nicht den deutschen Fußball, dafür aber den italienischen. Mit dem Sieg über Juventus Turin zog HSV-Coach Ernst Happel die Aufmerksamkeit eines italienischen Schuhverkäufers auf sich. Arrigo Sacchi wollte nicht sein ganzes Leben damit zubringen, in der Schuhfabrik seines Vaters zu arbeiten. Sein Herz schlug für den Fußball. Als Spieler hatte es nie für eine Profikarriere gereicht. Früh fasste er sich ein neues Ziel: Er wollte professioneller Fußballtrainer werden und nutzte jede Gelegenheit, sich weiterzubilden. Nach Hamburgs Triumph nahm sich Sacchi zwei Wochen Urlaub, fuhr in die Hansestadt und beobachtete Happels Training. Sacchi teilte Happels Leidenschaft für offensiven Fußball und hohes Pressing. Er fuhr mit dem Gefühl nach Hause, etwas gelernt zu haben.

Sacchi war überzeugt, dass der italienische Weg nicht der richtige sein kann. Von Herreras Catenaccio waren nur die defensiven Elemente haftengeblieben. Das Urgesetz des italienischen Fußballs besagte: Ein 0:0 ist das natürliche Ergebnis eines Fußballspiels. Sacchi dachte anders. Lieber 4:5 verlieren, als 0:0 zu spielen, war das Credo, das er mit Happel teilte. Wie in Deutschland war in Italien zu jener Zeit die Manndeckung die vorherrschende Spielweise. Der Libero war der wichtigste Mann auf dem Platz. Die Spieler vor ihm sollten ihre Gegenspieler decken. Sacchi wollte einen neuen Weg bestreiten. In Hamburg fand er Inspiration. Sacchi ging jedoch noch weiter in seiner Fußballphilosophie. Warum, fragte er sich, kann man die Raumdeckung nicht konsequent auf dem ganzen Platz umsetzen? Durch ein geordnetes Verschieben wollte Sacchi überall auf dem Platz Überzahlen herstellen. Seine Spieler sollten immer den Raum decken, egal ob am eigenen Sechzehner oder am gegnerischen Strafraum.

Sacchis Problem: Trainerposten waren zu jener Zeit reserviert für die großen Spieler von früher. Heute haben wir uns an Trainer gewöhnt, die selbst nicht hochklassig gespielt haben, damals gab es das kaum. Sacchi konnte seine Ideen zunächst nur mit kleineren Clubs umsetzen. Seine Chance kam, als er mit einem Drittligisten aus Parma im italienischen Pokal den großen AC Milan besiegte. Milans Vereinspräsident Silvio Berlusconi runzelte die Stirn. Warum wirkte es so, als habe der Gegner drei Spieler mehr auf dem Platz? Er beschloss, sich mit dem Trainer der Mannschaft zu treffen. Wenige Wochen später trainierte Sacchi den AC Milan. Mailand hatte zwar jahrelang keinen Titel mehr gewonnen, galt aber nach wie vor als große Adresse des europäischen Fußballs. Sacchi, der Schuhverkäufer, war angekommen im Profifußball. Bedenken über seine fehlende Erfahrung als Spieler schüttelte er ab. «Ein guter Jockey muss kein Pferd gewesen sein», pflegte er zu sagen.

Sacchi machte sich daran, seine Spielweise in Mailand umzusetzen. Er baute die Mannschaft um. Es dürfte kein Zufall gewesen sein, dass Sacchi in zentralen Positionen auf Niederländer setzte. Sie konnten mit seiner pressingintensiven Spielweise mehr anfangen als italienische oder deutsche Profis, die das Wort Pressing gar nicht kannten. Ruud Gullit, Frank Rijkaard und Marco van Basten wurden die Säulen von Sacchis Milan-Team.

Viererkette

Eine Viererkette bezeichnet eine Abwehrreihe mit vier Verteidigern, die auf einer Linie agieren. Sie deckt im Raum. Die Abwehrspieler sind angehalten, stets den gleichen Abstand zueinander zu halten. Die Verteidiger bilden quasi eine Kette, die sich zum Ball bewegt. In einer optimal agierenden Viererkette schließen die Verteidiger den Raum. Die Spieler halten die Abstände so gleichmäßig und eng, dass Pässe hinter die Abwehr für den Gegner erschwert werden. Wenn ein Spieler herausrückt, um den Gegenspieler zu attackieren, rücken die übrigen Spieler ein und schließen die Lücke.

Sacchi erarbeitete ein richtungsweisendes, modernes Pressing. Noch heute spielen viele Teams nach der Sacchi'schen Formel. Sacchi ließ seine Teams im 4-4-2-System auflaufen. Die Spieler sollten defensiv diese Formation immer einhalten. Die Abwehr- und die Mittelfeldreihe waren angehalten, sich wie zwei Ketten über das Spielfeld zu bewegen. Die Abstände zum Nebenmann seien entscheidend, trichterte Sacchi seinen Spielern mantraartig ein. Das Zauberwort lautete Kompakt-

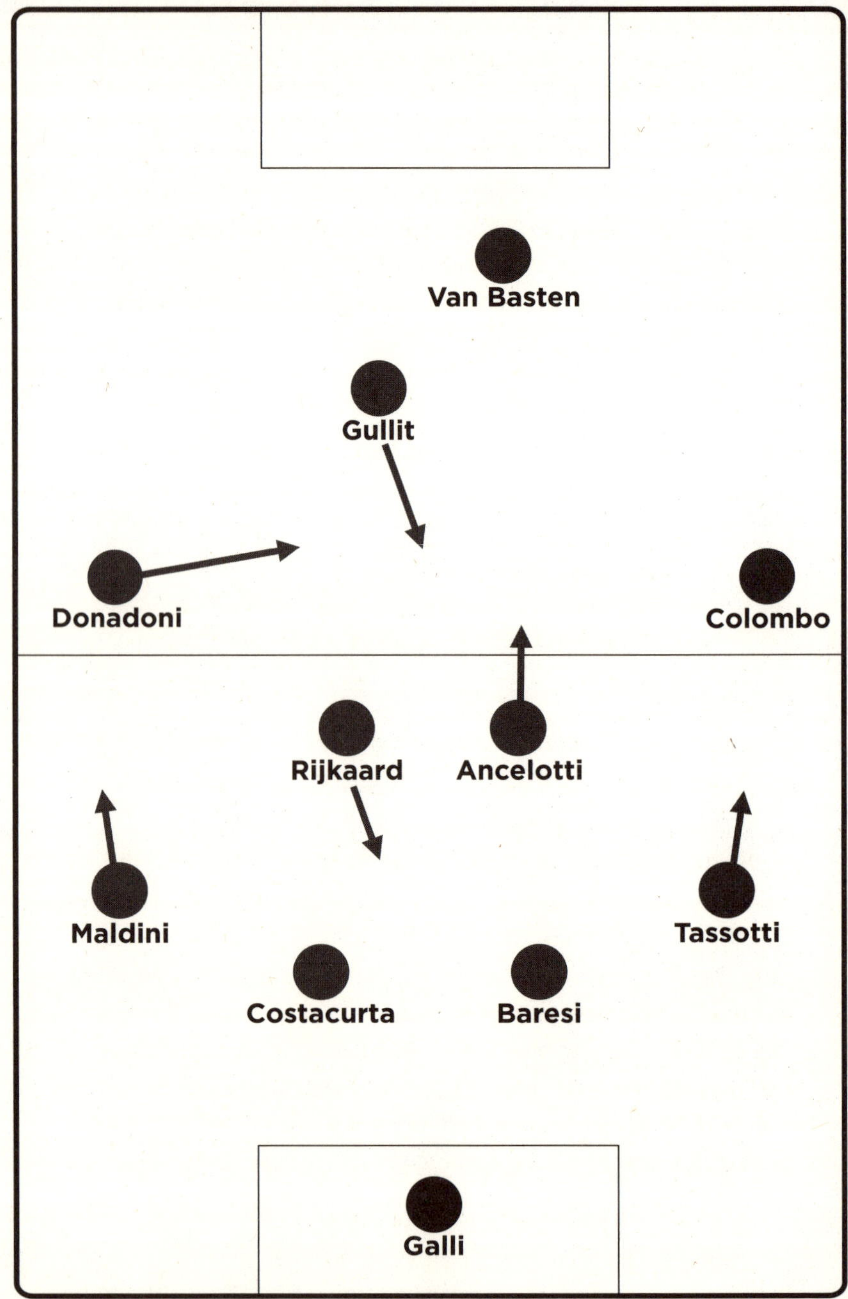

Der AC Milan unter Arrigo Sacchi aus dem Jahr 1989.

heit: Die Spieler sollten möglichst nahe zueinander stehen. Wenn sie nicht perfekt zueinander stehen, öffnen sich Räume für den Gegner. Wenn sie jedoch den Abstand eng und gleichmäßig halten, gibt es keine offenen Passwege für den Gegner. Sacchis Lieblingsübung: Alle zehn Feldspieler stellten sich auf dem Rasen auf. Der Ball blieb im Ballnetz. Stattdessen rief Sacchi seinen Spielern zu, wo sich der imaginäre Ball gerade befand. Sie mussten sofort dorthin verschieben und dabei stets die Abstände zueinander beachten. Außenstehende dürften sich die Augen gerieben haben: Elf Fußballprofis, die im Krebsgang von der einen Seitenlinie zur anderen verschieben – das hatte es noch nicht gegeben.

Kompaktheit

Die Kompaktheit bezeichnet die Abstände zwischen den einzelnen Spielern einer Mannschaft. Je geringer der Abstand zwischen den äußersten Spielern einer Formation ist, umso kompakter steht eine Mannschaft. Kompaktheit ist ein relativer, kein absoluter Begriff. Eine sehr kompakte Mannschaft verteidigt auf einem kleinen Raum des Feldes. Sie will so Überzahlen in Ballnähe herstellen und den Druck auf den Gegner erhöhen.

In Sacchis System war es wichtig, dass alle Spieler mitmachten. Die beiden Stürmer standen an der Spitze seines Pressings. Sie mussten defensiv mitarbeiten und die Räume schließen. Sobald der Ball zu einem bestimmten Gegenspieler gepasst wurde, war das für die gesamte Mannschaft das Zeichen aufzurücken. Der Gegenspieler wurde sofort gestellt, die übrigen

Spieler machten den Raum eng und schlossen mögliche Passwege.

Ein Beispiel: Der Gegner spielt den Ball auf den eigenen Außenverteidiger. Das ganze Team von Sacchi verschob sofort auf die Seite, wo der Ball war. Gegner, die auf der gegenüberliegenden Seite frei standen, wurden ignoriert. Der Stürmer, der näher zum Ball stand, stellte den Passweg ins gegnerische Abwehrzentrum zu. Ein zentraler Mittelfeldspieler stellte den Passweg ins Mittelfeld zu. Der Außenstürmer attackierte den gegnerischen Spieler. So standen drei Mailänder um den ballführenden Spieler, alle Passwege waren geschlossen. Wenn doch gepasst wurde, fingen die Mailänder den Ball ab. Sacchis Team setzte den Gegner schon in dessen Hälfte unter Druck, spielte nach Ballgewinnen sofort in die Spitze. Das Pressing war noch koordinierter als das von Michels' Niederländern in den Siebzigern oder Happels Hamburgern in den Achtzigern. Es kündigte den Fußball des neuen Jahrtausends an.

Milan gewann unter Sacchi 1988 den Meistertitel und 1989 und 1990 den europäischen Landesmeister-Titel. Es gibt eine Reihe Gründe, warum Sacchis Spiel so erfolgreich war. Das Pressing, das er spielen ließ, war für die meisten Gegner Gift. Viele Verteidiger waren damals Kämpfer, keine filigranen Techniker. Sacchis Pressing setzte ausgerechnet die technisch schwächsten Gegenspieler unter Druck. Das schnelle Konterspiel wiederum erwischte Gegner auf dem falschen Fuß, die sich auf ein ruhiges Ballbesitzspiel spezialisiert hatten. Noch ehe der Gegner zu den eigenen Manndeckungen übergehen konnte, spielte Sacchis Team den Ball bereits in die Spitze. Durch die Regeländerungen nach 1990 wurde Sacchis Spielweise weiter begünstigt.

Ein Spieler, der Sacchis Fußballrevolution hautnah mit-

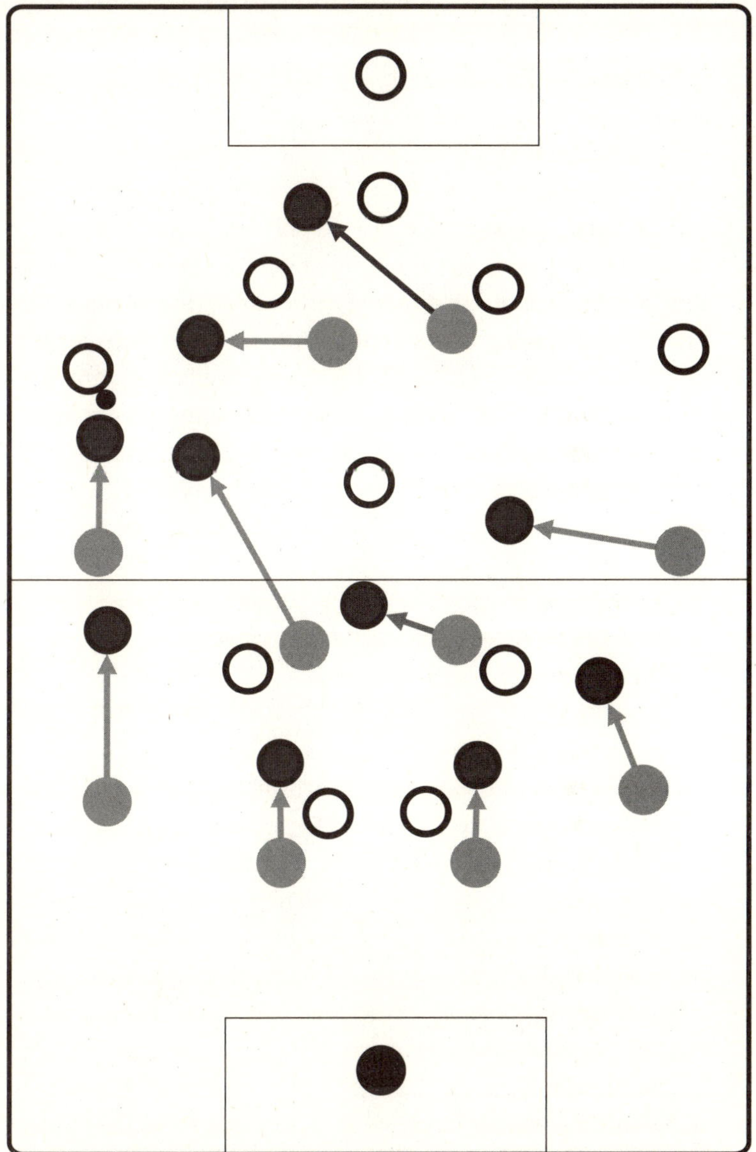

Das Verschieben des AC Milan. Die grauen Kreise zeigen die typische Formation der Mailänder, die schwarzen Punkte die Formation, wenn sie ins Pressing gehen. Der gegnerische Außenverteidiger hat in dieser Situation den Ball. Milans linker Außenstürmer stört ihn. Ein Mittelfeldspieler und ein Stürmer stellen die Passwege zu. Die gesamte Mannschaft rückt aus der Abwehr nach vorne und bewegt sich auf die Seite des Balls, um dort Überzahlen zu erzeugen.

erlebt hat, war Lothar Matthäus. Matthäus spielte zu dieser Zeit im Mittelfeld bei Milans Lokalrivale Inter. Mit Ehrfurcht erzählte er mir zwanzig Jahre später, wie gut das Pressing von Milan funktionierte. Matthäus' Team blieb nichts anderes übrig, als den Ball lang nach vorne zu bolzen. Ansonsten hätten sie die Kugel gegen das Pressing verloren. Die ganze Partie über flog der Ball nur über Matthäus' Kopf. «Ich hatte nachher Nackenschmerzen, weil ich dem Ball nur über mir herschauen konnte. Ich habe mich auch mit [Inter-Coach] Giovanni Trapattoni nach dem Spiel angelegt, aber heute sehe ich ein, dass es damals die einzige Chance war. Wenn du mit denen mitspielen wolltest, hattest du keine Chance.»

Zwei Querdenker aus der schwäbischen Provinz

Solche Spiele waren der Grund, warum sich Helmut Groß 1990 einen sündhaft teuren VHS-Recorder kaufte. 3000 Mark gab Groß für das Gerät aus, es war das neueste auf dem Markt. Er benötigte es, um mit seinem Freund und Kollegen Ralf Rangnick Milans Spiele anzusehen. Er nahm jedes Milan-Spiel auf, das irgendwo im TV gezeigt wurde. Groß und Rangnick schlugen sich die Nächte vor dem Fernseher um die Ohren. Sie studierten Milan wie ein Chemiker eine Flüssigkeit in einem Reagenzglas. Die Bänder spulten sie so oft vor und zurück, dass das 3000 Mark teure Gerät binnen weniger Wochen den Geist aufgab.

Groß und Rangnick hatten eine ähnliche Vita wie Sacchi:

Als Spieler hat es zum Profi nicht gereicht. Früh sahen sie ein, dass sie nur als Trainer ihrer Leidenschaft Fußball nachgehen konnten. Und beide erkannten, dass Raumdeckung und Pressing der Weg der Zukunft war. Groß ließ sich durch die Teams von Happel, Csernai und Lóránt inspirieren. Rangnick hatte sein Erweckungserlebnis 1984. Mit seiner Amateurmannschaft trat er in einem Freundschaftskick gegen Dynamo Kiew an. Kiew war zu jener Zeit eine der Hochburgen der Raumdeckung. Geistiger Vater der sowjetischen Raumdeckungsschule war Walerij Lobanowskyj. Anders als seine Kollegen vertraute er nicht seinem Instinkt, sondern nur wissenschaftlichen Daten. Und seine Statistiken zeigten, dass eine Raumdeckung vielversprechender war als eine Manndeckung. Zwar ließ Lobanowskyj nur selten Pressing spielen. Dafür verschob seine Mannschaft so gut im Raum wie kaum eine andere in dieser Zeit. Rangnick hätte das Gefühl, Kiew hätte zwei Spieler mehr auf dem Platz, so gut funktionierte ihre Raumdeckung.

Groß und Rangnick leiteten aus ihren Erfahrungen einen neuen Anspruch ab. Die Verteidiger sollten sich am Ball orientieren, nicht stur ihren Gegenspieler verfolgen. Sie wollten die Raumdeckung von Happel und Lobanowskyj mit einem hohen Pressing verbinden – genau wie Sacchi. Sie nannten ihr Spiel ballorientierte Raumdeckung. «Meine Vorstellung war», sagte Groß 20 Jahre später in einem Interview mit *Spox.com*, «dass man den Ball, so schnell es geht, erobern sollte. So entstand die Idee der ballorientierten Raumdeckung. Sprich: Bei gegnerischem Angriff müssen sich die Spieler so verschieben, dass sie – so weit entfernt vom eigenen Tor wie möglich – in Überzahl den ballführenden Gegenspieler angreifen und ihm so den Raum und die Zeit nehmen für eine vernünftige Aktion, um selbst Konter einzuleiten.»

Groß arbeitete damals für den württembergischen Fußballverband als Trainerausbilder. Er vermittelte jungen Trainern seine Ideale von der Raumdeckung. In dieser Zeit lernte er auch Rangnick kennen. Zusammen errichteten sie in Baden-Württemberg einen Staat im Staate DFB. Sie lehrten die Vorteile ihrer Taktik und beeinflussten so junge Trainer in ihrem Zuständigkeitsbereich. Es war eine Revolution von unten. Passenderweise war der erste Bundesliga-Club, der Sacchis Methoden anwandte, ein Underdog aus den Tiefen der badischen Provinz.

Die Stadt Freiburg war bis zu Beginn der Neunziger auf keiner Karte von Fußballdeutschland zu finden. Das änderte sich, als die hiesige Mannschaft 1993 überraschend in die Bundesliga aufstieg. Ihr Trainer, ein kauziger Mann namens Volker Finke, hatte unabhängig von Groß und Rangnick die Vorteile einer Raumdeckung entdeckt und das Potenzial von Milans Taktikrevolution erkannt. Er ging zwar nicht so weit, den Libero abzuschaffen. Dafür übergaben seine Manndecker einander die Gegenspieler und klebten nicht an ihnen wie Kletten. Bei ihm mussten alle Spieler angreifen und verteidigen können. Im Mittelfeldzentrum war Finke wichtig, dass seine Spieler sich am Raum, nicht am Gegner orientierten. «Die zentrale Achse kann nur dann wirklich ballorientiert spielen, wenn die Spieler wissen, dass hinten linksherum oder hinten rechtsherum eingeschoben wird», dozierte Finke. Was kompliziert klingt, ist im Endeffekt simpel: Die Verteidigung im Zentrum funktionierte nur, wenn auch die Außenspieler mitmachten. Es war Finkes Art, zu sagen: Alle Spieler mussten zum Ball verschieben und bei seinem Konzept mitmachen. Er führte den Außenseiter aus dem Breisgau an die Tabellenspitze. Finkes Team wurde 1995 sensationeller Dritter.

Das ballorientierte Verschieben blieb dennoch eine Untergrundbewegung. Groß, Rangnick und ihre Schüler arbeiteten größtenteils im Amateurbereich. Die Profiteams waren fest in der Hand der alten Trainergarde. Der Libero blieb eine verlässliche Institution, die Viererkette die Ausnahme. Dass Deutschland Mitte der neunziger Jahre einige Erfolge mit der alten Strategie feierte, schien denen recht zu geben, die Reformen nicht für notwendig hielten.

Matthias Sammer: der neue Libero

In Deutschland überlebte das Spiel mit Libero länger als anderswo. Das hatte auch damit zu tun, dass Deutschland endlich wieder einen guten Libero hatte. 20 Jahre lang hatte Deutschland einen offensiven Libero wie Franz Beckenbauer gesucht. Mitte der neunziger Jahre war er endlich gefunden. Matthias Sammer vereinte die Unterschenkel eines Sprinters mit der Lunge eines Marathonläufers. Die Jugendschule der DDR hat seinen Körper perfekt getrimmt. Anders als viele DDR-Kollegen war er jedoch nicht nur ein verkappter Leichtathlet, sondern auch ein guter Techniker am Ball.

Wie Beckenbauer begann Sammer seine Karriere im Mittelfeld. Über den VfB Stuttgart und einen kurzen Abstecher nach Italien landete er bei Borussia Dortmund. Der BVB hatte in den vorangegangenen Jahren viel Geld in die Hand genommen. Man wollte zum Bayern-Jäger Nummer eins werden. BVB-Trainer Ottmar Hitzfeld war in Deutschland zwar noch ein unbeschriebenes Blatt, nach Erfolgen in der Schweiz hatte er jedoch mit dem BVB Großes vor. Und er hatte eine Idee: «Matthias, was hältst du davon, wenn du bei uns Libero spielst?»

Die Idee war aus der Not geboren – Dortmund plagte eine Verletzungskrise. Berti Vogts hatte ein Jahr zuvor in der Nationalmannschaft eine ähnliche Idee gehabt, als er Lothar Matthäus zum ersten Mal als Libero aufstellte. Doch erst Sammer fügte der Position eine neue Note hinzu.

Oftmals wurde als Libero ein in die Jahre gekommener Mittelfeldspieler eingesetzt. Anders als seine Vorgänger passte Sammer sein Spiel jedoch kaum an seine neue Rolle an. Er rückte weiterhin früh nach vorne, ging aggressiv in die Zweikämpfe, schloss Spielzüge am gegnerischen Sechzehner ab. Sammer spielte eine Rolle, die man als Libero vor der Abwehr bezeichnen kann. Er rückte praktisch permanent aus der Abwehrreihe, um den Gegner unter Druck zu setzen. Damit war er mehr Mittelfeldmotor als Abwehrspieler. Die restlichen Verteidiger sicherten Sammers Vorstöße ab. Dortmund beherzigte dank Sammers Tatendrang die alte Herberger-Weisheit, man solle immer einen Mann Überzahl in Ballnähe haben. Der BVB konnte durch Sammers Rolle flexibler spielen, früher stören, den Gegner besser unter Druck setzen. Sammer nahm den Libero wieder wörtlich: Er war tatsächlich «der freie Mann», der überall auf dem Platz half, sowohl bei eigenen als auch bei gegnerischen Angriffen.

Mit Sammer konnte Deutschland zu seinem letzten großen Fußball-Hurra im alten Jahrtausend ansetzen. Berti Vogts hatte die Nationalmannschaft 1990 von Franz Beckenbauer übernommen, es hagelte aber praktisch vom ersten Tag an Kritik. Der medienscheue Vogts stand stets im Schatten des Kaisers. Nach dem frühen Aus bei der WM 1994 war Vogts merkbar angeschlagen. Das deutsche Team spielte im Viertelfinale gegen Bulgarien mit den gleichen taktischen Mitteln, die es vier Jahre zuvor noch zum dritten WM-Titel geführt hatten. Das Ausscheiden galt vielen in Fußball-Deutschland nicht als Warnung, sondern als eine Niederlage, die ausschließlich Vogts persönlich anzulasten war. Die EM 1996 begann für Vogts ebenfalls schlecht: Der halbe Kader war verletzt oder verletzte sich während des Turniers. Zwischenzeitlich wurden sogar Feldspielertrikots für Ersatztorhüter Oliver Kahn gedruckt, da nicht genügend Feldspieler auf der Bank saßen. Doch Sammer machte dies wett. Seine Leistungen als Libero trugen Deutschland durch das Turnier. Zum ersten Mal seit 20 Jahren verband Deutschland harmonisch offensive Klasse und defensive Standfestigkeit. Sammer sorgte mit seinen Vorstößen dafür, dass stets genug Dynamik im Offensivspiel war. Mit Kampfkraft und etwas Glück kam Deutschland ins Finale gegen Tschechien. Oliver Bierhoff entschied es mit seinem historischen Golden Goal.

Sammer war auch an Borussia Dortmunds Champions-League-Triumph im Jahr 1997 maßgeblich beteiligt. Dortmund gewann 1995 und 1996 die Meisterschaft. Hitzfeld hatte ein 1-4-3-2-System aufgebaut, das auf zwei Säulen fußte: dem kreativen Andreas Möller als Taktgeber im offensiven Mittelfeld – und Libero Sammer als Staubsauger auf dem gesamten Feld. Ansonsten war es ein recht typisch deutsches System. Hitzfeld setzte auf Manndeckung und ein ruhiges Spiel aus der Abwehr. Eigentlich schien 1997 die große Zeit des BVB bereits beendet. Die Saison lief schlecht. Zahlreiche Leistungsträger fehlten verletzt, unter anderem Sammer. Mit dem Kampf um die Meisterschaft hatte der BVB nichts zu tun. Dank eines starken Schlussspurts rettete sich Hitzfelds Team

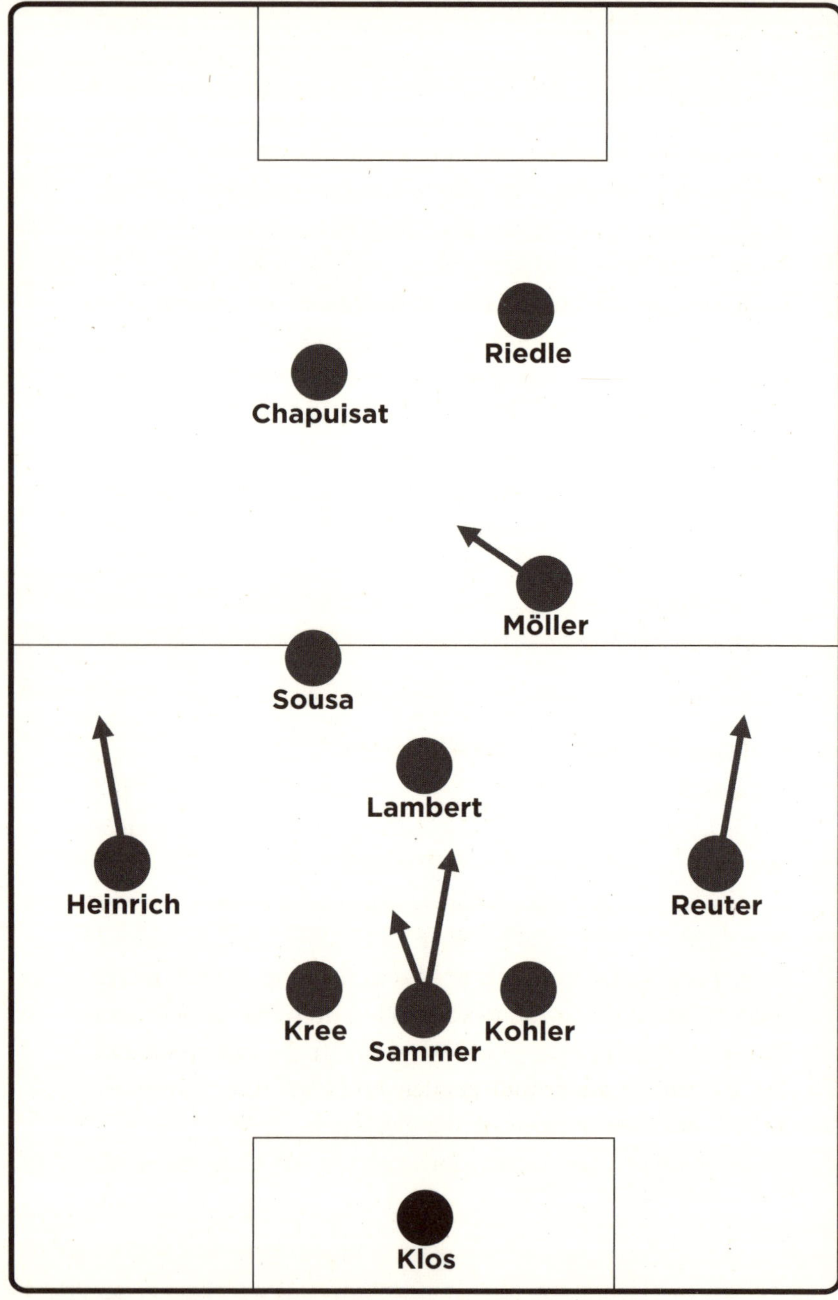

Borussia Dortmunds Mannschaft, die 1997 die Champions League gewann.

schließlich auf Rang drei. Doch in der Champions League wuchtete man sich mit einer starken Defensive ins Finale.

Im Finale war Borussia Dortmund der krasse Außenseiter. Gegner Juventus Turin war die teuerste Mannschaft der Welt. Kopf des Gegners war Zinedine Zidane, der geniale französische Spielmacher, der sich aus Marseilles Problemviertel La Castellane an die europäische Fußballspitze gezaubert hatte. Dortmund machte das, was man von einer deutschen Mannschaft erwartete: Sie setzten auf eine stabile Defensive und nahmen Zidane in Manndeckung. Erneut war es Sammer, der für seine Mannschaft am Ende den Unterschied machen sollte. Der wieder genesene Libero war überall, warf sich in jeden Zweikampf. Dortmund gewann 3:1. Es war ein Triumph, der deutscher gar nicht hätte sein können. Er schmeckte nach 1974, 1983 oder 1990.

Ein denkwürdiger Abend im *Aktuellen Sportstudio*

Waren die deutschen Triumphe Mitte der Neunziger ein Fingerzeig, dass der deutsche Weg weiter funktionierte? Lagen Rangnick und Groß mit ihrer ballorientierten Raumdeckung falsch? Nein. Die Erfolge täuschten nur über alles hinweg, was schieflief. Sammer kaschierte mit seiner Neuinterpretation der Liberorolle die grundlegenden Probleme dieser Spielweise. Die reinen Manndecker, die es im deutschen Spiel noch immer gab, wurden international zu dieser Zeit abgeschafft. Spieler, die nur ihren Gegner verfolgten, galten als zu defensiv.

Immer mehr Teams ihrer Zeit wollten das Spiel aktiv gestalten und standen möglichst kompakt, um den Gegner in bestimmte Räume zu zwingen. Kompaktheit zeichnete das deutsche Abwehrspiel gerade nicht aus; es herrschte ein großer Abstand zwischen Verteidigern und Stürmern, dazu deckte die Abwehrreihe stets das Spielfeld in der ganzen Breite ab. Deutschlands Teams machten sich mit ihren Manndeckern abhängig von ihrem Gegner – wenn nicht gerade ein Sammer auf dem Feld rumflitzte und für Überzahlen sorgte. International wurden die Viererkette und die ballorientierte Raumdeckung Standard.

Ende der Neunziger kamen die Debatten um die ballorientierte Raumdeckung endlich auch im deutschen Mainstream an. Zu Beginn der neunziger Jahre arbeitete Rangnick einige Jahre zusammen mit Groß beim VfB Stuttgart. Anschließend übernahm er unterklassige Clubs in Reutlingen und beim SSV Ulm. Mit Rangnicks ballorientierter Deckung und dem hohen Pressing gelang Ulm der Durchmarsch von der dritten Liga an die Spitze der zweiten Liga. Es war der Durchbruch für Rangnick und dessen württembergische Schule. Seine wissenschaftliche Art brachte ihm jedoch nicht nur Respekt, sondern auch Spott ein. Bei einem Live-Spiel der zweiten Liga charakterisierte ihn der *DSF*-Kommentator als «einen Mann, der aussieht wie ein Soziologiestudent». Rangnick passte nicht zum glamourösen Bild des Fußballs, das *ran* & Co. in den vergangenen Jahren aufgebaut hatten.

Rangnicks Prominenz lag jedoch weniger an seinen Leistungen als Trainer – bis zum Dezember 1998 war Rangnick allenfalls den versessensten Fußballfans bekannt. Ein TV-Auftritt sollte dies ändern. Wenige Monate zuvor wurde Berti Vogts vom DFB entlassen. Bereits seine Berufung zum Nationaltrainer war eine einzige Posse. Nach dem Viertelfinal-Aus bei der WM 1998 sollte Vogts zunächst weitermachen, obwohl die Öffentlichkeit und auch der DFB selbst ihm nach dem schwachen Abschneiden den Schwarzen Peter zuschoben. Vogts konnte sich unter dem zunehmenden Druck nicht lange halten. Zwei Monate nach der WM gab er nach und trat zurück.

Der DFB blamierte sich in der Folge bei der Suche nach einem Nachfolger. Auf einer Pressekonferenz sollte eigentlich Erich Ribbeck als neuer Trainer vorgestellt werden. DFB-Präsident Egidius Braun warf jedoch zunächst mit Namen um sich, die dem DFB bereits abgesagt hatten. Ribbeck war demnach nur die achte Wahl. Die Öffentlichkeit stellte unangenehme Fragen: War die achte Wahl Ribbeck der richtige Mann, um Fußballdeutschland zu modernisieren? Er hatte noch in den Siebzigern unter Weisweiler seinen Trainerschein gemacht. Aber was war die Alternative? Wie sah der moderne Fußball überhaupt aus? Was ist eine «Viererkette» oder «ballorientierte Raumdeckung», Vokabeln, die immer öfter von Kritikern des deutschen Fußballs benutzt wurden? Das *Aktuelle Sportstudio* des ZDF hatte eine Idee: Wieso lassen wir nicht einen jungen Fachmann die moderne Taktik erklären? Die Redaktion lud Rangnick ins Studio ein, stellte ihn neben eine Taktiktafel und ließ ihn dozieren.

Rangnicks Auftritt machte ihn über Nacht bekannt. Am Tag darauf diskutierte halb Fußballdeutschland über seine Ausführungen. Nüchtern hatte er vorgetragen, wie das ballnahe Verschieben und die Viererkette funktionieren. Das fassten viele als Affront auf, nicht nur konservative TV-Zuschauer, sondern auch gestandene Trainer. Speerspitze der Rangnick-Kritiker war der Bundestrainer höchstpersönlich. Als «Binsenweisheiten» tat Erich Ribbeck die Erklärungen von Rangnick ab. «Als wären die Trainer in der Bundesliga Volltrottel», schüttelte Ribbeck den Kopf. Rangnick konterte: «Vielleicht ist die heftige Reaktion des DFB-Teamchefs auch so zu erklären, dass ihn seine Frau nachher gefragt hat: Warum habt ihr nicht so gespielt?»

In Rangnicks provokativer Frage lag ein Fünkchen Wahrheit. Ribbeck machte keinerlei Anstalten, das deutsche Spiel zu modernisieren. Er ließ weiter mit Libero und Fünf-Mann-Abwehr spielen. Für die Liberorolle reaktivierte er eigens Lothar Matthäus, der seine Karriere eigentlich in Amerika ausklingen lassen wollte. Er ließ dasselbe 1-4-3-2-System spielen, das nun seit fast 20 Jahren im Einsatz war.

Es kam, wie es kommen musste. Deutschland schied bei der Europameisterschaft im Jahr 2000 bereits in der Vorrunde aus. In die deutsche Fußballgeschichte ging vor allem das letzte Gruppenspiel gegen Portugal ein. Portugal war bereits für das Viertelfinale qualifiziert und schickte eine B-Elf aufs Feld. Deutschland brauchte mindestens einen 3:1-Sieg, um nicht auszuscheiden. Das 0:1 fiel nach 35 Minuten. (Meine Mutter scherzte in diesem Moment: «Das Gegentor hätten wir schon einmal.») In der zweiten Halbzeit schraubte Portugals Ersatzelf das Ergebnis auf 0:3 hoch. Der dreifache Weltmeister düpiert von einer portugiesischen B-Elf.

Es war nicht nur das «Was», sondern vor allem das «Wie», das die deutsche Fußballöffentlichkeit schockierte. Deutschlands Spiel war langsam, ohne Zug nach vorne. Es war weder eine klare Defensiv- noch eine Offensivstrategie erkennbar. Bei Ballbesitz schoben sich die Verteidiger die Kugel zu. Bei gegnerischem Ballbesitz verfolgten die deutschen Verteidiger ihre Gegenspieler so weit, dass es für die Stürmer ein Leichtes war, Lücken in die Abwehr zu reißen. Das dritte portugiesische

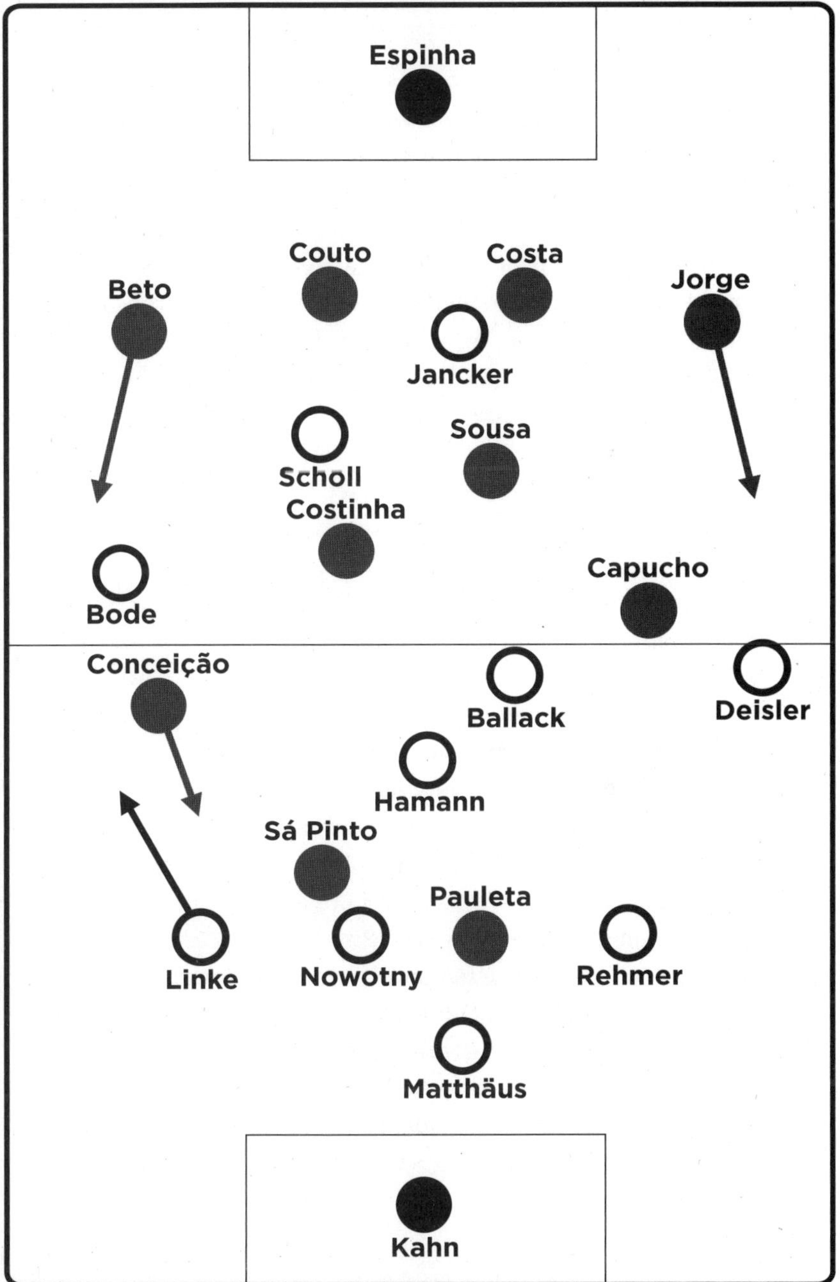

Europameisterschaft 2000, Vorrunde: Deutschland gegen Portugal.

Tor bot alles, was dem deutschen Spiel fehlte: Portugal presst, erobert den Ball noch in der deutschen Hälfte. Sofort startet Außenstürmer Conceição in die Spitze, erhält das Zuspiel. Es vergehen keine zehn Sekunden zwischen Ballgewinn und Tor. Die deutsche Mannschaft brauchte allein zehn Sekunden, um den Ball von Libero Lothar Matthäus zum hängenden Stürmer Mehmet Scholl zu passen.

Deutschland spielte nicht nur bei der EM antiquiert. Das Problem war, dass die meisten Trainer des Landes wie Ribbeck dachten. Tatsächlich hatten sich in der Bundesliga bereits Trainer daran gewagt, die Institutionen Libero und Manndeckung abzuschaffen: Der Däne Morten Olsen beim 1. FC Köln, Jupp Heynckes in Frankfurt, der Schweizer Rolf Fringer in Stuttgart, Giovanni Trapattoni während seiner zweiten Amtszeit in München. Doch sie scheiterten alle. Die Funktionäre waren zu ungeduldig, die Spieler hatten keine Lust, ein neues System zu erlernen, die Fans wollten Ergebnisse sehen. Olsen, Heynckes und Fringer verloren nach kurzer Zeit ihren Job. Trapattoni intervenierte rechtzeitig, bevor er entlassen wurde, und stellte Matthäus zurück auf die Liberoposition.

Rangnick erzählte im Sportstudio also keineswegs «Binsenweisheiten», die eh schon jeder kannte. Was Rangnick an der Taktiktafel zeigte, wurde in der Bundesliga und in der Nationalmannschaft nicht gespielt. Ribbeck selbst machte Werbung für Rangnicks Ansatz, als er mit antiquierter Taktik bei der EM 2000 baden ging. Es war nicht so, dass die Viererkette und das Verschieben im Raum Allheilmittel waren. Dass der Weg in die Zukunft aber nur über schnelleres Spiel und ein Mehr an Zusammenarbeit in der Defensive läuft, bewiesen die Erfolge anderer Mannschaften: Frankreich gewann 1998 die Weltmeisterschaft und 2000 die Europameisterschaft. In beiden Turnieren wendeten sie Sacchis Idee der Raumdeckung an. Auch Real Madrids superstargespickte Elf, Champions-League-Sieger 1998 und 2000, spielte eine Raumdeckung mit schnellem Umschaltspiel. Das galt auch für Sir Alex Fergusons Manchester United, das 1999 nach einem Herzschlag-Finale gegen Bayern München den Champions-League-Titel holte.

Nach der EM 2000 war die Rückständigkeit des deutschen Fußballs selbst für den größten Schönredner nicht weiter zu übersehen. Der DFB konnte sich nicht mehr vor Reformen drücken. Schon 1998, nach dem nicht minder blamablen WM-Viertelfinal-Aus, erhöhte der DFB den Etat für die Talentsichtung. Nach 2000 pumpten sie noch mehr Geld in die Jugendförderung. Vor allem aber reformierten sie den Unterbau. Der DFB schuf eigene Stützpunkte, um Talente früher erkennen und besser fördern zu können. Zugleich zwang man die Bundesligisten, Nachwuchsleistungszentren zu bauen und mehr Geld für die Jugendarbeit auszugeben. Diverse Erlasse und Bestimmungen wurden vom DFB auf den Weg gebracht, um die Nachwuchsleitungszentren zu standardisieren. Alles wurde geregelt: von der Anzahl der Trainingsplätze bis hin zur Beschaffenheit der Flutlichtanlagen in den Jugendzentren. Die Trainerausbildung wurde reformiert, damit auch Amateurtrainer moderne taktische Prinzipien verstehen und anwenden können. Raumdeckung, Pressing und Umschaltspiel wurden fester Bestandteil des Lernplans. Ganz Fußballdeutschland sah ein, dass der deutsche Sonderweg keine Zukunft hatte.

Man könnte meinen, dass die süddeutsche Schule um Rangnick damit an ihrem Ziel angelangt sei. Sie trugen die taktischen Revolution nach Deutschland, die Arrigo Sacchi beim AC Milan begonnen hatte. Doch es war erst der Anfang eines langen Weges, nicht das Ende. Versäumnisse aus zehn

Jahren konnten nicht in zehn Tagen nachgeholt werden. Jetzt war entscheidend, dass Rangnick und Groß mit ihren Ideen andere Trainer angefixt hatten. Viele Trainer, die heute aus der Bundesliga bekannt sind, haben in den nuller Jahren für die Jugendabteilungen der Clubs gearbeitet. Sie halfen, moderne taktische Prinzipien in die Vereine zu tragen, und brachten jungen Spielern zeitgemäßen Fußball bei. Christian Streich und Thomas Tuchel, der als Spieler unter Rangnick gearbeitet hat, sind nur zwei von zahlreichen Beispielen.

KAPITEL 13

Högschdes Tempo

Vom Rumpelfußball zum Sommermärchen (2000–2008)

Innovation? Fehlanzeige!

«Ich kann diesen Scheißdreck nicht mehr hören!» Rudi Völler war rund drei Jahre DFB-Teamchef, als ihm am 6. September 2003 der Kragen platzte. Deutschland hatte soeben 0:0 gegen Island gespielt. ARD-Experte Günter Netzer sagte das, was man so sagt nach einem langweiligen 0:0: Die deutsche Mannschaft spiele nicht kreativ genug, sei schwach, müsse sich steigern bis zur Europameisterschaft im kommenden Jahr. Rudi Völler hätte seinen Interview-Partner Waldemar Hartmann am liebsten erwürgt. Er war es leid, der Buhmann zu sein für alles, was im deutschen Fußball falsch lief. «Es kann doch keiner verlangen, dass wir hierherfahren und die Isländer 5:0 wegputzen. Aber so redet ihr doch alle! Wir müssen endlich von unserem hohen Ross herunterkommen.»

Völlers Rede ging in die deutsche Fußballgeschichte ein. Noch heute muss man schmunzeln, wenn man daran denkt, wie Völler Hartmann vorwarf, er habe «drei Weizenbiere intus». Völlers Wutrede war jedoch in ihrem Kern alles andere als lustig: Der Nationaltrainer höchstpersönlich erkannte an, dass der deutsche Fußball nicht mehr zur Weltspitze gehörte. Deutschland konnte nicht binnen weniger Wochen das aufholen, was in zehn Jahren kaputt gemacht worden war.

Die Erneuerung des deutschen Fußballs ging auch im neuen Jahrtausend langsam zu Werke. Der erste große Erfolg einer deutschen Mannschaft nach dem Millennium wurde folgerichtig nicht mit taktisch fortschrittlichen Mitteln erreicht. Ottmar Hitzfeld schaffte als Bayern-Trainer um die Jahrtausendwende den Libero ab; zuvor hatte er noch Lothar Matthäus eine Art Libero vor der Abwehr spielen lassen, wie es Sammer tat. Seine Münchener spielten jedoch keinen atemberaubend schnellen oder offensiven Fußball. Hitzfeld stellte seine Mannschaft meist in einem 5-4-1-System auf. Sturmtank Carsten Jancker sollte die Bälle verarbeiten, die die Außenverteidiger auf seinen Kopf flankten. Herz der Mannschaft war Mittelfeldstratege Stefan Effenberg, der aus dem Mittelfeld heraus das Spiel dirigierte. Auch wenn die Bayern die moderne Raumdeckung nutzten, war ihr Spiel im Kern dasselbe wie die vorangegangenen 20 Jahre. Defensiv stabil stehen, langsam aufbauen, auf den Libero vertrauen – nur dass statt des Liberos nun ein zentraler Mittelfeldspieler vor der Abwehr das Geschehen in die Hand nahm. Das einzige innovative Element war die Raumdeckung, und diese wurde ohne Pressing interpretiert. So sahen die ersten Versuche aus, den deutschen Fußball weiterzuentwickeln. Die Bayern gewannen mit dieser Taktik 2001 die Champions League. In ihren siebzehn Champions-League-Spielen fingen sie nur 12 Tore, schossen aber auch nur 24. Offensiv geht anders.

Moderner Offensivfußball wurde außerhalb von München erprobt. Werder Bremen setzte im neuen Jahrtausend die ersten Maßstäbe, wie schneller, moderner Fußball aussehen könnte. Trainer Thomas Schaaf war ein Bewunderer des FC Arsenal. Die Mannschaft von Arsène Wenger hatte um die Jahrtausendwende herum ihren sogenannten «One-Touch-Football» perfektioniert. Mit nur einem Kontakt leiteten die Spieler den Ball weiter, spielten furios schnell in die Spitze. Der Gegner konnte nur hinterherlaufen.

In Bremen verwirklichte Schaaf seine eigene Vision vom schnellen Ein-Kontakt-Fußball. Zur Grundlage seines Spiels machte er ein 4-3-1-2-System. Das System ist auch als Rauten-System bekannt, da sich die Mittelfeldspieler in einer Rautenform anordnen: ein Sechser in der Tiefe, ein Zehner in der Spitze und zwei Außenspieler dazwischen (siehe Graphik des Bremer Spielsystems). Die vier Mittelfeldspieler sollte das Zentrum sichern. Die Außenverteidiger waren zuständig für die Breite. Bremens Außenverteidiger mussten ständig aus der Defensive nach vorne stoßen. Hinter den Spitzen agierte mit Johan Micoud ein kreativer Zehner. Er sollte die Stürmer mit Pässen füttern. Die Angreifer wiederum lauerten an der Schwelle zum Abseits.

One-Touch-Football

Der Begriff One-Touch-Football (zu Deutsch: Ein-Kontakt-Fußball) kam erstmals um die Jahrtausendwende auf. Er bezeichnet eine Spielweise, bei der die Spieler den Ball weiterpassen, ohne ihn anzunehmen; mit einem Kontakt oder auf Englisch: one touch. Der FC Arsenal unter Trainer Arsène Wenger machte diese Spielart bekannt. Grundpfeiler einer solchen Strategie sind technisch versierte Spieler in Mittelfeld und Angriff, die genaue Pässe spielen können. Mitt-

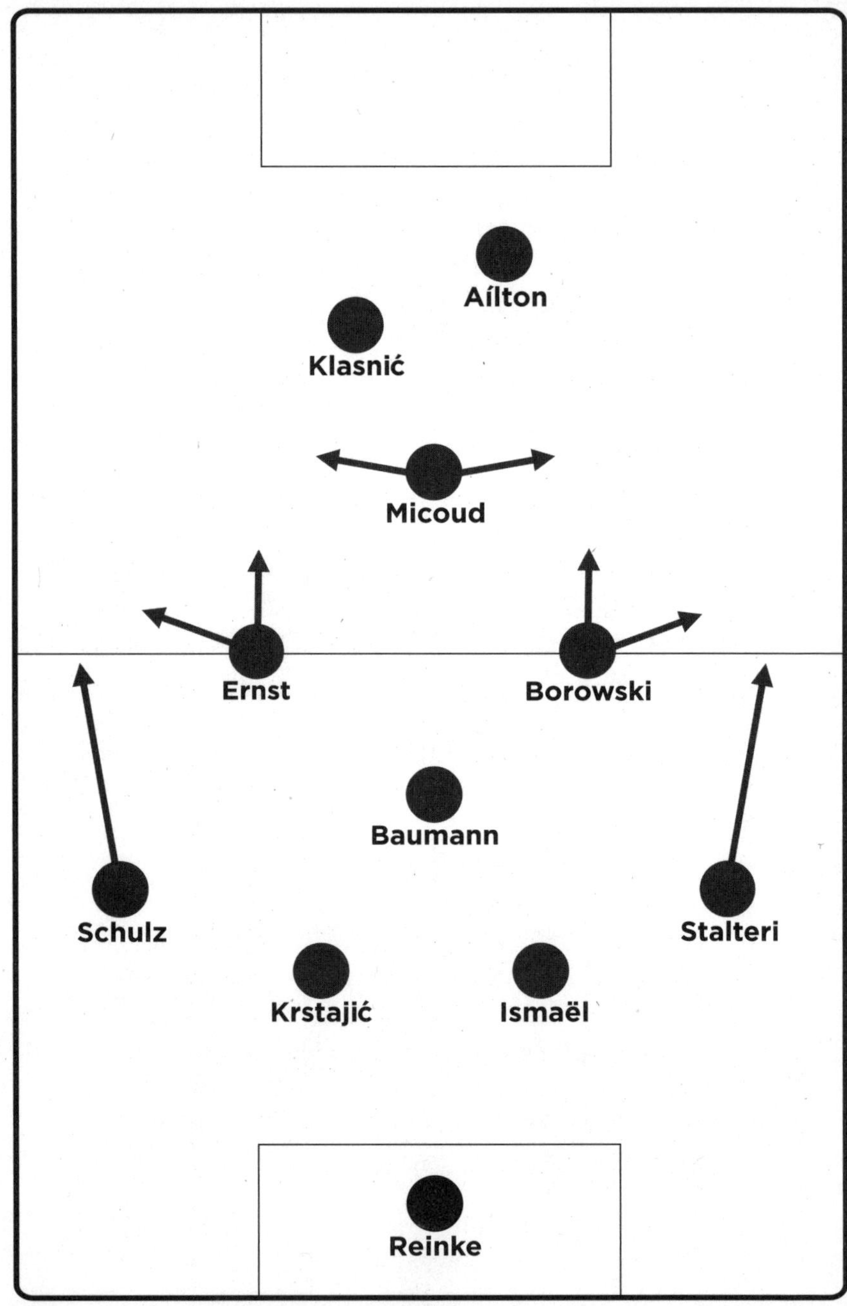

Werder Bremens Double-Gewinner 2004. Im Mittelfeld ordneten sich die Spieler wie in einer Raute an.

lerweile spielen immer mehr Mannschaften mit nur einem Kontakt. Gerade im Konterspiel ist dies nützlich, um den Ball möglichst schnell vor das gegnerische Tor zu spielen.

Schaaf ließ seine Spieler ein hohes Pressing spielen. Nach Ballgewinnen wurde direkt umgeschaltet: Bremen versuchte, Micoud anzuspielen, der wiederum die aufrückenden Außenverteidiger oder die lauernden Stürmer einsetzte. Vor allem ein Stürmer machte Furore: ein Brasilianer namens Aílton. Von der Statur her erinnerte er an den deutschen Rekordtorjäger, des Čajkovski liebevoll «kleines dickes Müller» getauft hatte. Sobald er jedoch Fahrt aufnahm, sprintete er jedem Gegenspieler davon. Bremen konterte die Gegner aus, spielte unheimlich schnell und direkt in die Spitze. Zwischen Ballgewinn und Torschuss sollte möglichst wenig Zeit vergehen. 2004 gewann Werder das Double aus Meisterschaft und Pokal. Und zwar mit einem dynamischen Fußball, wie ihn die neue süddeutsche Schule um Ralf Rangnick predigte.

An der Spitze des DFB kam das schnelle Spiel erst 2004 an. DFB-Teamchef Rudi Völler war nach dem WM-Finaleinzug 2002 beliebt. Sein ehrlicher Wutausbruch nach dem Island-Spiel brachte ihm weitere Sympathien – endlich mal ein Trainer, der Tacheles redet! Taktisch innovativ arbeitete Völler jedoch nicht. Das deutsche Spiel war noch immer recht langsam. Es atmete nicht den Geist des schnellen Bremer Umschaltspiels. Völler setzte auf ein 5-3-2-System, das dem Münchener Fußball nicht unähnlich war – nur dass Michael Ballack Völlers Effenberg war. Ausgerechnet Ballack aber fehlte im WM-Finale 2002 gesperrt. Dorthin war man ohnehin nur dank etlicher Glanzparaden von Keeper Oliver Kahn gelangt.

Dem brasilianischen Spielsystem in der Raute war Deutschland im Finale klar unterlegen. Brasilien gewann 2:0. Zwei Jahre später schied Völler mit der Nationalmannschaft bereits in der Vorrunde der Europameisterschaft aus. Er selbst traute sich vor der Heim-WM 2006 nicht zu, die nötigen Reformen durchzusetzen. Völler trat zurück.

Die Spätzle-Connection gelangt an die Spitze des DFB

Völlig überraschend wählte der DFB Jürgen Klinsmann zu Völlers Nachfolger. Klinsmann hatte keinerlei Erfahrung als Trainer vorzuweisen, aber DFB-Präsident Gerhard Mayer-Vorfelder kannte Klinsmann persönlich. Er war bis Ende der Neunziger Präsident des VfB Stuttgart und hatte unter anderem mit Rangnick gearbeitet. Klinsmann hatte während seiner Spielerkarriere in Stuttgart gespielt. Mayer-Vorfelder setzte Klinsmann als neuen Teamchef der DFB-Elf durch. Er hatte die Hoffnung, der gebürtige Schwabe würde die neue süddeutsche Schule in die Nationalmannschaft und schließlich auch an die Spitze des DFB tragen.

Als Co-Trainer engagierte Klinsmann Joachim Löw, einen in Deutschland damals beinahe schon wieder in Vergessenheit geratenen Trainer. Löw kam ebenfalls aus dem Umfeld des süddeutschen Fußballs. In den Achtzigern spielte er in Stuttgart und in Freiburg. Seinen Trainerschein machte Löw in den Neunzigern in der Schweiz. Urs Siegenthaler lehrte dort als Trainerausbilder die Vorteile einer ballorientierten Raumdeckung. In Deutschland hatte Löw allerdings nur kurz Erfolg, als er mit dem VfB Stuttgart 1997 den Pokal gewann. In den darauffolgenden Jahren arbeitete er bei verschiedenen Vereinen in Österreich und der Türkei. In seiner Stuttgarter Zeit hatte Löw jedoch Eindruck gemacht auf Jürgen Klinsmann. «Er war der Erste, der mir in einfachen Worten erklären konnte, wie eine Viererkette funktionierte», sagte Klinsmann Jahre später.

Klinsmann und Löw wurden zu einem kongenialen Duo. Zusammen machten sie sich daran, das Spiel der Deutschen grundlegend zu modernisieren. Löw war der Taktiker, Klinsmann der Reformator. Klinsmann ließ keinen Stein auf dem anderen. Er veränderte das Gesicht der DFB-Elf. Die Lehrgänge wurden professionalisiert, das Konditionstraining verbessert. Alles war einem Ziel untergeordnet: die WM 2006.

Das Ideal von Klinsmann und Löw war das Spiel in England. In der englischen Premier League spielten die Teams den Ball nach dem Ballgewinn sofort in die Spitze, ohne lange Verzögerung. Hier fiel das Umschaltspiel, das durch Sacchi bekannt geworden war, auf fruchtbaren Boden. Nirgendwo wurde schneller nach vorne gespielt als in England; typisch englischer Kick 'n' Rush. Klinsmann selbst hatte diese Spielweise als Spieler in England kennen- und lieben gelernt. Er war sich mit Löw einig, dass dieser Fußball der Weg der Zukunft sei. Die beiden wurden nicht müde zu betonen, dass der deutsche Fußball schneller werden müsse. Löw übersetzte Klinsmanns philosophische Grundhaltung in handfeste taktische Prinzipien. Im «högschden Tempo» müssten seine Spieler agieren, formulierte Löw in charmantem Badensisch. Er verlangte von den Nationalspielern, dass sie den Ball nicht mehr so lange am Fuß halten. In England sei ein Spieler durchschnittlich eine

Sekunde kürzer am Ball als in der Bundesliga, ehe er ihn zu seinem Mitspieler weiterleitet, dozierte er. Schnell und schnörkellos sollte das deutsche Spiel sein und gleichzeitig defensiv stabil. Löw schulte seine Spieler, in Viererketten den Raum zu verteidigen. Er verlangte von ihnen auch, dass sie auf Grätschen verzichten. Wer gut im Raum verteidigt, müsse nicht grätschen, und sowieso führen Grätschen zu oft zu Freistößen für den Gegner. Lange Jahre waren Grätschen das Markenzeichen für den deutschen Kampffußball, für den unbändigen Willen. Löw und Klinsmann entsorgten sie mit einem Wimpernschlag.

Die WM 2006 markierte das endgültige Ende des altmodischen deutschen Wegs. Deutschland spielte mit einem modernen Pressing und schnellem Umschaltspiel. Rückblickend betrachtet, muss man sagen: Die deutsche Mannschaft war nicht so offensiv und so furios schnell, wie sie manchmal in Erinnerung behalten wurde. Man merkte deutlich, dass die taktische Revolution der vergangenen Jahre noch jung war. Deutschland verschob clever im Raum, versuchte, schnell zu kontern. Doch viele Aktionen blieben in den Ansätzen stecken. Den Fans war das egal: Es war allemal ein lebhafteres Spiel als alles, was die deutsche Nationalmannschaft in den vorangegangenen 25 Jahren veranstaltet hatte. Sie feierten die deutsche Mannschaft als Teil ihres Sommermärchens.

Deutschland spielte mit zwei Viererketten in einem 4-4-2-System, wie es auch Sacchi beim AC Milan hat spielen lassen. In Bremens Raute hatte im Mittelfeld noch ein Zehner vor einem Sechser gespielt. Das 4-4-2 dagegen zeichnete aus, dass im zentralen Mittelfeld zwei Sechser spielten; eine sogenannte Doppelsechs, die Michael Ballack zusammen mit Thorsten Frings spielte. Frings war für das defensive Absichern

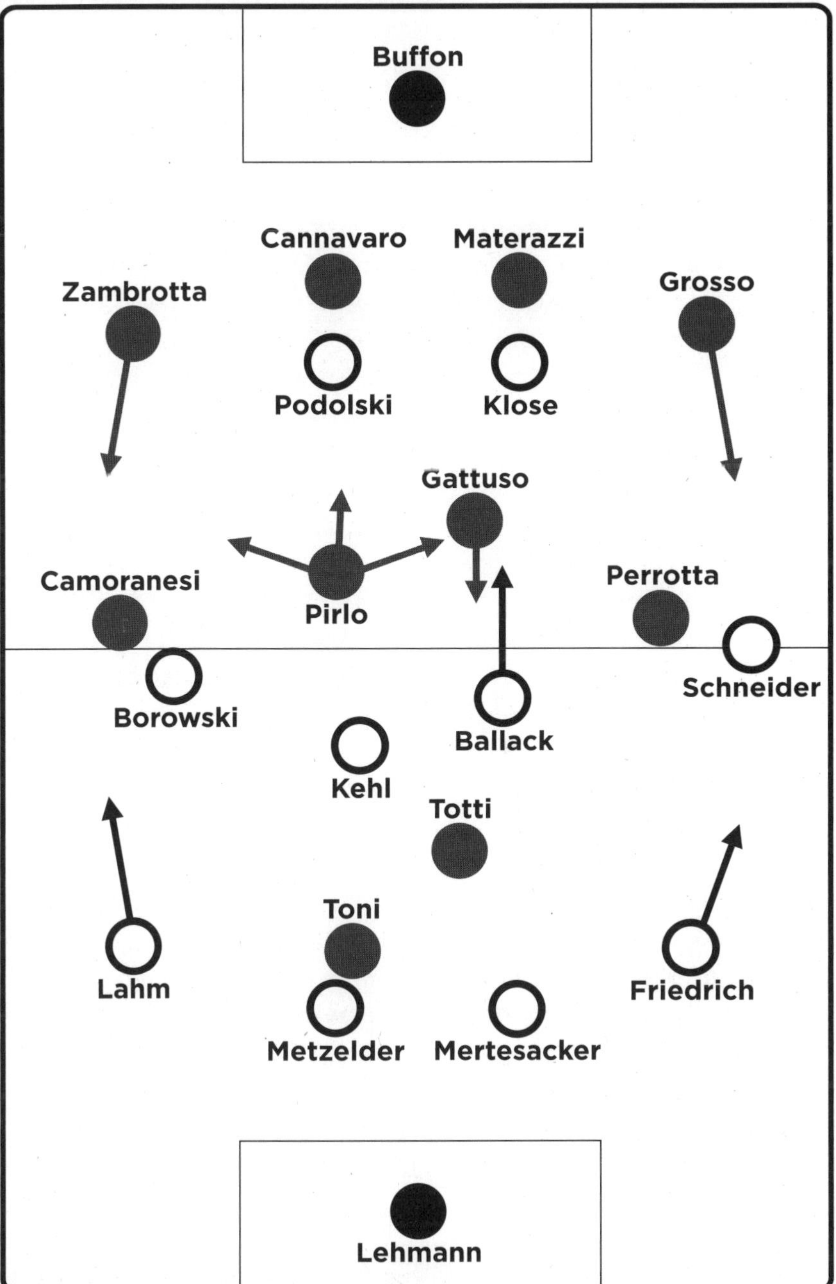

WM-Halbfinale 2006: Deutschland gegen Italien.

zuständig, Michael Ballack stieß nach vorne. Wie schon 2002 funktionierte das Konstrukt so lange, bis eine Sperre Deutschland schwächte.

Doppelsechs

Bis in die fünfziger Jahre hinein war es üblich, dass die Rückennummern nach Positionen vergeben wurden. Die Eins stand im Tor, die Neun im Sturmzentrum und die Sechs im Mittelfeld. Der Begriff «Sechser» hat sich seitdem gehalten. Er bezeichnet einen defensiven Mittelfeldspieler, der vor der Abwehr spielt. In den nuller Jahren begannen viele Teams, zwei Sechser vor der Abwehr aufzustellen; die Doppelsechs war geboren. Mit einer Doppelsechs lässt sich das Zentrum vor der eigenen Abwehr besser absichern als mit nur einem Sechser. Das ist enorm wichtig: Statistisch gesehen bietet das Zentrum vor der Abwehr die beste Möglichkeit, Torchancen zu kreieren.

Im Halbfinale gegen Italien musste Deutschland auf Frings verzichten. Auch Italien spielte ein klassisches 4-4-2. Italiens Doppelsechs war prototypisch für die Zeit: Der eine Sechser, Andrea Pirlo, war für den Spielaufbau zuständig; der zweite Sechser, Gennaro Gattuso, war ein Zerstörer, der mit seiner Zweikampfstärke das Mittelfeld beackerte. Deutschland hatte Schwierigkeiten, mit Italiens gut abgestimmter Doppelsechs mitzuhalten. Ballack konnte ohne Frings als seinen Wachmann nicht so offensiv spielen wie in den Partien zuvor. Italien gewann völlig verdient mit 2:0 nach Verlängerung. Der Traum vom WM-Sieg im eigenen Land endete im Halbfinale.

Doch die deutsche Nationalmannschaft hatte viele Sympathien zurückgewonnen, die in den 25 Jahren zuvor verspielt worden waren.

Ein Sommermärchen

Die WM 2006 markierte einen Meilenstein in einer langwierigen Reformbewegung. Die Modernisierung des deutschen Fußballs begann Anfang der Neunziger, als einige neugierige Trainer das Spiel Sacchis kopierten. Es klingt paradox, aber Sacchis Milan war eins der wichtigsten Teams für die deutsche Fußballgeschichte: Rangnick & Co. übernahmen Sacchis Methoden. Die Schüler von Rangnick wiederum erlangten in den kommenden Jahren Trainerposten in der Bundesliga. Mit Klinsmann und Löw kam die Revolution schließlich auch an der Spitze des deutschen Fußballs an. Sie sorgten dafür, dass sich Prinzipien wie das Verteidigen im Raum, das Pressing und das schnelle Umschaltspiel im deutschen Fußball verbreiteten und zu seinem neuen Markenzeichen wurden.

Bei der WM 2006 steckte die Erneuerung noch in den Kinderschuhen. Den Abschluss dieser Entwicklung erlebte die Bundesliga im Dezember 2008. Die Liga war elektrisiert von einem ungleichen Spitzenduell: Tabellenführer TSG Hoffenheim traf auf Rekordmeister Bayern München. Rangnick hatte die TSG wenige Jahre zuvor übernommen. SAP-Gründer Dietmar Hopp hat den Verein mit seinen Finanzspritzen in die Bundesliga gebracht. Rangnick führte hier seine Idee vom schnellen Sacchi-Fußball fort. Er ließ seine Hoffenheimer ein 4-3-3-System spielen. Aufsteiger Hoffenheim schaltete furios schnell um, störte weit in der gegnerischen Hälfte und gewann völlig überraschend die Herbstmeisterschaft 2008.

Rangnicks Gegenspieler hieß Jürgen Klinsmann. Die Bayern-Bosse hatten Klinsmann ein halbes Jahr zuvor eingestellt. Sie erhofften sich vom Sommermärchen-Erschaffer einen ähnlichen Modernisierungsschub. Mehrere Jahre hatten sie Felix Magath dabei zugesehen, wie er seine Spieler Medizinbälle über den Trainingsplatz schleppen ließ. Es war Zeit für etwas Neues, dachten Karl-Heinz Rummenigge und Uli Hoeneß, und Klinsmann hatte nach der WM 2006 den Ruf, innovativ zu arbeiten. Er machte sich an der Säbener Straße in München ans Werk. Wie schon beim DFB ließ Klinsmann keinen Stein auf dem anderen. Er wollte auch den FC Bayern zu einer Kontermaschine machen. Die Bayern sollten schnörkellos von Abwehr auf Angriff umschalten.

Das Spitzenspiel Hoffenheim gegen Bayern Anfang Dezember 2008 bewies, wie sehr sich der Fußball verändert hatte. Beide Teams spielten furios nach vorne, gönnten sich keine Atempause. Nach Ballgewinnen suchten sie sofort die Stürmer, rückten unheimlich schnell auf. Die Zuschauer zeigten sich begeistert. Die Bundesliga war in den vergangenen zehn Jahren viel belächelt worden. An diesem Abend jedoch ließ sich das Spiel Hoffenheim gegen Bayern kaum von jenem Fußball unterscheiden, der in der englischen Premier League gespielt wurde. Klinsmann und Rangnick bewiesen, dass der deutsche Fußball zur internationalen Spitze aufgeschlossen hatte, dass Bayern in letzter Minute 2:1 gewann, war beinahe Nebensache. Den nächsten Modernisierungsschritt entwickelte aber ein anderer Protagonist der südwestdeutschen Schule.

KAPITEL 14

Der beste Spielmacher

Jürgen Klopp und das Gegenpressing (2006–2012)

Klopps Aufstieg in Mainz

Den Trainer Jürgen Klopp kennt heute jeder. Doch wer erinnert sich noch an den Spieler Jürgen Klopp? Im Englischen gibt es einen schönen Begriff, der Klopp als Spieler treffend charakterisiert: «No-nonsense defender» oder umgangssprachlich auch «No-bullshit defender». So bezeichnen die Engländer einen harten Verteidiger, der genau das tut, was ein Verteidiger zu tun hat: grätschen, tacklen, sich in jeden Zweikampf werfen. Klopp war fußballerisch nicht mit überragend viel Talent gesegnet, doch er machte es mit seinem Kampfgeist wett. Ein typisch deutscher Manndecker der neunziger Jahre, könnte man meinen.

Nicht ganz. Klopp hat zwar in der Abwehr gespielt, allerdings die längste Zeit seiner Karriere nicht als klassischer Manndecker. Ab Mitte der Neunziger spielte Klopp als Innenverteidiger in einer Viererkette. Der FSV Mainz holte 1995 Wolfgang Frank als neuen Trainer. Als Spieler hatte Frank in der Saison 1973/74 für den niederländischen Club AZ Alkmaar gespielt. Er erlebte den totalen, auf Positionswechsel setzenden Fußball von Ajax Amsterdam hautnah. Später trainierte er unter Branko Zebec und lernte so die Raumdeckung kennen. Mit dem modernen Pressing von Sacchi kam Frank in der Schweiz in Berührung. Dort machte er – genau wie Löw – unter Trainerausbilder Urs Siegenthaler seinen Trainerschein. Frank trug die Prinzipien des Pressings nach Mainz. Der Zweitliga-Club war neben dem SC Freiburg und Rangnicks Ulmern einer der ersten deutschen Proficlubs, der auf ein modernes Umschaltspiel mit Pressing setzte.

Klopp war Teil dieser Mainzer Mannschaft. Er saugte Franks Wissen auf. Frank brachte Klopp bei, dass eine Mannschaft besser sein kann als die Summe ihrer Teile. «Bis Frank kam, hatten wir gedacht: Sind wir die schlechteren Spieler, verlieren wir», sagte Klopp Jahre später. Unter Frank merkte Klopp schnell, dass man mit einer klugen Taktik und viel Einsatz fußballerische Defizite kaschieren kann. Frank war die Art Trainer, die ihren Spielern alles erklärt, jeden Laufweg, jede defensive Anweisung. Frank wollte, dass seine Spieler verstehen, wieso seine ballorientierte Raumdeckung besser war als die klassische Manndeckung. Klopp wurde Franks wissbegierigster Schüler. Über Frank kam Klopp auch in Berührung mit dem Spiel des AC Milan. Frank war glühender Bewunderer von Arrigo Sacchi, und Klopp sollte es ebenso werden. Wie Rangnick und Groß kaufte sich Klopp einen Kassettenspieler. Er schaute sich Milans Spiele in vierfacher Zeitlupe an, damit er ja kein Detail verpasste.

Der Übergang vom Spieler zum Trainer verlief bei Klopp fließend. 2001 hatte Frank Mainz schon länger verlassen – und mit ihm ging auch der Erfolg. Mainz drohte der Abstieg aus der zweiten Liga. Manager Christian Heidel hatte in den vergangenen zwölf Monaten fünf verschiedene Trainer ausprobiert. Keiner konnte den Abwärtstrend stoppen. Mit dem Mut der Verzweiflung erinnerte sich Heidel daran, dass Klopp praktisch Co-Trainer unter Frank war, und beförderte ihn über Nacht vom Verteidiger zum Chef-Coach. Später meinte Heidel, Klopps Beförderung sei die impulsivste Entscheidung seiner Karriere gewesen – und die beste.

Klopp stammte zwar nicht aus dem Dunstkreis von Groß und Rangnick. Dennoch kann er als Vertreter der süddeutschen Schule bezeichnet werden. Klopp setzte als Trainer auf die taktischen Mittel, die ihm Frank beigebracht hatte: Viererkette, ballorientiertes Verschieben, Pressing. Er forcierte mit seinen Mainzern vor allem das schnelle Konterspiel. Ballgewinn, Vertikalpass, Torschuss – das ist das Spiel, das Jürgen Klopp liebt. Damit war er Anfang der nuller Jahre seiner Zeit voraus, denn bei vielen Clubs war die taktische Revolution noch nicht angekommen. Was Freiburg in den Neunzigern war, wurde Mainz in den nuller Jahren: ein Außenseiter, der dank moderner Taktik besser war als die Summe seiner Teile und die große Konkurrenz ärgerte. Klopp führte Mainz in die Bundesliga. Mit den finanziell absolut unterklassigen Mainzern schaffte er zweimal in Folge den Nichtabstieg. Eine Sensation.

Wie Rangnick vor ihm wurde auch Klopp erst durch das Fernsehen wirklich bekannt. Acht Jahre nach dem Coup mit Rangnick setzte das ZDF bei der WM 2006 auf denselben Trick: Ein junger Trainer sollte dem Fernsehzuschauer Fußballtaktik erklären. Was für Rangnick die Taktiktafel war, war für Klopp ein kleiner Computer. Er malte Linien auf das digitale Spielfeld und erklärte damit die Viererkette. In einfachen Worten brachte er den TV-Zuschauern den Fußball näher. Damit wurde er zum heimlichen Star der WM 2006. Sein kompetentes, aber dennoch stets augenzwinkernd-charismatisches Auftreten brachten ihm den Titel «Fernsehbundestrainer» ein.

Nun genügen Auftritte als Taktik-Erklärbär und ein paar gute Jahre in Mainz noch nicht, um Jürgen Klopp ein eigenes Kapitel zu widmen. Die Geschichte von Klopps Beitrag zur deutschen Fußballtaktik beginnt im Ausland. Der FC Barcelona stand 2008 vor einer Entscheidung: Trainer Frank Rijkaard, ein Niederländer und früherer Sacchi-Schüler, hatte mit einer starbesetzten Mannschaft zwei Jahre zuvor die Champions League gewonnen. Seitdem stagnierte sein Team. Ein neuer Mann musste her. Der Club lud José Mourinho zu einem Bewerbungsgespräch ein. Mourinho hatte den FC Porto mit einer Kontertaktik zum Champions-League-Sieg geführt und danach beim FC Chelsea den englischen Umschaltfußball perfektioniert. Doch konnte man das große Barça Mourinhos Händen anvertrauen?

Die Vereinsführung entschied sich dagegen. Sie gaben Pep Guardiola den Job. Guardiola ist in Barcelona eine Legende. Er hatte als Spieler mit dem «Dream-Team» in den neunziger Jahren alles gewonnen, was es zu gewinnen gab und nicht nur das: Er setzte sich politisch für die Unabhängigkeit Kataloniens ein, ein Anliegen des stolzen Barça-Clubs, dessen Motto heißt: «Més que un club» – mehr als ein Verein. Guardiola war nicht nur Spieler von Barça – er lebte Barças Werte. Doch als Trainer hatte er praktisch keine Erfahrungen vorzuweisen. Seit gerade einmal einem Jahr war er im Trainergeschäft tätig – und das hatte er bei der zweiten Mannschaft von Barcelona verbracht, in der vierten spanischen Liga.

Guardiola jedoch weiß genau, was er will. Seine Idee des Fußballs ist klar definiert. Hierzulande denkt man bei Guardiola zumeist an Ballbesitzspiel. Tiki taka wird seine Art des Fußballs genannt – abgeleitet von den vielen Pässen, die seine Spieler spielen. Tik-tak macht es, wenn Barça sich den Ball zuspielt. (Viele wissen nicht, dass tiki taka im Spanischen eigentlich als Beleidigung für diesen Spielstil gemeint ist. Sollten Sie Guardiola jemals treffen und ihn ärgern wollen, loben Sie einfach sein «tiki taka».) Zu Guardiolas Ballbesitzspiel kommen wir erst im nächsten Kapitel. Das wirklich Revolutionäre war nämlich nicht das, was Guardiolas Barcelona mit dem Ball gemacht hat – sondern das, was sie ohne den Ball taten.

Guardiola formulierte ein eisernes Gesetz: «Wir haben vier Sekunden nach einem Fehlpass, um den Ball zurückzugewinnen.» Das klingt zunächst einmal plump. Das Nachsetzen nach Ballverlusten war seit jeher ein Bestandteil des Fußballs. Schon Otto Nerz stauchte seine Spieler zusammen, wenn sie nach einem Fehlpass in einen Dornröschenschlaf fielen. Bei Guardiola steckte jedoch mehr dahinter. Guardiola ließ im Detail trainieren, was nach einem Ballverlust zu passieren hat. Schon bei eigenem Ballbesitz mussten die Spieler so stehen, dass sie nach einem Fehlpass direkt nachsetzen konnten. Sobald der Ball verloren wurde, durften die Spieler nicht abschalten. Sie mussten sofort zum Ball sprinten, nachsetzen. Erst wenn die vier Sekunden vorbei waren, durften die Spieler zurückkehren in die eigene Defensivordnung. Das Motto hieß: Pressen, nachsetzen, draufgehen. Man könnte sagen: Guardiola institutionalisierte das Nachsetzen. Er schaffte es, seine Stars regelrecht darauf zu trimmen. Wer nicht mitmachte, wurde aussortiert. Weltklasse-Kicker wie Ronaldinho, Deco und Samuel Eto'o mussten Barcelona verlassen, weil sie sich Guardiolas Maxime nicht unterordnen wollten. Guardiola gewann bereits im ersten Jahr das Triple aus Meisterschaft,

Pokalsieg und Champions League. In vier Jahren gewann der FC Barcelona mit Guardiola 14 Titel.

Jürgen Klopp war beeindruckt von dieser Idee. Als Barcelona 2009 in Guardiolas erstem Jahr das Triple gewann, endete soeben Klopps erste Saison bei Borussia Dortmund. Er hatte sich nach über einem Jahrzehnt in Mainz einer neuen Herausforderung gestellt. Das Dortmunder Spiel war im ersten Jahr noch klassischer Frank-Fußball: Die Mannschaft verschob zum Ball, arbeitete intensiv in der Defensive, spielte mit Pressing und setzte auf Konter. Erst als Klopp Barcelonas Spiel sah, erweiterte er seine Fußballphilosophie um den entscheidenden Aspekt.

Klopps Gegenpressing

Den Kader seiner Mannschaft baute Klopp radikal um. Nur noch Spieler, die jedem Ball hinterherjagen, durften das schwarzgelbe Trikot des BVB tragen. Er forderte von seinen Spielern Leidenschaft und Willen. Klopp wurde daher manches Mal als reiner Motivator abgestempelt. Er katalysierte jedoch die Leidenschaft, die er aus seinen Spielern herauskitzelte, in ausgeklügelte taktische Pläne. Wie Guardiola ließ Klopp das Nachsetzen trainieren. Er gab genau vor, wie das auszusehen habe. Die Spieler mussten die Räume so besetzen, dass bei einem Fehlpass sofort zwei Spieler den Gegner stören können. Klopp gab seiner neuen Spielweise einen Namen: Gegenpressing.

Gegenpressing vs. Pressing
Das Gegenpressing unterscheidet sich in seinen Prinzipien vom Pressing. Das normale Pressing findet statt, wenn der Gegner den Ball hat. Die eigene Mannschaft steht in der Verteidigungsformation und stört das gegnerische Team, das sich in der Angriffsformation befindet. Das Gegenpressing ereignet sich wiederum direkt nach dem Ballverlust. Die eigene Mannschaft befindet sich noch in der Angriffsformation, die gegnerische in der Verteidigungsformation. Ein Gegenpressing benötigt dementsprechend andere Mechanismen und muss anders trainiert werden als ein normales Pressing.

Im Gegensatz zu Guardiola verband Klopp sein Gegenpressing nicht mit einem Ballbesitzspiel mit vielen kurzen Pässen. Klopp hielt weiter an seinem geliebten Konterspiel fest. Dortmund nutzte beide Umschaltmomente: den Ballverlust und den Ballgewinn. Ihr Spiel war damit rasend schnell. Wenn das Team den Ball hatte, jagten der Sechser Nuri Şahin oder Verteidiger Mats Hummels die Kugel nach vorne. Wenn sie den Ball verloren, setzten die Stürmer sofort nach. Der Gegner bekam keine Ruhepause.

Um defensiv nicht nur im Umschaltspiel und im Gegenpressing zu überzeugen, entwickelte Klopp viele feine Details des Defensivspiels weiter. Die Grundformation von Klopps BVB war ein 4-2-3-1. In der Praxis wurde es jedoch oft als 4-4-1-1 interpretiert. Die beiden Stürmer agierten versetzt zueinander, um im Pressing bestmöglich die Passwege zu schließen. Der eine Stürmer attackierte vorne, der andere schloss den diagonalen Passweg ins Zentrum. Den gegnerischen Ab-

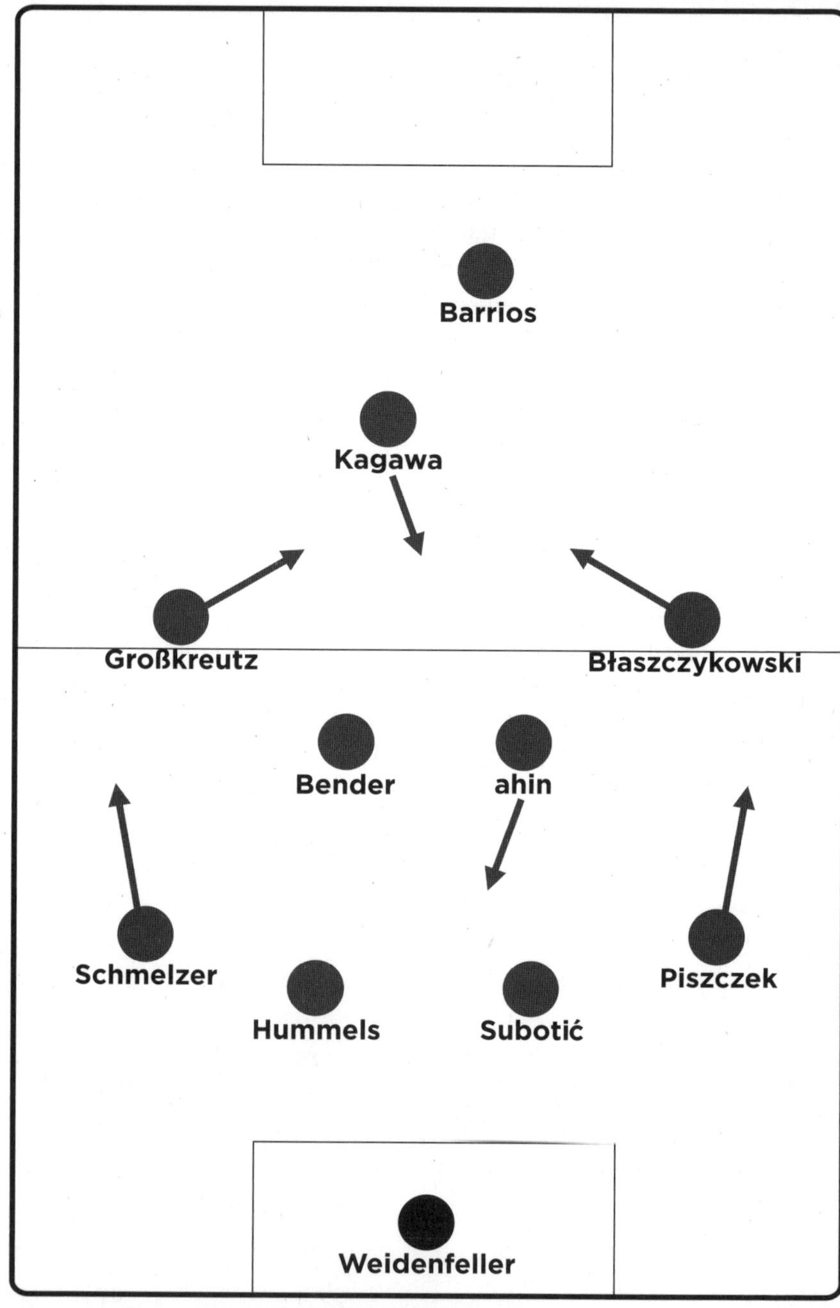

Borussia Dortmunds Meister-Mannschaft aus dem Jahr 2010.

wehrspielen wird so der Passweg zur Doppelsechs verschlossen. Das war die einfachste Art, sich aus einem klassischen 4-4-2-Pressing zu lösen, wie es mittlerweile von vielen Teams gespielt wurde. Die versetzte Rolle der beiden vordersten Spieler im Pressing war eine simple, aber clevere Innovation.

Die Außenverteidiger hielten unter Klopp nicht mehr stur ihre Position in der Viererkette. Sie sollten ins Zentrum einrücken, wenn sich der Ball auf dem anderen Flügel befand. Dortmund konnte so flexibler auf gegnerische Spielverlagerungen ins Zentrum reagieren. Klopp perfektionierte mit solchen Tricks das Pressing seiner Mannschaft. Geschlossen verschoben seine Dortmunder über den ganzen Platz. Sie konnten von einer Sekunde auf die andere von einer tiefen Verteidigung zu einem furiosen Pressing wechseln. Nach Ballgewinnen spielten sie bewusst riskant. Selbst wenn der Ball verlorenging, konnten sie sofort in ihr Gegenpressing wechseln. Mittlerweile kann dies jeder Bundesligist. 2010 war das eine echte Innovation. Neben den vielen Innovationen im Detail blieb der Grundpfeiler von Klopps Erfolg das Gegenpressing. Da macht Klopp keinen Hehl draus. «Gegenpressing ist der beste Spielmacher», sagte er einmal.

Klopps Wirken in Dortmund wurde geradezu zu einer Aschenputtel-Geschichte. Borussia Dortmund war Anfang der nuller Jahre in arge finanzielle Not geraten. Der Boom des Clubs in den Neunzigern war mit großen finanziellen Investitionen erreicht worden, mit Geld, das der BVB eigentlich nicht hatte. In den nuller Jahren hatte man sämtliche Stars verkaufen müssen. Etatmäßig war Dortmund vom zweiten Rang hinter den Bayern ins Mittelfeld abgestürzt. Klopp führte die Truppe, die finanziell nicht annähernd mit den Bayern mithalten konnte, zu zwei deutschen Meisterschaften und einem

Pokalsieg. Seine Dortmunder hatten ihren ganz eigenen Reiz. Es war etwas Neues, etwas Sensationelles. «Vollgas-Fußball» oder «Heavy-Metal-Fußball» nennt Klopp sein Spiel sehr gerne. Das trifft den Stil perfekt.

Das Gegenpressing wurde in den vergangenen Jahren zur deutschen Institution und Klopp zum Vorbild für zahllose Trainer. Mittlerweile spielt jedes deutsche Bundesliga-Team in der einen oder anderen Ausprägung mit Gegenpressing. Arrigo Sacchi entwickelte in Milan die Blaupause, die in den nuller Jahren zum Standard im deutschen (und auch internationalen) Fußball werden sollte. Klopp entwickelte einen neuen Standard, den wir heute auf fast allen Bundesliga-Plätzen sehen. In der Saison 2015/16 spielten mindestens zehn der achtzehn Bundesliga-Teams Klopp-Fußball.

So neu Klopps Spielweise im Detail war, die Grundphilosophie unterschied sich nur unwesentlich von jener Maxime, die Weisweiler knapp 50 Jahre zuvor formulierte. Das Tempo war auch bei Klopp entscheidend. Es durfte keine Ruhephasen geben – weder für die eigene noch für die gegnerische Mannschaft. Wie schon bei Nerz und Weisweiler speiste sich auch Klopps Philosophie aus einem großen Respekt für den englischen Fußball. Genau wie Löw predigte Klopp, der deutsche Fußball müsse sich der Schnelligkeit der Premier League anpassen. Klopp stand also in der Tradition deutscher Trainer, die das schnelle Spiel liebten. Eine Gruppe von Dortmund-Fans brachte es auf den Punkt, als sie bei einem Spiel ein Transparent hochhielten mit der Aufschrift: «Jürgen, schau zum Himmel, Hennes Weisweiler lächelt!»

Klopps Fußballevolution war auch das Ende einer langen Reise. Seit den achtziger Jahren ist Deutschland in taktischer Hinsicht den internationalen Trends hinterhergelaufen. Das

Markenzeichen, ausländische Trends zu remixen, war verlorengegangen. Es hat Jahre gedauert, bis Sacchis Neuerungen hier ankamen. Klopps Dortmunder waren schließlich das erste Team überhaupt, das Guardiolas Nachsetzen übernahm. Als erstes Team weltweit verbanden sie das systematische Nachsetzen mit einem rasanten Konterspiel.

Deutschland wurde so zu einer Hochburg des Gegenpressings. Damit hängte man auch die internationale Konkurrenz ein Stück weit ab. Man kann heute bedenkenlos sagen, dass in der Bundesliga moderner gespielt wird als beispielsweise in der Premier League. Dort ist das Gegenpressing noch nicht in der Breite angekommen wie hierzulande. 2014 sollte das Gegenpressing zu einem von zwei Eckpfeilern des vierten deutschen WM-Triumphs werden. Das zweite tragende Element hatte erneut mit Guardiola zu tun.

KAPITEL 15

Joachim Löws Werk und Pep Guardiolas Beitrag

Deutschlands Weg zum vierten Titel (2010–2015)

Barcelonas Zonenspiel

Veränderungen im Fußball lassen sich selten datieren. Gerade im Bereich der Fußballtaktik gibt es sehr oft Entwicklungen, die sich zeitlich überschneiden. Oft werden im Nachhinein bestimmte Ereignisse zum Katalysator stilisiert, die Protagonisten übertreiben dabei und stellen sich selbst in einem besseren Licht dar (siehe die Beckenbauer-Episode in Kapitel sieben). Zeitpunkt und Ort, an dem sich das Gesicht des FC Bayern veränderte, lassen sich hingegen ziemlich genau datieren: Es war der 8. April 2009. Schauplatz: Camp Nou, das ehrwürdige Stadion des FC Barcelona.

Die Bayern waren unter ihrem Trainer Jürgen Klinsmann ins Viertelfinale der Champions League eingezogen. Trotz dieses Erfolgs gab es jede Menge Zweifel, ob der Klinsmann'sche Weg der richtige war. Nach und nach wurde offensichtlich, was viele schon lange vermutet hatten: Klinsmann mag der Organisator der WM-Elf 2006 gewesen sein, Löw aber war der Kopf. Der FC Bayern spielte unter Klinsmann taktisch wenig anspruchsvollen Fußball. Philipp Lahm schrieb später in seiner Biographie, die Spieler selbst hätten die Taktik entwickeln sollen.

Klinsmanns taktische Defizite waren aber nicht das größte Problem am Abend des 8. April. Das Problem war: Der FC Barcelona war drei Klassen besser. Die Mannschaft von Trainer Pep Guardiola dominierte das Mittelfeld. Andrés Iniesta und Xavi, Barças Passkünstler, schoben sich die Kugel zu. Barça wartete, lauerte, spielte um Bayerns Mittelfeld herum – und hebelte dann aus dem Nichts mit einem Pass die gesamte Münchener Abwehr aus. Lionel Messi spielte seinen Gegenspieler Christian Lell schwindelig. Er zog immer wieder von der rechten Seite in die Mitte, tauschte mit seinen Kollegen die Positionen. Wenn ein Barça-Spieler seine Position verließ, bewegte sich ein anderer hinein. Es wirkte, als wäre Barcelonas Spiel von einer unsichtbaren Schnur geleitet. Jeder Spieler wusste genau, wohin er laufen musste. Jede Schwachstelle, jeder falsche Laufweg der Bayern-Defensive wurde eiskalt bestraft. Die Raumaufteilung, die Passmuster, die Flexibilität: Es wehte ein Hauch des totalen Fußballs niederländischer Schule durch das Stadion.

Das war kein Zufall. Schon früh war Barcelona ein Außenposten der niederländischen Fußballschule geworden. Michels und Cruyff wechselten in den Siebzigern beide von Ajax Amsterdam zum FC Barcelona. Dort führten sie ihre Art des Fußballs fort, die sie zusammen bei Ajax gespielt haben: Pressing, Positionswechsel, Passspiel. In Barcelona wurden sie für diese Spielweise gefeiert. Hennes Weisweiler, 1975 Nachfolger von Michels auf Barças Trainerposten, hatte mit seinem Tempofußball vom ersten Tag an beim Publikum verloren. Dass er die glanzvolle Idee hatte, Publikumsliebling Cruyff auf die

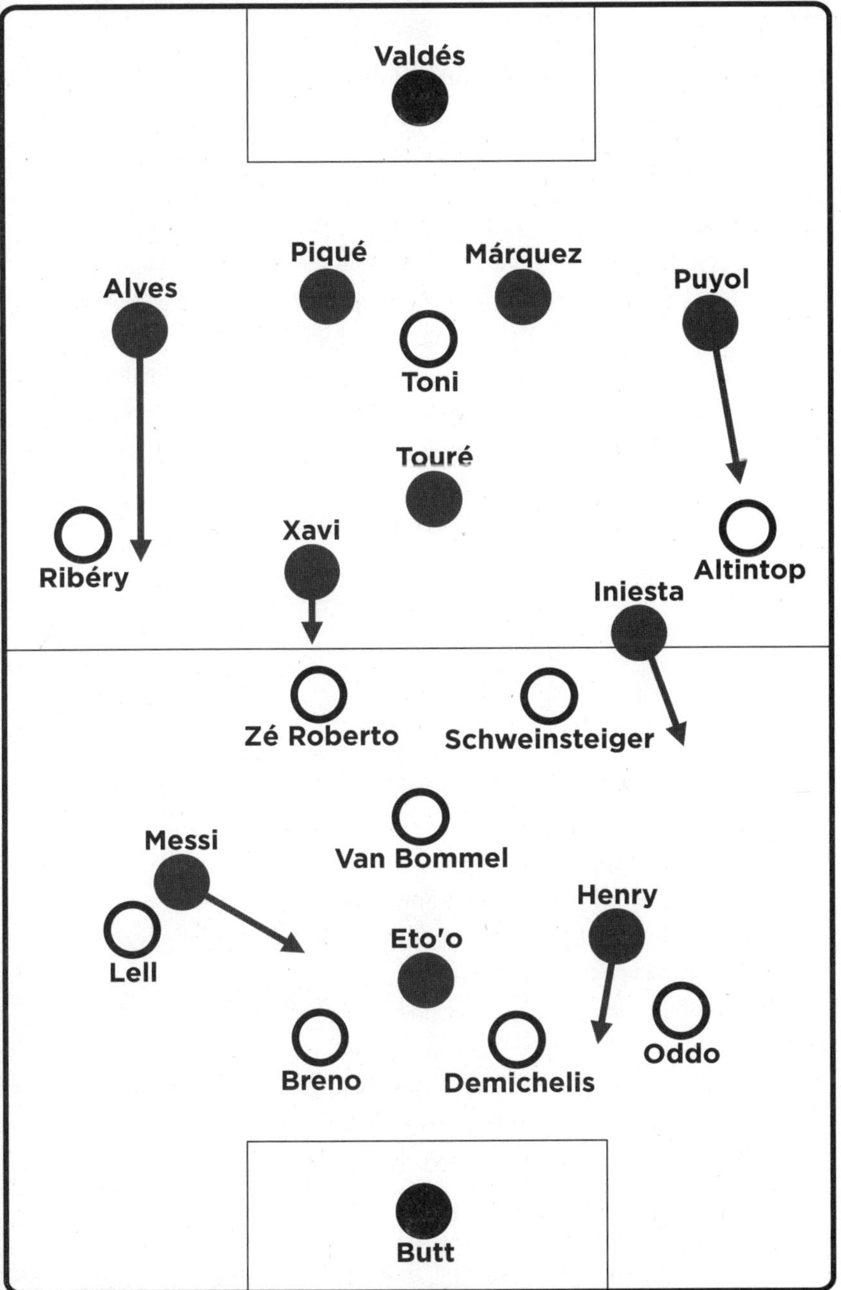

Champions-League-Viertelfinale 2009: Bayern München gegen FC Barcelona.

Bank zu setzen, tat sein Übriges. Weisweiler flüchtete aus Barcelona nach nicht mal einem Jahr.

Es dauerte 15 Jahre, bis Barcelona wieder an die niederländische Schule anknüpfte. In der Hoffnung, die große alte Zeit wiederzuerwecken, stellte Barcelona 1988 Johann Cruyff als Trainer an. Er führte Barça «zurück in die Zukunft». Vor allem das Ballbesitzspiel war ihm wichtig. Er ließ seine Spieler das Passen trainieren, immer und immer wieder. Es gibt kein Training in Barcelona, das nicht das «Schweinchen in der Mitte» beinhaltet. Ein oder zwei Spieler in der Mitte müssen drei bis fünf Spielern außen den Ball abnehmen. Wer einen Fehlpass spielt, muss selbst in die Mitte. Simpel, aber effektiv. Bis heute gilt der Flachpass in Barcelona als Kulturgut.

Positionsspiel
Das Positionsspiel bezeichnet fest definierte Abläufe, wie sich Spieler bei eigenem Ballbesitz zu positionieren haben. Das Spielfeld wird in mehrere Zonen eingeteilt, die der Trainer vorgibt. Die Spieler müssen zu jeder Zeit bestimmte Zonen besetzen. Durch die klare Vorgabe, wohin sich die Spieler zu bewegen haben, wird sichergestellt, dass der Ball zügig durch die eigenen Reihen gespielt werden kann. Die spanische Variante des Positionsspiels ist auch als «juego de posicion» bekannt.

Barça entdeckte unter Cruyff das Positionsspiel neu: Die Spieler bekamen genaue Anweisungen, wie sie sich bei eigenem Ballbesitz zu verhalten haben. Das Spielfeld wurde in Zonen eingeteilt. Die wichtigsten Zonen mussten stets besetzt sein, damit ein flüssiges Passspiel möglich war. Der Gegner sollte mit einem Ballbesitzspiel dominiert werden, keine Chance haben, an die Kugel zu gelangen.

Barcelonas Steckenpferd wurde das Dreiecksspiel: Die Spieler sollten möglichst häufig Dreiecke bilden. Die Idee ist so simpel wie effizient: In einem Dreieck hat der ballführende Spieler immer zwei Anspielstationen. Der Spieler, der den Pass erhält, hat ebenfalls sofort zwei Anspielstationen. Das Dreieck ist die einfachste Ordnungseinheit im modernen Ballbesitzfußball. Barça perfektionierte dieses Spiel.

Cruyff führte Barça mit seinem Positionsspiel zurück an die Spitze des Weltfußballs. Sein niederländischer Landsmann und Nachfolger Louis van Gaal entwickelte Cruyffs Formel weiter und füllte sie mit noch mehr taktischen Leitlinien. (Bitte verraten Sie van Gaal nicht, was ich hier schreibe. Cruyff und van Gaal sind tief verfeindet. Nichts würde van Gaal wütender machen als der [in Wahrheit zutreffende] Vergleich mit Cruyffs Spielweise.) Barça-Spieler Guardiola lernte den niederländischen Stil unter Cruyff und van Gaal kennen. Cruyff war der erste Trainer, unter dem Guardiola spielte. Er verhalf dem filigranen, schmächtigen Fußballer zum Debüt im Mittelfeld. Cruyff wurde zum festen Bezugspunkt für Guardiola. Guardiolas Beziehung zu Cruyff ist durchaus vergleichbar mit der Jürgen Klopps zu Wolfgang Frank. Später war Guardiola van Gaals verlängerter Arm auf dem Platz. Es dürfte niemanden überraschen, dass er als Trainer später das fortführte, was seine niederländischen Vorgänger begannen.

Guardiola entwickelte das Ballbesitzspiel fort. Er teilte das Spielfeld in verschiedene Zonen ein (siehe Graphik) und bestimmte, wie viele Spieler sich wann in welchen Zonen aufzuhalten haben. Je nachdem, wo sich der ballführende Spieler befindet, müssen die Spieler bestimmte Zonen besetzen. Bei idealer Besetzung der Zonen bilden sich Dreiecke auf dem ganzen Feld. Diese Dreiecke können aber nur entstehen, wenn die Spieler perfekt zueinander stehen. Es dürfen bei Guardiola nie mehr als drei Spieler in einer horizontalen und nie mehr als zwei Spieler in einer vertikalen Linie stehen. Sein Ziel: eine clevere Besetzung der Zonen, damit das Ballbesitzspiel gelingt und bei Ballverlusten sofort nachgesetzt werden kann.

Barcelona war der beste Ort der Welt, um Guardiolas Ideen umzusetzen. Barça hatte intelligente Fußballer, die technisch bestens gerüstet waren. Die Spieler waren das flache Passspiel seit ihrer Kindheit gewohnt. Fußball-Deutschland lernte diesen Spielstil das erste Mal am Abend des 9. April kennen – oder besser gesagt: fürchten. Guardiolas Ballbesitzspiel demontierte Klinsmanns Umschaltfußball. Zur Halbzeit stand es 4:0 für Guardiola, es hätte aber genauso gut 10:0 stehen können. Etliche Male tauchten Barças Stürmer alleine vor Torhüter Hans-Jörg Butt auf. Die Besetzung der Zonen funktionierte bei Barça perfekt. Die Defensive der Bayern hingegen war wacklig, verteidigte ohne Kompaktheit. Es war eine Demonstration der Stärke.

Bayerns Grunderneuerung

Die Niederlage veränderte den FC Bayern nachhaltig. Die Bayern-Verantwortlichen wollten etwas von dem Glanz abhaben, den Barcelona verströmte. Klinsmann musste wenige Wochen später gehen, nachdem seine Mannschaft mit 1:5 gegen Wolfs-

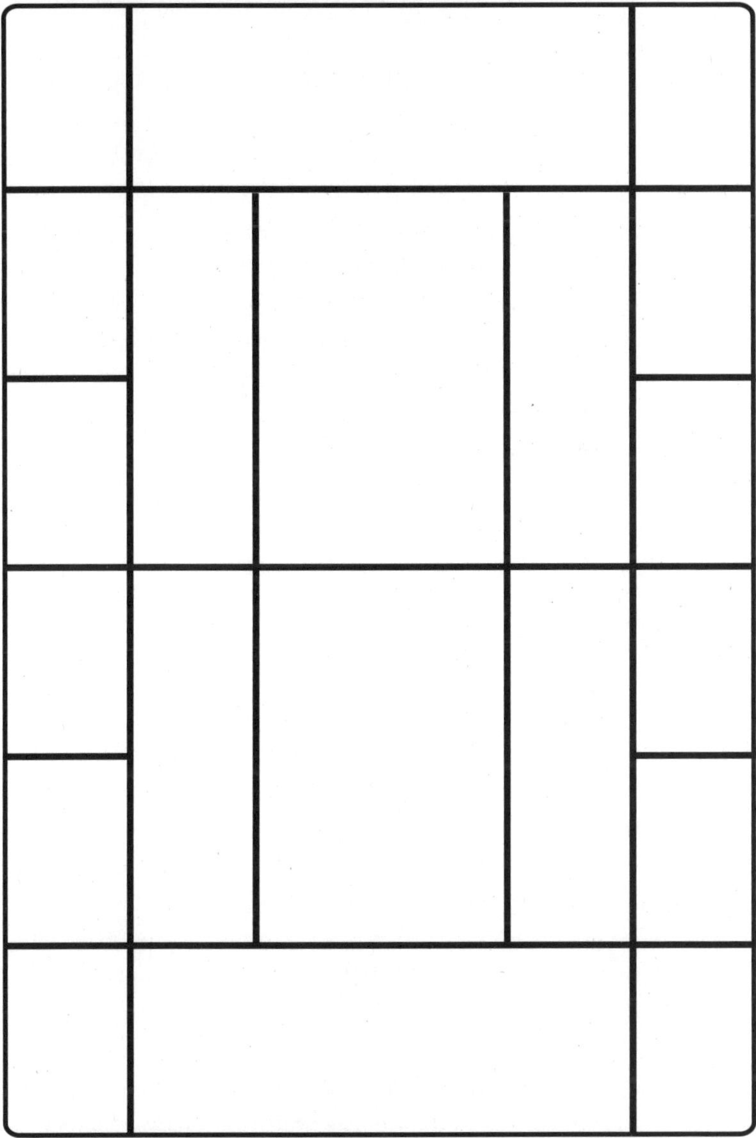

Guardiola teilt das Spielfeld in verschiedene Zonen auf. Dies ist seine typische Einteilung: große Zonen im Zentrum, kleinere Zonen auf den Flügeln. Maximal ein Spieler darf sich in einer Zone aufhalten. Es dürfen nie mehr als drei Spieler in einer horizontalen und nie mehr als zwei Spieler in einer vertikalen Linie stehen.

burgs brutales Konterspiel untergegangen war. Die Bayern waren nunmehr nicht gewillt, weiter auf Konterfußball zu setzen. Sie verpflichteten einen der Architekten der niederländischen Fußballschule: Louis van Gaal. Van Gaal feierte zunächst bei Ajax Amsterdam, später beim FC Barcelona große Erfolge. Van Gaals Anstellung war, das beteuern im Nachhinein alle Münchener Beteiligten, eine sehr bewusste Entscheidung. Die Bayern wollten ein neues Spiel, eine neue Fußballidentität.

Van Gaal machte sich an die Arbeit. Er brachte seinen Spielern die Prinzipien des Positionsspiels bei. Auf dem Trainingsplatz wurden Zonen abgesteckt, die die Spieler zu besetzen hatten. Van Gaal ließ seine Spieler das Passen trainieren, wieder und wieder, bis es in Fleisch und Blut überging. Van Gaals Positionsspiel unterschied sich in einigen Facetten von dem Zonenspiel Guardiolas. Barças starke Achse agierte im Zentrum: zunächst Iniesta und Xavi, später noch Abräumer Sergio Busquets und Lionel Messi in seiner Rolle als falsche Neun. Bayerns Spiel war stärker auf die Flügel ausgerichtet. Hier hatten die Bayern ihre stärksten Spieler: Die Flügelflitzer Franck Ribéry und Arjen Robben zauberten mit ihren Tricks, Philipp Lahm unterstützte sie als Außenverteidiger. Sie erprobten ein taktisches Mittel, das sich im modernen Fußball hoher Beliebtheit erfreut: das Hinterlaufen. Sobald Robben und Ribéry mit dem Ball am Fuß in die Mitte zogen, überholten die Münchener Außenverteidiger sie auf den Außen. Lahm beherrscht wie kein zweiter Spieler, das richtige Timing zu finden, um seinen Vordermann zu hinterlaufen.

Van Gaal führte die Bayern an die europäische Spitze zurück. In Deutschland holte er 2010 das Double aus Meisterschaft und Pokal. In der Champions League führte er sie ins Finale, zum ersten Mal seit dem Triumph 2001. Damit endete eine lange Durststrecke. Van Gaals Team musste sich Mourinhos Inter geschlagen geben. Mourinho arbeitete in Barcelona Mitte der Neunziger als Übersetzer für van Gaal, kannte die niederländische Schule aus dem Effeff. Er wandte sich jedoch vom Ballbesitzspiel ab und wurde als Trainer ein Defensivfuchs. Mourinho konterte seinen früheren Lehrer aus.

In der zweiten Saison unter van Gaal wurden jedoch die Schwächen des Niederländers deutlich. Jürgen Klopps Dortmunder überrollten die Bayern 2011 mit ihrem Gegenpressing. Die Bayern kombinierten ihr Ballbesitzspiel nicht mit einem ausgeklügelten Gegenpressing. Van Gaals Zonen waren stärker auf das eigene Ballbesitzspiel ausgelegt, nicht auf das Nachsetzen nach Ballverlust. In der zweiten Saison unter van Gaal wirkte das Münchener Spiel langsam, schablonenhaft. Sie passten sich den Ball im Mittelfeld zu und suchten von dort aus Robben oder Ribéry. Wenn diese mit ihrem Dribbling nicht durchkamen, ging der Pass zurück ins Mittelfeld, und das Spiel begann von vorne. Die Gegner begannen, mit zwei, drei Mann in Richtung Robben und Ribéry zu verschieben. Sie nahmen die beiden Flügelflitzer so aus dem Spiel. Dieses taktische Element wurde als «doppeln» bzw. «trippeln» bekannt. Es war Gift für Gaals Bayern. Sie schieden früh in der Champions League aus. In der Liga waren die Dortmunder ihnen enteilt. Als van Gaal sich auch noch mit dem mächtigen Uli Hoeneß anlegte, waren seine Tage in München gezählt.

Van Gaal ging. Sein Ballbesitzspiel blieb. Gaals Nachfolger Jupp Heynckes veredelte van Gaals Ansätze. Heynckes war seit 30 Jahren im Trainergeschäft. In seinen ersten Jahren erwarb er sich einen Ruf als harter Hund. Er war bei Borussia Mönchengladbach unter Hennes Weisweiler sozialisiert worden, blickte jedoch auch über den Tellerrand. In den Achtzigern setzte er vereinzelt auf Elemente der Raumdeckung, wenn auch nicht ganz so ausgeprägt wie Happel oder Csernai. In Frankfurt scheiterte er Mitte der Neunziger, weil er gegen den Willen seiner Spieler versuchte, eine Viererkette einzuführen. In Deutschland wollte er oft zu viel zu schnell; in Spanien hatte er mehr Erfolg. 1998 führte er Real Madrid mit einem 4-3-1-2-System zum Champions-League-Sieg. In Deutschland spielte man da noch mit Libero und Manndeckern.

Heynckes war eigentlich bereits aus dem Trainergeschäft ausgeschieden. Nur seinem alten Freund Uli Hoeneß zuliebe übernahm er die Bayern als Interimscoach, als diese Klinsmann feuerten. Er leckte Blut. Zwei Jahre später kehrte er zu den Bayern zurück. Das Alter hatte Heynckes ruhiger gemacht, weniger dogmatisch. Er wusste, dass er in München beste Voraussetzungen für den Erfolg vorfand, und änderte van Gaals Formel nicht großartig ab – nur in einem entscheidenden Punkt entwickelte er sie weiter.

Heynckes und sein Trainerteam waren beeindruckt vom Spiel von Borussia Dortmund. Dass diese mit ihrem Gegenpressing gleich zwei Meistertitel hintereinander gewannen, wurmte viele in München. Heynckes sah, dass das Gegenpressing der große Unterschied zwischen den Clubs war, und implementierte dieses Element bei den Bayern ebenfalls. Zähneknirschend stellte Jürgen Klopp fest: «Die Bayern kopieren uns wie die Chinesen, nur mit mehr Geld.» Unrecht hatte er nicht. Doch Kopieren, das zeigt die deutsche Taktikgeschichte, ist integraler Bestandteil der Fußballwelt.

Heynckes brachte seine Stars Robben und Ribéry dazu, dem Ball hinterherzujagen, statt in der Offensive zu verharren. Es mag seltsam klingen, doch die Niederlage im Finale der Champions League 2012 war der entscheidende Impuls. Die

Bayern verloren gegen ein total defensives Chelsea nach Elfmeterschießen – und das im eigenen Stadion. Plötzlich wurde allen Spielern klar, dass sie beim Gegenpressing mitmachen müssen, wenn sie den großen Erfolg wollen. Bastian Schweinsteiger spornte Robben und Ribéry nach dem Finale an, mehr in der Defensive auszuhelfen: «Wenn ich den Ball gewinne, interessiert das keinen. Wenn ihr zur Grätsche ansetzt, jubelt das ganze Stadion.»

Der neue Wille zum Nachsetzen wirkte Wunder. Heynckes führte die Bayern 2013 zum Triple. Es war der Höhepunkt der Münchener Entwicklung zum Ballbesitzspiel. Im Finale der Champions League trafen sie auf Borussia Dortmund. Es war das erste deutsch-deutsche Finale der Champions-League-Geschichte. Jürgen Klopp musste sich mit seiner Pressing-Maschine geschlagen geben. Mit Bayerns Kombination aus teuren Stars, flottem Ballbesitzspiel und Gegenpressing konnte sein Team nicht mithalten.

Die Bayern dagegen hatten nicht vor, sich auf den Lorbeeren auszuruhen. Der nächste Schritt in ihrer Entwicklung war nur allzu logisch: Sie holten Pep Guardiola als Heynckes' Nachfolger. Den Mann, der die Ballbesitzrevolution der Bayern indirekt eingeleitet hatte, sollte sie zu Ende führen. Guardiola baute weiter auf dem Fundament von Heynckes und van Gaal auf. Er machte das Spiel der Bayern noch ein Stück flexibler: Formationen sind ihm egal. Seine Mannschaft kann 4-2-3-1, 4-3-3 oder 3-5-2 spielen – je nachdem, welche Formation am besten zum Gegner passt. Die Hauptsache ist, dass seine Spieler das Zonenspiel befolgen. Er brachte sein «juego de posicion» nach München. Die Bayern lernten noch mehr über den Ballbesitzfußball. Und das sollte entscheidend werden für die Weltmeisterschaft 2014.

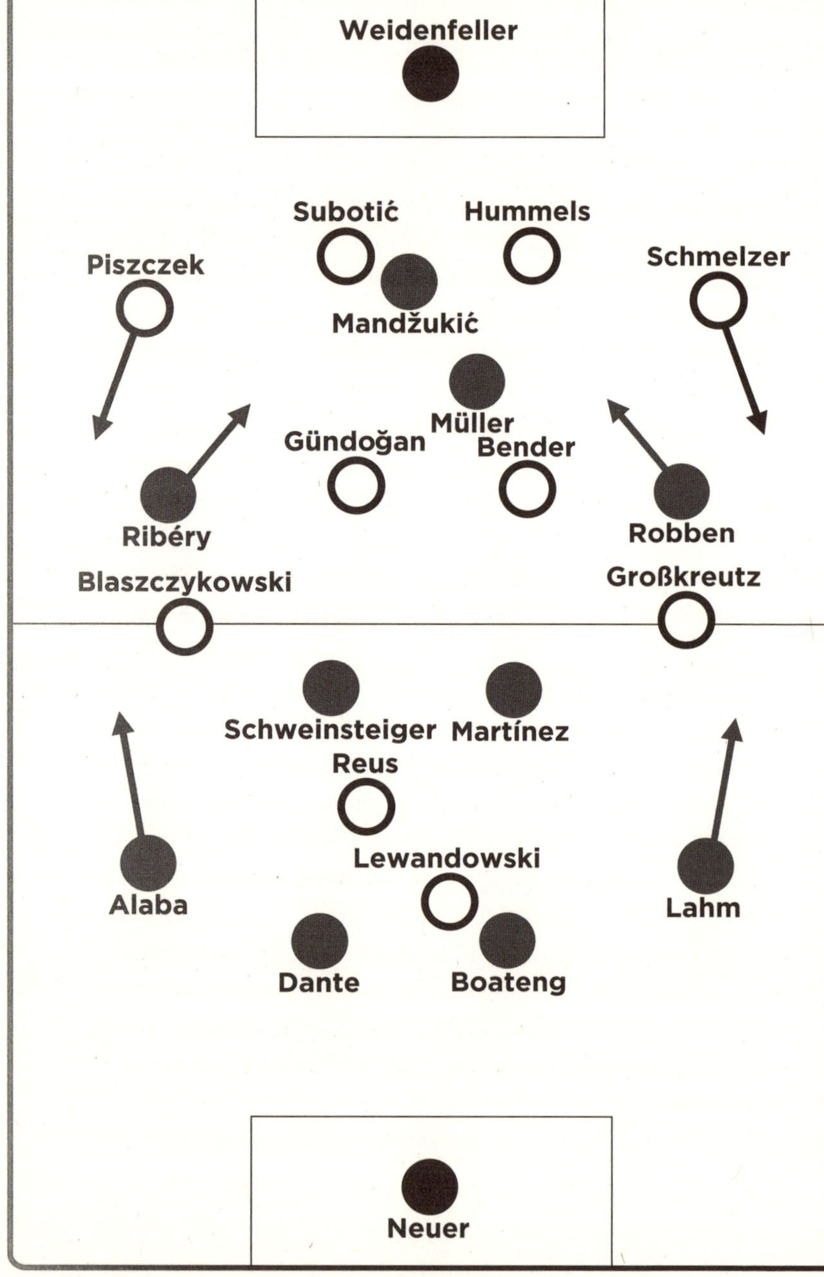

Deutsches Champions-League-Finale 2013: Bayern München gegen Borussia Dortmund.

Joachim Löws erste Phase als Nationaltrainer: das Umschaltspiel

Joachim Löw übernahm 2006 den Posten des Nationaltrainers von Jürgen Klinsmann – ein Mann, der Anfang des Jahrtausends keine Anstellung bei einem Bundesligisten fand, wurde zum Architekt des Wiederaufstiegs der Fußballnation Deutschland. Löw führte die schwäbische Revolution des deutschen Fußballs fort, die er zusammen mit Klinsmann 2004 begonnen hatte. Hansi Flick wurde Löws Co-Trainer. Frank Wormuth bekam den Posten als Trainerausbilder. Beide stammten – wie sollte es anders sein? – aus Baden-Württemberg. Als Chef-Scout holte Löw Urs Siegenthaler, jenen Mann, der ihn einst in der Schweiz zum Trainer ausbildete. Die neue süddeutsche Schule hatte den DFB endgültig in der Hand.

Bis dato konnte der Eindruck entstehen, Joachim Löw wäre ein entschiedener Verfechter des Konterfußballs. In der Tat deutete bis 2010 alles darauf hin. Gebetsmühlenartig betonte er auch nach der WM 2006, wie wichtig das schnelle Umschalten sei. Das Vorbild, sagte er immer wieder, müsse das Spiel in der Premier League sein: schnell, schnörkellos, mit möglichst geringen Zeiten am Ball. Löw rechnete seinen Spielern vor: In den ersten zehn Sekunden nach einem Ballgewinn ist die Wahrscheinlichkeit am höchsten, ein Tor zu erzielen.

Mit der Nationalmannschaft perfektionierte Löw das schnelle Konterspiel. Es gipfelte in einer herausragenden Weltmeisterschaft 2010. Doch vor der WM herrschte in Deutschland wieder einmal düstere Stimmung. Michael Ballack, Kapitän und Kopf der Nationalmannschaft, musste die WM verletzt absagen. Löw nahm dies nicht als Schicksalsschlag hin, sondern nutzte die Gunst der Stunde. Er verjüngte sein Mittelfeld und ließ schneller und vertikaler spielen. Bastian Schweinsteiger und Sami Khedira wurden das perfekte Duo auf der Doppelsechs: Schweinsteiger verteilte die Bälle aus der Tiefe, Khedira spurtete unentwegt nach vorne und bot sich als Anspielstation an. (Die Aufgabenteilung erinnerte ein wenig an jene zwischen Fritz Walter und Max Morlock bei der WM 1954.) Mesut Özil schlich zwischen den gegnerischen Linien herum, Thomas Müller sprintete vom Flügel in die Schnittstellen.

In den besten Momenten war das deutsche Spiel atemberaubend schnell. Im Achtelfinale nahm Deutschland eine englische Mannschaft auseinander, die mit einem klassischen 4-4-2 gegenhalten wollte. England hatte keine Chance gegen Deutschlands Konter. Was für eine Ironie: Deutschland besiegte England mit genau dem schnellen Fußball, den sich Löw aus der englischen Liga abgeschaut hatte. Im Viertelfinale kam es noch besser. Die argentinische Mannschaft war in der Zeit stecken geblieben. Die Angreifer um den genialen Lionel Messi nahmen nicht am Spiel gegen den Ball teil. Das deutsche Team fand im Mittelfeld riesige Räume vor – und überbrückte sie mit ein bis zwei Pässen, präzise, schnell und schnörkellos. Deutschland demontierte Argentinien mit 4:0.

Das Halbfinale sollte für Löw das werden, was für die Bayern die Partie gegen Barça 2009 war: ein Wendepunkt. Deutschlands Kontertruppe traf auf Spanien. Der spanische Trainer Vicente del Bosque hatte seine Mannschaft an das Spiel Barças angepasst. Barças Passkünstler Iniesta, Xavi und Busquets bildeten das Rückgrat der Nationalmannschaft. Sie hielten den Ball in ihren Reihen, ließen Deutschland hinterherlaufen. Nach Ballverlusten gingen sie sofort drauf, gaben

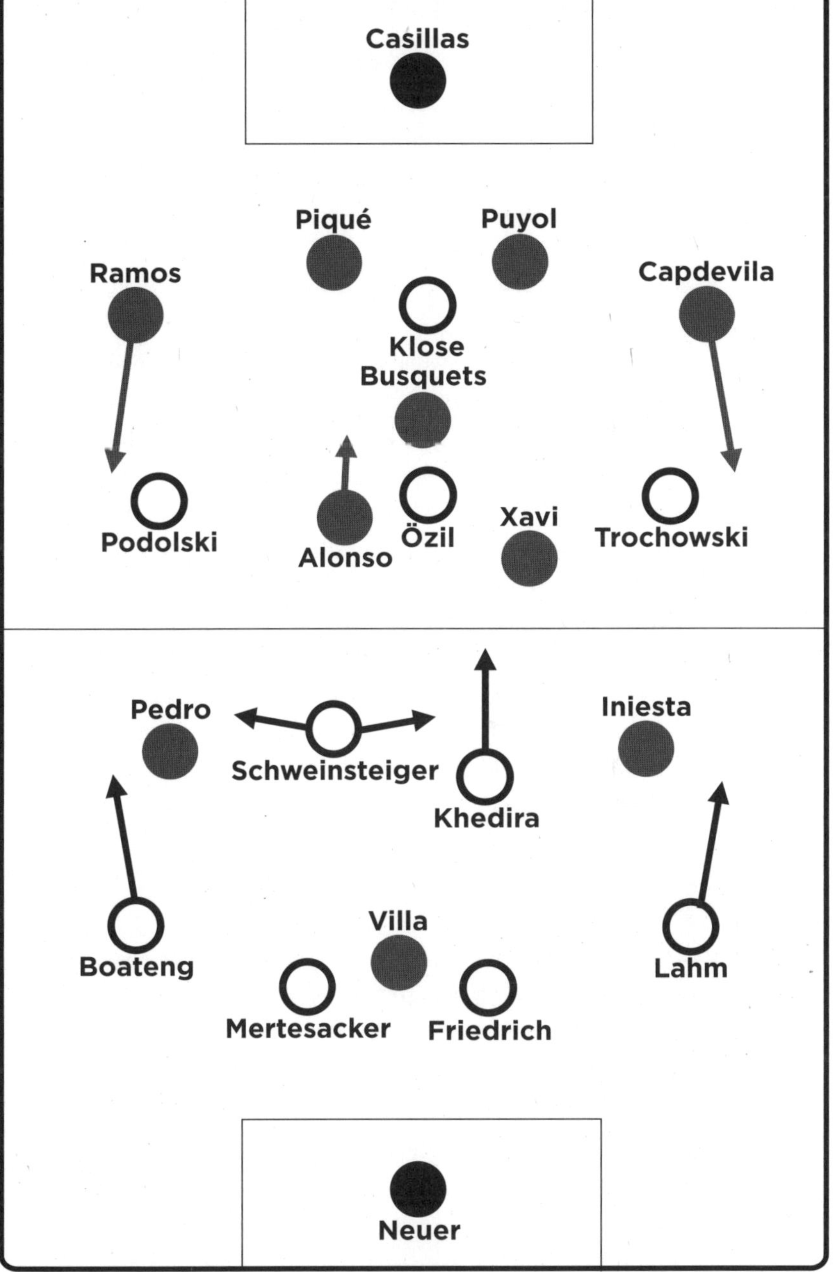

Löws Erweckungserlebnis: das WM-Halbfinale 2010 Deutschland gegen Spanien.

Deutschland nicht die Chance, schnelle Konter einzuleiten. Deutschland hielt gut mit. Löws Truppe bewies, dass sie in den vergangenen zehn Jahren das Verteidigen im Raum gelernt hatte, doch das war zu wenig. Carlos Puyol köpfte eine Ecke zum verdienten 1:0-Sieg. Spanien gewann das Spiel und später die Weltmeisterschaft.

Für Joachim Löw war es keine normale Halbfinalniederlage, kein Spiel, das man mit etwas mehr Glück hätte gewinnen können. Es war der Beweis, dass ein gutes Ballbesitzspiel mit einem starken Gegenpressing auch die konterstärkste Mannschaft der Welt besiegen kann. Löw konnte, durfte das nicht ignorieren. Er krempelte seine Fußballphilosophie um 180 Grad um. Die Elogen, die Löw bis 2010 auf den englischen Fußball hielt, hielt er nun auf den spanischen Stil. Man müsse den Ball in den eigenen Reihen halten und damit einen Gegner dominieren können, so Löw. In der Tat änderte sich das Bild der deutschen Nationalmannschaft. Durch die starken Turniere 2006 und 2010 stellten sich selbst große Fußballnationen nun gegen Deutschland hinten rein. Niemand ließ sich mehr naiv auskontern wie die Engländer und die Argentinier bei der WM. Löw tat also gut daran, Strategien zu entwickeln, um mauernde Gegner zu knacken.

Löw orientiert sich am FC Bayern

In den folgenden Jahren orientierte sich Löw immer stärker am FC Bayern München. Er ging ihren Weg zu mehr Ballbesitz mit. Del Bosque hatte seine spanische Nationalmannschaft um eine Barça-Achse aufgebaut. Löw setzte auf eine Bayern-Achse. Bastian Schweinsteiger und später Toni Kroos waren die Anker im Mittelfeld; Philipp Lahm wurde zum verlängerten Arm Löws auf dem Platz. Die Ballbesitzwerte Deutschlands stiegen parallel zu denen des FC Bayern. Löws Spiel war mehr bayrischer Ballbesitz denn Dortmunder Heavy-Metal-Fußball. Das erklärt auch, warum Dortmunder in der Nationalmannschaft unter Löw weniger stark zum Zug kamen als Münchener.

Das deutsche Spiel fokussierte sich zunehmend auf das Mittelfeld. Hier hatte Deutschland das meiste Talent: Mario Götze, Mesut Özil, Marco Reus, Toni Kroos, André Schürrle – um nur ein paar Namen zu nennen. Löw experimentierte viel herum, testete wieder und wieder neue Formationen und taktische Winkelzüge. Immer öfter ließ er ohne echten Stürmer spielen. Stattdessen durfte Mario Götze als «falsche Neun» auflaufen. Guardiola hatte mit Messi diese uralte taktische Spielerei zurück auf die Fußballbühne gebracht. Löw übernahm die Formel, die schon Sepp Herberger mit Fritz Walter ausprobiert hatte. Die Idee war die gleiche: Der zurückfallende Stürmer sollte die gegnerischen Abwehrspieler verwirren und eine Überzahl im Mittelfeld erzeugen.

So taktisch interessant Löws Entwicklung war: Den deutschen Zuschauern genügte sie nicht. Das Aus im Halbfinale der Europameisterschaft 2012 kostete ihn Kredit. Löw war in der Entwicklung seiner Taktik damals noch nicht weit genug, verpokerte sich mit seiner Aufstellung gegen Italien. Mesut Özil auf Rechtsaußen aufzustellen und Toni Kroos den italienischen Spielmacher aus der Tiefe, Andrea Pirlo, abdecken zu lassen entpuppte sich als taktischer Irrweg. Löws Kritiker nahmen die Niederlage zum Anlass, eine Generalabrechnung mit seiner Spielweise zu machen. Zu viele Freiheiten für die

Spieler, zu viel Ballbesitz, zu selten echte Stürmer auf dem Platz – das waren die Vorwürfe. 2014 musste Löw abliefern, um die Menschen von seinem Weg zu überzeugen.

Jahrelang hatte er an der perfekten Formation getüfelt. Bei der WM 2014 setzte Löw auf eine Mischung aus 4-1-4-1 und 4-2-3-1. Das Ballbesitzspiel behielt Deutschland bei. Die Mannschaft interpretierte es aus strategischer Sicht jedoch defensiver, als dies in den vergangenen Jahren der Fall war. In der Viererkette stellte Löw vier gelernte Innenverteidiger auf. Die Außenverteidiger rückten kaum auf. Stattdessen war es Aufgabe des Mittelfelds, Chancen zu kreieren. Deutschland hielt den Ball geduldig in den Reihen, konnte jedoch auch sehr plötzlich das Tempo verschärfen. Es war ruhiger Ballbesitzfußball mit einem Schuss Explosivität.

In den schlechten Momenten verdammte ein defensiv starker Gegner Deutschland zur Wirkungslosigkeit. Das gelang vor allem Algerien im Achtelfinale. Deutschland musste bis in die Verlängerung gehen, um den Fußballzwerg zu schlagen. Nur Manuel Neuer war es zu verdanken, dass Deutschland nicht verlor. Er hatte als Torwart praktisch einen Libero gespielt. Diese taktische Entwicklung war eine Spätfolge der Regeländerungen der neunziger Jahre, als Torhütern verboten wurde, Rückpässe in die Hand zu nehmen. Die Torhüter müssen mittlerweile den Ball nicht nur in den Händen halten, sondern auch mit den Füßen kicken können. Der Niederländer Edwin van der Sar machte um die Jahrtausendwende vor, wie ein moderner Torhüter zu spielen hat. Neuer schaute sich dessen Stärke am Ball ab und begann außerdem, riskanter zu spielen. Statt auf der Linie zu kleben, rückte er weiter vor, bis außerhalb des eigenen Strafraums. So konnte er Pässe hinter die Abwehr leichter abfangen, wie dies einst der Ausputzer getan hat. Mit seinen Ausflügen rettete er die deutsche Elf gegen Algerien.

Antizipationskeeper
Ein Antizipationskeeper bezeichnet einen Torhüter, der nicht nur auf der Linie klebt, sondern aktiv am Spiel teilnimmt. Bei Ballbesitz bietet er sich als Anspielstation an, hilft beim Spielaufbau. Wenn der Gegner den Ball hat, wacht er hinter der eigenen Abwehr und fängt Bälle hinter die Abwehr ab. Das Gegenstück zum modernen Antizipationskeeper ist der klassische Reaktionskeeper, der vornehmlich auf der eigenen Linie bleibt. Im modernen Fußball spielen immer mehr Mannschaften mit einem mitspielenden Antizipationskeeper.

In guten Momenten war der deutsche Fußball eine Symbiose aus ruhigem Ballbesitzspiel und dem schnellen Umschalten, das Deutschland bis 2010 so auszeichnete. Der mit Abstand beste Moment war das Halbfinale. Deutschland traf auf Gastgeber Brasilien. Die Brasilianer hatten unter dem Druck der Erwartungen schwache Leistungen abgeliefert. Ihre Taktik wirkte antiquiert, die defensive Kompaktheit, die seit Sacchis Tagen zum modernen Fußball gehört, ging ihnen ab. Mit Glück und überhartem Spiel kamen sie ins Halbfinale. Dort fehlten jedoch Superstar Neymar und Abwehrchef Thiago Silva. Deutschland dominierte das Mittelfeld, spielte von dort aus direkt in die Spitze. Mit ihrem Gegenpressing ließen sie den Brasilianern keine Luft zum Atmen. Nach der schnellen Führung gingen sie weiterhin früh drauf, eroberten den Ball am brasilianischen Strafraum. Mit traumwandlerischer Sicherheit setzten Toni Kroos und Bastian Schweinsteiger aus dem Mittelfeld die Stürmer ein. Deutschland konnte sowohl den Ball in den eigenen Reihen laufen lassen als auch blitzschnell auf Angriff umschalten. Am Ende stand es 7:1 für Deutschland.

Wenige Tage später gewann Löws Elf dann tatsächlich das Finale gegen Argentinien. Ausgerechnet Mario Götze, die eingewechselte «falsche Neun», erzielte den 1:0-Siegtreffer in der Verlängerung. Bei den ersten drei WM-Titeln punktete Deutschland mit Kampfkraft und Manndeckungen. Argentiniens Superstar Lionel Messi wurde jedoch nicht in Manndeckung genommen, sondern flexibel von den deutschen Abwehrspielern übergeben. Deutschland verteidigte im Raum und dominierte das Spiel. Argentiniens Konterversuche erstickte das Gegenpressing im Keim. Deutschland gewann den Titel mit den Tugenden der neuen süddeutschen Schule.

Der WM-Titel war der Höhepunkt und der Abschluss einer Reformbewegung, die 20 Jahre zuvor begonnen hatte. Anfang der nuller Jahre hatte Deutschland gelernt, im Raum zu verteidigen und zu pressen. Ende des Jahrzehnts kam das schnelle Konterspiel dazu. Jürgen Klopp erweiterte das Repertoire um das Gegenpressing. Der letzte Schritt war das Ballbesitzspiel, das die Nationalmannschaft von Bayern München übernahm. Keines der Einzelteile war originär deutsch. Sacchi tüftelte das moderne Pressing aus, die Engländer machten vor, wie man schnell umschaltet, Guardiola lieferte Gegenpressing und Ballbesitzspiel. Deutschland kombinierte die einzelnen Teile jedoch zu typisch deutschem Fußball. Er war letztlich nicht weit entfernt von dem, was Sepp Herberger 70 Jahre zuvor entworfen hatte: eine Mischung der verschiedenen Schulen, die Kampfgeist mit Spielkunst kombinierte. In Löws Elf waren

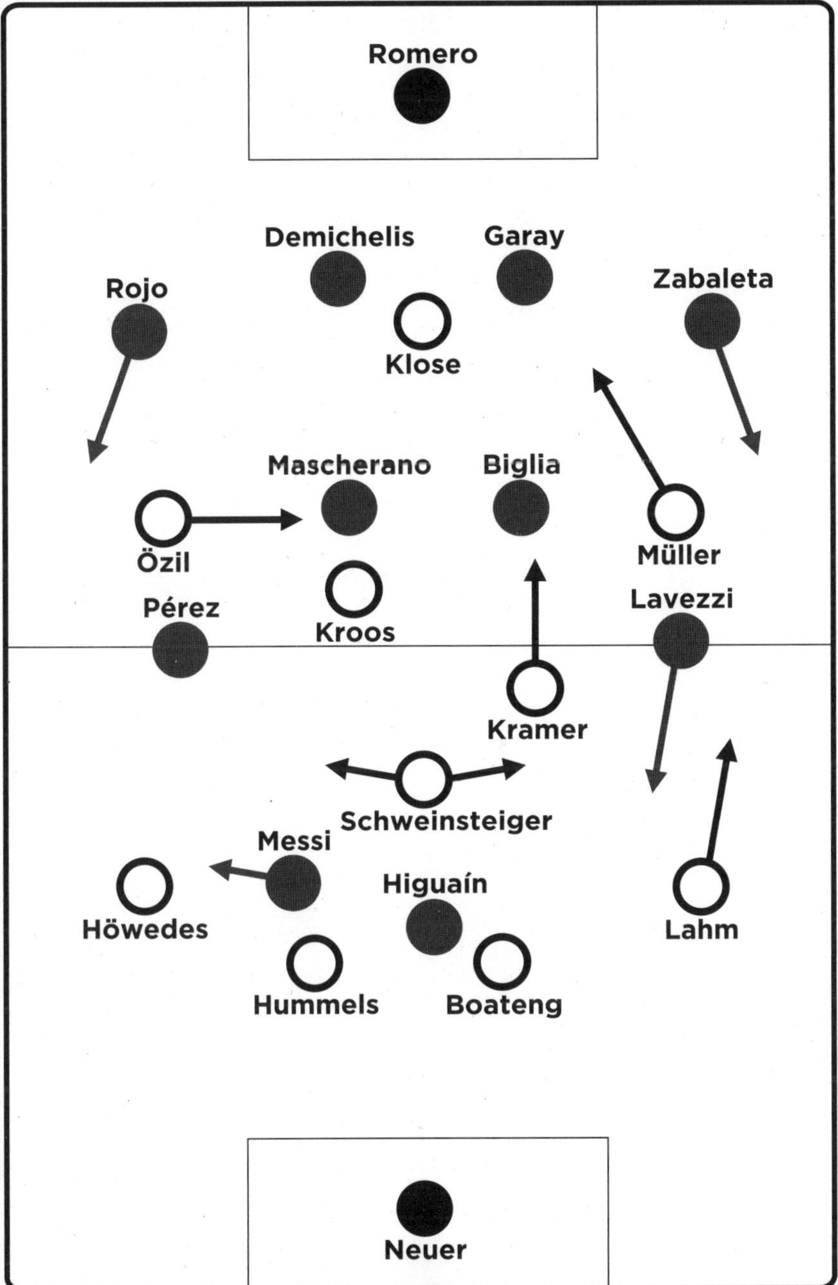

WM-Finale 2014: Deutschland gegen Argentinien.

alle Spieler Angreifer und zugleich Verteidiger, jeder ging mit Leidenschaft zu Werke und vergaß dabei nicht, wie man einen technisch sauberen Pass spielt. Herberger wäre stolz gewesen auf die WM-Sieger von 2014.

Epilog

In einem seiner vielen weisen Sprüche zitierte Herberger den Philosophen Sokrates: «Nur wer weiß, dass er nichts weiß, weiß mehr als andere.» Wenn man aus der Geschichte der deutschen Fußballtaktik nur eine Weisheit mitnehmen will, dann folgende: Der deutsche Fußball war immer dann stark, wenn sich die Protagonisten eingestanden, nichts zu wissen. Der deutsche Beitrag zur Geschichte der Fußballtaktik mag nicht wirklich groß sein. Beckenbauers Rolle als Libero ist die einzige taktische Innovation, die originär aus Deutschland stammt. Dafür ist Deutschland Weltspitze, wenn es um den Remix ausländischer Ideen geht. Deutsche Trainer haben es oft geschafft, Innovationen aus dem Ausland schnell aufzugreifen und mit der urdeutschen Fußballphilosophie «11 Freunde müsst ihr sein!» zu kombinieren – taktische Winkelzüge gepaart mit dem deutschen Mannschafts- und Kampfgeist.

Deutsche Pioniere wie Richard Girulatis, Otto Nerz, Sepp Herberger oder Hennes Weisweiler wussten, dass sie nichts wussten. Sie ließen sich von ausländischen Trends inspirieren. Nur wer offen für Neues ist, kann sich weiterentwickeln – das gilt im Leben genauso wie im Fußball. Zwischenzeitlich hatte man diese Weisheit jedoch vergessen. Dass sich der deutsche Fußball in den Neunzigern abhängen ließ, lag auch an der Unbelehrbarkeit der Verantwortlichen in taktischen Fragen.

Ralf Rangnick, Wolfgang Frank und auch Jürgen Klinsmann ist es zu verdanken, dass Sacchis Revolution in Deutschland ankam. Jürgen Klopp hat Pep Guardiolas Gegenpressing zu seinem «Heavy-Metal»-Fußball weiterentwickelt. Joachim Löw und auch Jupp Heynckes wiederum haben Deutschland zum dritten Außenposten des Positionsspiels gemacht, nach den Niederlanden und Spanien. Der deutsche Fußball ist nicht trotz seiner Anleihen aus dem Ausland so stark, sondern gerade deswegen.

Wie sieht der deutsche Fußball im Jahr 2016 aus? Der ideologische Konflikt zwischen Ballbesitzspiel und schnellem Konterspiel ist so alt wie der Fußball selbst. Englisches Kick 'n' Rush gegen schottischen Flachpass, süddeutsches Scheiberl-Spiel gegen preußischen Husaren-Stil, Weisweilers Gladbacher gegen die Bayern – der älteste Streit präsentiert sich immer wieder mit neuem Gesicht.

Auch heute entzweit dieser Konflikt Fans und Trainer. Im deutschen Fußball des Jahres 2016 steht auf der einen Seite der Guardiola-Weg. Der Katalane hat sein Positionsspiel bei den Bayern weiterentwickelt. Die Formation spielt bei ihm keine Rolle mehr. Die Bayern wechseln von einem Moment auf den anderen von 4-2-3-1 auf 3-5-2, 4-3-3 oder 3-4-3. Was für Guardiola zählt: Die Zonen müssen richtig besetzt sein, um Überzahlen zu schaffen. Guardiola kundschaftet minuziös aus, in welchen Zonen der Gegner Schwachstellen hat. Dann passt er sein Ballbesitzspiel daran an. Die Grundidee ist dieselbe, wie sie schon Nürnberg in den zwanziger Jahren hatte: Der Gegner soll mit einem Passspiel dominiert und müde gespielt werden. Das hohe technische Niveau der eigenen Mannschaft führt schließlich wie von selbst zu Toren.

Das andere Extrem ist der Fokus auf den Umschaltmoment. Ralf Rangnick hat in den vergangenen Jahren diesen Stil gewählt. Schon in Hoffenheim setzte er auf schnellen Konterfußball. Als Koordinator der Red-Bull-Vereine erweiterte er sein Konzept um ein furioses Gegenpressing. Die RB-Vereine spielen einen wahnwitzig schnellen Fußball, der sogar Klopps Dortmunder langsam aussehen lässt. Die Umschaltmomente werden ausgenutzt, um möglichst schnell den Ball zu gewinnen und vor das Tor zu bringen. Auf allen RB-Trainingsplätzen hängt eine große Uhr. Diese zählt fünf Sekunden. Wenn der Ball dann nicht zurückgewonnen bzw. ein Torschuss abgegeben wurde, ertönt ein schriller Piepton; die Übung wird wiederholt, bis die Uhr nicht mehr piept.

Rangnick wählte die Trainer der Red-Bull-Vereine danach aus, wie sehr sie sich dem Umschaltspiel verschreiben. Seine ehemaligen Zöglinge Roger Schmidt und Alex Zorniger haben den RB-Power-Fußball bereits in andere Vereine getragen. Auch unabhängig von Rangnick wählen viele Vereine den Weg des Umschaltfußballs. Es ist der philosophische Gegenentwurf zu Guardiolas Ballbesitz-Spiel.

Spannend dürfte die Frage sein, ob die Bayern auch in Zukunft an ihrem Ballbesitzspiel festhalten. Im Sommer 2016 verlässt Guardiola München. Sein Nachfolger Carlo Ancelotti, ein Schüler Sacchis, war der Mittelfeld-Regisseur in dessen Milan-Mannschaft. Unter Ancelotti könnten sich die Bayern wieder stärker dem Konterspiel öffnen. Doch Guardiolas Werk könnte an anderer Stelle fortgeführt werden: Thomas Tuchel bastelt bei Borussia Dortmund an seiner eigene Variante des Positionsspiels. Guardiola war ein großer Einfluss für den detailversessenen Tuchel. Bevor Tuchel nach Dortmund wechselte, besuchte er Guardiola regelmäßig in München, schaute ihm beim Training zu, besprach sich mit ihm beim gemeinsamen Abendessen. Tuchel hat den BVB vom «Heavy-Metal-Fußball» zum Ballbesitz-Club gewandelt. Auch Joachim Löw hat sich viel beim FC Bayern abgeschaut. Beide dürften Guardiolas Philosophie in Deutschland weiterverfolgen.

Was Konter- und Ballbesitz-Schule gemeinsam haben: Sie vermischen ausländische Einflüsse mit originär deutschen Tugenden. Dass Fußball ein Gemeinschafts- und Kampfspiel ist, predigte der DFB bereits zu Beginn des 20. Jahrhunderts. Die heutigen Teams in Deutschland setzen allesamt auf ein Gegenpressing, das alle Spieler mit einschließt. Jeder Stürmer muss verteidigen, jeder Verteidiger angreifen können. Schon Herberger und Weisweiler haben diese Maximen gepredigt. Heute werden sie in allen Fußballvereinen beachtet. Selbst Arjen Robben und Franck Ribéry müssen nach einem Ballverlust im Gegenpressing mitarbeiten.

Deutschland ist damit wieder an der Spitze des Weltfußballs angekommen. Nicht nur fußballerisch, sondern auch taktisch hängt man nicht mehr hinter der Konkurrenz zurück. In Deutschland tummeln sich so viele Trainer wie nie zuvor, die Taktik nicht als Teufelszug abtun, sondern als wichtiges Werkzeug ansehen. Wer weiß, vielleicht stammt ja die nächste große taktische Innovation endlich einmal aus Deutschland.

Weltmeister, aber kein Europameister

Doch Herberger wusste auch: «Das nächste Spiel ist immer das schwerste.» Löw entschied sich, auch nach dem WM-Triumph weiter die Nationalmannschaft zu trainieren. In den folgenden Jahren entwickelte er seine Philosophie weiter. Erneut orientierte sich Löw am FC Bayern: Unter Guardiola sind dessen Spieler immer flexibler geworden. Die Formation war zweitrangig. Was zählte: Die Bayern passten sich stets an den Gegner an. Guardiola wollte seine Philosophie, das Positionsspiel, durchsetzen und in den entscheidenden Räumen Überzahlen haben.

Doch auch Guardiola wandelte sich. Er hat den deutschen Fußball einen Stück spanischer gemacht – aber die Bayern haben Guardiola auch ein Stück deutscher werden lassen. Das flache Kurzpassspiel, für das Guardiolas Barça-Team bekannt war, sah man bei den Bayern nach 2014 immer seltener. Guardiola erkannte, was bereits van Gaal und Heynckes wussten: Bayerns starke Achse ist auf den Flügeln zu finden. Arjen Robben und Franck Ribéry, später auch die Jungstars Douglas Costa und Kingsley Coman: Sie können mit ihren Dribblings für das chaotische Moment sorgen, mit dem sich eine gegnerische Mauer knacken lässt.

Guardiolas Positionsspiel sollte bei den Bayern vor allem Freiräume für die Flügelspieler schaffen. Die Außenspieler postierten sich an den Seitenauslinien. Damit sollten sie das Spiel breit machen und die gegnerische Viererkette auseinanderziehen. Wenn der Ball auf einem Flügel war, boten sich Jérôme Boateng und Xabi Alonso im Rückraum an. Sie schlugen lange Bälle auf den gegenüberliegenden Flügel. Die

Bayern agierten somit oft in einer U-Formation. Sie verlagerten das Spiel von einem Flügel auf den anderen, der Gegner musste hinterherrennen – und wenn der Gegner müde wurde und die Bayern in Position waren, zogen sie das Tempo an und brachten den Ball in den Strafraum.

Guardiola kultivierte damit ein taktisches Mittel, das in Deutschland zeitweise in Vergessenheit geraten war: Flanken. Besonders in seinem dritten und letzten Bayern-Jahr schlugen die Bayern Hereingabe um Hereingabe in den Strafraum. Guardiola ließ seine Spieler dabei nicht blind in den Strafraum sprinten, sondern blieb seinen Prinzipien treu. Die Spieler mussten auch am gegnerischen Strafraum auf die richtige Zonenbesetzung achten. Zwei bis drei Spieler besetzten den Strafraum, die übrigen Spieler sicherten im Rückraum ab. Was die bayrische Taktik vom üblichen Flankenspiel unterschied: Selbst wenn der Gegner die Flanke klären konnte, blieben die Bayern im Ballbesitz. Dank ihres Positionsspiels konnten sie am Strafraum immer nachsetzen, eroberten den Ball direkt zurück. Die Bayern verlagerten somit die eigene Dominanz an den gegnerischen Strafraum. Sie flankten, eroberten den Ball zurück und spielten ihn wieder auf die Flügel. Dort flankten sie erneut, bis sie ein Tor erzielten. Guardiola sorgte dafür, dass diese Strategie aufging, indem er sein Positionsspiel am Gegner ausrichtete.

Auf dem Weg zur Europameisterschaft 2016 implementierte Joachim Löw einige Elemente des neuen Münchener Spiels. Das charakteristische U sah man nun auch immer häufiger in der Nationalmannschaft. Die Außenverteidiger rückten weit nach vorne und sorgten für die Breite, sie agierten also praktisch als Außenstürmer. Die Idee, die Außenverteidiger bis an die gegnerische Abwehrkette vorrücken zu lassen, borgte sich Löw bei BVB-Trainer Thomas Tuchel. Im Rückraum verlagerten die Innenverteidiger Hummels und Boateng sowie Sechser Kroos das Spiel. Die Nationalmannschaft konnte also genau wie die Bayern den Gegner dominieren. Dank ihrer hohen Passstärke ließ die DFB-Elf den Ball laufen, mit ihren ständigen Flügelwechseln wurde der Gegner gezwungen zu verschieben.

Die beiden entscheidenden K.-o.-Spiele der Europameisterschaft legten die Stärken und die Schwächen von Löws Strategie offen. Im Viertelfinale gegen Italien zahlte es sich aus, dass Löw in seinem taktischen Denken flexibler war als vor einigen Jahren. Wie Guardiola passt Löw seine Mannschaft an den Gegner an, um dessen Stärken zu neutralisieren und dessen Schwächen auszunutzen. Gegen Italien wechselte Löw auf eine Formation mit Dreierkette. Die drei Innenverteidiger hielten die beiden italienischen Stürmer in Schach, sie hatten dabei immer eine Überzahl in der letzten Linie. Zugleich konnten die deutschen Außenverteidiger weit nach vorne stoßen. Nur aufgrund eines vermeidbaren Handelfmeters musste die deutsche Mannschaft in die Verlängerung; zuvor hat sie gegen «Angstgegner» Italien stark ausgesehen. Es war das erste Mal, das Deutschland Italien in einem großen Turnier in einer K.-o.-Runde bezwang, und zwar mit deren ganz eigenen Mitteln: Löw hat den Gegner ausgecoachet, wie es in der modernen Fußballsprache so schön heißt.

Im Halbfinale gegen Frankreich zeigten sich die Schwächen von Löws System. Die erste Halbzeit konnte Deutschland nach bekannter Manier dominieren: Sie passten, passten, passten, sodass die Franzosen nicht an den Ball kamen. Als Deutschland ein Gegentor fing, erneut nach einem vermeidbaren Handspiel, konnte Löws Team nicht mehr zurückschlagen. Dem Ballbesitzspiel der deutschen Mannschaft fehlten zwei Eigenschaften, die Bayern München unter Guardiola auszeichneten: Die Bayern konnten dank Robert Lewandowski oder Arturo Vidal Flanken verwerten – und mit ihren Flügelflitzern konnten sie durch Dribblings enge Defensivblöcke sprengen. Stoßstürmer Mario Gómez fehlte jedoch gegen Frankreich verletzt, Flanken waren mangels Stürmer im Strafraum keine Option. Die offensiven Kräfte waren allesamt nicht in Form, allen voran Thomas Müller, der im Turnier ohne Tor blieb. Deutschland biss sich an der französischen Defensive fest. Sie spielten in ihrem U immer wieder um die gegnerische Formation, kamen jedoch nicht in den Strafraum. Es fehlte der clevere Pass in die Spitze oder das plötzliche Dribbling, um den Gegner zu knacken. Erst als die deutsche Mannschaft alles nach vorne warf, kam sie zu Chancen. Zu diesem Zeitpunkt lagen sie bereits 0:2 zurück. Es wurde nichts mit Löws zweitem großem Titel.

Die Europameisterschaft 2016 wird nicht unbedingt als ein Glanzpunkt des Fußballs in Erinnerung bleiben. Viele langweilige Spiele und wenige Tore bekamen die Zuschauer in Frankreich zu sehen. Es zeigt sich, dass die defensive Entwicklung der Taktik der offensiven wieder einmal ein Stück weit voraus ist. Mittlerweile haben selbst Außenseiter gelernt, kompakt zu verteidigen. Es ist schwerer denn je, einen defensiven Gegner zu knacken. Zugleich sind Konter weniger erfolgversprechend als noch vor zehn, zwanzig Jahren. Viele Trainer haben Mittel und Wege gefunden, gegnerische Konter zu verhindern – sei es durch ein aggressives Gegenpressing oder eine derart defensive Haltung, dass selten mehr als zwei bis drei Spieler aufrücken. Da selbst gestandene Stars wie Cristiano Ronaldo defensiv mitarbeiten, gibt es immer weniger Lücken für Gegner. Nicht zufällig gewannen die Portugiesen das Turnier. Sie fielen vor allem durch ihre defensive Taktik auf.

Dennoch wäre es zu voreilig, dem Fußball eine defensive Zukunft zu bescheinigen. Die Geschichte der Fußballtaktik zeigt: Auf jede offensive Innovation folgt eine defensive Antwort – und umgekehrt. Als Antwort auf die schnellen Konter eines Sacchi und das Positionsspiel eines Guardiola haben sich neuere, defensivere Strategien entwickelt. Manche Teams verbarrikadieren das Tor mit sechs Verteidigern in einem 6-3-1, andere kehren zu einer Art Manndeckung zurück und verfolgen ihre Gegenspieler wieder eng. Doch das Rad wird sich weiterdrehen. Letztlich haben bei der deutschen Nationalmannschaft nur Kleinigkeiten gefehlt, um das Turnier zu gewinnen – und genau an diesen Kleinigkeiten wird Löw arbeiten. Die Entwicklung geht weiter.

Danksagung

Der schönste Teil eines Buches sei die Danksagung, schrieb einst der Historiker Ian Kershaw. Zuallererst möchte ich der Spielverlagerung.de-Crew danken: Tim Rieke, Rene Maric, Martin Rafelt und Constantin Eckner haben mir mit ihrem Wissen sehr weitergeholfen. Tim Rieke und Lukas Tank haben sich als Erstleser betätigt. Vielen herzlichen Dank für eure Anmerkungen. Sie haben das Buch besser gemacht. Ein riesiger Dank gebührt meiner Lektorin Johanna Langmaack. Ohne sie wäre dieses Buch vielleicht doppelt so lang, aber mit Sicherheit nur halb so gut.

An Uli Hesse geht ein gesonderter Dank. Er hat mir seine Privatbibliothek geöffnet. Sein Arbeitszimmer beherbergt mehr Fußball-Literatur als die Bibliothek der Sporthochschule Köln. (Das ist keine Übertreibung. Ich habe nachgezählt.) Was Uli Hesse an alten *kicker*-Ausgaben nicht vorrätig hatte, fand ich in der Universitäts-Bibliothek Hamburg, im Zeitungsarchiv Dortmund und in der Bibliothek der Sporthochschule

Köln. Den Bibliotheksmitarbeitern danke ich herzlich, dass sie meine chaotischen und teils sehr kurzfristigen Anfragen fix bearbeitet haben. Dank auch an Martin Rafelt, der mir während meiner Recherchen in Dortmund ein Dach über dem Kopf schenkte.

Der allergrößte Dank gebührt meiner Frau Katharina. Ohne ihre Unterstützung hätte ich mich längst aufgegeben. Ich liebe dich.

Literaturverzeichnis

Bauer, Andreas. *Das Wunder von Bern: Spieler, Tore, Hintergründe: Alles zur* WM 54. Augsburg: Wißner-Verlag, 2004.

Bausenwein, Christoph. *Joachim Löw: Ästhet, Stratege, Weltmeister.* Göttingen: Verlag Die Werkstatt, 2014.

Biermann, Christoph, und Ulrich Fuchs. *Der Ball ist rund, damit das Spiel die Richtung ändern kann. Wie moderner Fußball funktioniert.* Köln: Kiepenheuer & Witsch, 2004.

Biermann, Christoph. *Die Fußball-Matrix. Auf der Suche nach dem perfekten Spiel.* Köln: Kiepenheuer & Witsch, 2009.

Biermann, Christoph. *Wenn wir vom Fußball träumen. Eine Heimreise.* Köln: Kiepenheuer & Witsch, 2014.

Bitzer, Dirk, und Bernd Wilting. *Stürmen für Deutschland: Die Geschichte des deutschen Fußballs von* 1933 *bis* 1954. Frankfurt/Main: Campus Verlag, 2003.

Buschmann, Jürgen (Hg.) *Sepp Herberger und Otto Nerz. Die*

Chefdenker und ihre Theorien; ihre Diplomarbeiten. Kassel: Agon Sportverlag, 2003.

Clausewitz, Carl von. *Vom Kriege*. Vollständige Ausgabe. Hamburg: Nicol Verlag, 2008.

Claussen, Detlev. *Béla Guttmann: Weltgeschichte des Fußballs in einer Person*. Berlin: Berenberg, 2006.

Cramer, Dettmar. *Fußball-Taktik*. Hagen: Westdeutscher Fußball-Verband, 1952.

Dermutz, Klaus. *Ernst Happel: Genie und Grantler*. Göttingen: Verlag Die Werkstatt, 2012.

Eggers, Erik. *Fußball in der Weimarer Republik*. Kassel: Agon Sportverlag, 2001.

Eisenberg, Christiane. *«English Sports» und deutsche Bürger: Eine Gesellschaftsgeschichte* 1800–1939. Paderborn: Schoningh, 1999.

Eisenberg, Christiane. *Fußball, Soccer, Calcio. Ein englischer Sport auf seinem Weg um die Welt*. München: Deutscher Taschenbuch Verlag, 1997.

Friedrich, Wolfgang. *Anekdoten um Sepp Herberger. Ein Leben für den Fußball*. München: Bechtle, 1967.

Gardner, Paul. *The Simplest Game. The Intelligent Fan's Guide to the World of Soccer*. New York: Collier, 1994.

Girulatis, Richard. *Fußball. Theorie, Technik, Taktik*. N.b.: Verlag III. Sport, 1919.

Goch, Stefan. *Zwischen Blau und Weiß liegt Grau. Der* FC *Schalke* 04 *im Nationalsozialismus*. Essen: Klartext, 2005.

Grüne, Hardy, und Dietrich Schulze-Marmeling. *Das goldene Buch des deutschen Fußballs*. Göttingen: Verlag Die Werkstatt, 2015.

Gutendorf, Rudi. *«Machen Se et jut»: Vom deutschen Eck in alle Welt*. Göttingen: Verlag Die Werkstatt, 2004.

Hack, Fritz. *Die großen Fußball-Trainer*. Frankfurt am Main: Limpert, 1974.

Hafer, Andreas, und Wolfgang Hafer. *Hugo Meisl oder die Erfindung des modernen Fußballs. Eine Biographie*. Göttingen: Verlag Die Werkstatt, 2007.

Heddergott, Karl-Heinz. *Neue Fußball-Lehre*. Bad Homburg v. d. H.: Limpert, 1977.

Henseling, Marco, und Rene Maric. *Fußball durch Fußball: Das Trainerhandbuch von Spielverlagerung.de*. Göttingen: Verlag Die Werkstatt, 2015.

Herzog, Markwart. *Blitzkrieg im Fußballstadion. Der Spielsystemstreit zwischen dem NS-Sportfunktionär Karl Oberhuber und Reichstrainer Sepp Herberger*. Stuttgart: Kohlhammer, 2012.

Hesse-Lichtenberger, Ulrich. *Flutlicht und Schatten. Die Geschichte des Europapokals*. Göttingen: Verlag Die Werkstatt, 2005.

Hesse-Lichtenberger, Ulrich. *Tor! The Story of German Football*. London: WSC, 2003.

Hochstrasser, Josef. *Ottmar Hitzfeld. Die Biographie*. Berlin: Argon, 2003.

Honigstein, Raphael. *Das Reboot: How German Football Reinvented Itself and Conquered the World*. London: Yellow Jersey, 2015.

Hutchinson, Roger. *'66: The inside Story of England's 1966 World Cup Triumph*. Edinburgh: Mainstream, 2002.

Körner, Torsten. *Franz Beckenbauer. Der freie Mann*. Frankfurt am Main: Scherz, 2005.

Kuper, Simon. *Football against the Enemy oder: Wie ich lernte, die Deutschen zu lieben*. Göttingen: Verlag Die Werkstatt, 2009.

Lahm, Philipp. *Der feine Unterschied*. München: Verlag Antje Kunstmann, 2012.

Leinemann, Jürgen. *Sepp Herberger. Ein Leben, eine Legende*. Berlin: Rowohlt Berlin, 1997.

Meisel, Heribert. *Tor! Toor! Tooor! Erlebnisse eines Sportreporters*. Wien: Gutenberg, 1954.

Meisl, Willy. *Soccer Revolution*. London: Phoenix Sports, 1955.

Nachbar, Toni, Otto Schnekenburger und Albert Josef Schmidt. SC *Freiburg: Der lange Weg zum kurzen Pass*. Göttingen: Verlag Die Werkstatt, 2002.

Nerz, Otto. *Fußball, Teil I: Taktik*. Berlin: Weidmannsche Buchhandlung, 1926.

Netzer, Günter. *Aus der Tiefe des Raumes. Mein Leben*. Reinbek: Rowohlt, 2005.

Peiffer, Lorenz, und Dietrich Schulze-Marmeling (Hg.). *Hakenkreuz und rundes Leder: Fußball im Nationalsozialismus*. Göttingen: Verlag Die Werkstatt, 2008.

Perarnau, Martí. *Herr Guardiola. Das erste Jahr mit Bayern München*. Übers. von Lea Rachwitz und Hans-Joachim Hartstein. München: Verlag Antje Kunstmann, 2014.

Planck, Karl. *Fußlümmelei. Über Stauchballspiel und englische Krankheit*. Münster: LIT Verlag, 1994.

Preuß, Günter. *Der Kapitän der Zebras. Wie es wirklich war …* Hamburg: Mein Buch, 2002.

Rafelt, Martin. *Vollgasfußball: Die Fußballphilosophie des Jürgen Klopp*. Göttingen: Verlag Die Werkstatt, 2016.

Reng, Ronald. *Spieltage. Die andere Geschichte der Bundesliga*. München: Piper, 2013.

Röttgen, Kurt, und Herrmann Josef Weskamp. *Hennes Weisweiler*. Hg.: Günter Giersberg. Göttingen: Verlag Die Werkstatt, 2014.

Schön, Helmut. *Fußball*. Frankfurt, Berlin, Wien: Verlag Ullstein, 1978.

Schulze-Marmeling, Dietrich. *Die Bayern. Die Geschichte des Rekordmeisters*. Göttingen: Verlag Die Werkstatt, 2009.

Schulze-Marmeling, Dietrich. *Die Geschichte der deutschen Fußball-Nationalmannschaft*. Göttingen: Verlag Die Werkstatt, 2008.

Schulze-Marmeling, Dietrich. *Die Geschichte der Fußball-Weltmeisterschaft*. Göttingen: Verlag Die Werkstatt, 2014.

Schulze-Marmeling, Dietrich (Hg.) *Strategen des Spiels. Die legendären Fußballtrainer*. Göttingen: Verlag Die Werkstatt, 2005.

Walter, Fritz. *Spiele, die ich nie vergesse*. München: Copress-Verlag Hoffmann & Hess, 1955.

Weisweiler, Hennes. *Der Fußball: Taktik, Training, Mannschaft. Vor der Weltmeisterschaft 1974 in Deutschland*. Schorndorf bei Stuttgart: Hofmann Verlag, 1970.

Wilson, Jonathan. *Revolutionen auf dem Rasen: Eine Geschichte der Fußballtaktik*. Göttingen: Verlag Die Werkstatt, 2012.

Winner, David. *Oranje brillant. Das neurotische Genie des Holländischen Fußballs*. Köln: Kiepenheuer & Witsch, 2008.

Archiv des kickers (Zugriff über die Bibliothek der Sportuniversität Köln, das Zeitungsarchiv Dortmund sowie Uli Hesses Privatsammlung)

Online-Archive der Zeit, des Spiegels, des Fußball-Magazins 11 Freunde, des Blizzards, der Seite Spielverlagerung.de sowie weiterer regionaler Zeitungen.

Register

Personen-, Vereins- und Sachregister

Infokästen

Spielraum für eigene Spieltaktiken

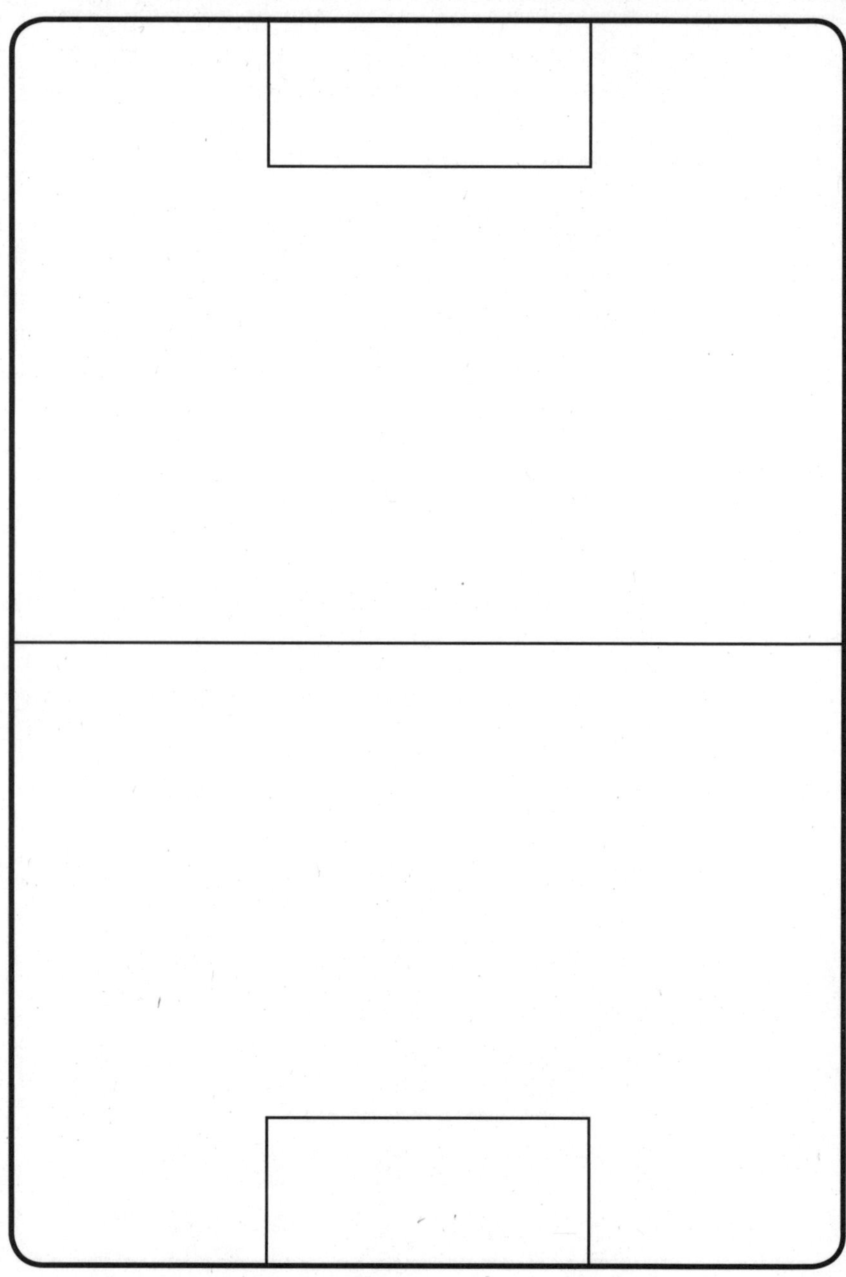